The Economic Consequences of the Peace

평화의
경제적 결과

존 메이너드 케인스 지음   정명진 옮김

평화의 경제적 결과

초판 1쇄 발행 2016년 4월 10일
초판 3쇄 발행 2021년 9월 20일

원 제 The Economic Consequences of the Peace(1919)
지은이 존 메이너드 케인스
옮긴이 정명진
펴낸이 정명진
디자인 정다희
펴낸곳 도서출판 부글북스
등록번호 제300-2005-150호
등록일자 2005년 9월 2일
주소 서울시 노원구 공릉로63길 14, 101동 203호(하계동, 청구빌라)
         01830
전화 02-948-7289
전자우편 00123korea@hanmail.net
ISBN 979-11-5920-035-9 03320

The Economic Consequences of the Peace

평화의
경제적 결과

존 메이너드 케인스 지음   정명진 옮김

20세기 최고의 경제학자 존 메이너드 케인스의 대표작은 1936년에 발표한 『고용·이자 및 화폐의 일반 이론』(The General Theory of Employment, Interest and Money)이지만 케인스를 세계적으로 유명하게 만든 책은 1919년 11월에 발표한 『평화의 경제적 결과』(The Economic Consequences of the Peace)이다.

이 책은 출간 6개월 만에 12개 언어로 번역 소개되어 10만 권이나 팔린 것으로 전해지고 있다. 영국과 미국에서 동시에 베스트셀러가 되어 널리 읽혔다.

상업적 성공만이 아니었다. 당시 영국과 미국을 포함한 많은 나라에서 영향력도 상당히 발휘했다. 아마 당시에 연합국의 적국이던 독일에서도 마찬가지로 주목을 받았을 것임에 틀림없다.

1919년 영국 대표단으로 파리평화회의에 참석했던 케인스가 독일 경제 조직을 완전히 초토화하는 내용을 담은 평화조약(베르사유조약) 초안을 수정하는 것이 더 이상 가능하지 않다고 판단되던 5월에 모든 자리에서 물러나고 케임브리지로 돌아온 뒤 2개월에 걸쳐 완성한 것이 이 책이다. 당시 케인스가 구상했던 평화조약의 기본 정신은 관용이었다. 독일에 대한 배상금 요구는 100억 달러를 넘지 말아야 하고, 연합국이 전쟁을 수행하는 동안에 서로에게 지게 된 부채는 탕감하고, 미국이 유럽 부흥을 도울 프로그램을 제공하는 것이 바람직하다는 것이었다.

케인스의 생각은 역사적으로나 경제적으로나 하나의 체계로 움직이던 유럽에서 독일이 평화조약의 결과로 경제를 복구하지 못하게 되면 다른 유럽 국가들의 고난도 볼 보듯 하다는 것이었다. 당시엔 경제적 접근이 무엇보다 필요했는데도 평화회의를 주도한 인물들은 하나같이 정치적으로만 접근했다는 것이 케인스의 판단이었다.

로이드 조지 영국 총리는 영국 국내에서 자신의 권력을 강화하는 데 도움이 될 무엇인가를 바랐고, 조르주 클레망소 프랑스 총리는 경쟁국인 독일의 팔다리를 잘라놓는 데에만 혈안이 되어 있었고, 우드로 윌슨 미국 대통령은 현실 감각이 부족한 데다 그걸 다른 방향으로 보완하려는 의지마저 보이지 않고 자신의 도덕 감각만 내세우는 무능한 모습을 시종일관 보였다는 것이다.

이런 인물평까지 담은 이 책은 케인스의 바람대로 주요 국가의 여론 형성에 지대한 영향을 끼쳤다. 미국에서도 베르사유조약의 불공정성에 주목하는 사람들의 숫자가 늘어났다. 미국이 최종적으로 국제연맹에 가입하지 않게 된 것도 물론 일차적으로는 국제연맹을 주창한 우드로 윌슨이 일을 제대로 처리하지 못해서 그랬겠지만 케인스의 영향도 작용했다고 보는 것이 타당할 것이다.

그렇게 본다면 이 책이 독일 안에서 나치당이 대중적 인기를 얻게 된 배경과도 연결되는 것이 아닌가 하는 의문이 든다. 이 책이 나온 시점은 바로 오스트리아 태생인 아돌프 히틀러가 1913년에 독일로 이주해 세계대전에 참전한 다음에 나치당에 입당하던 시점(1919년)과 맞아 떨어진다. 히틀러는 1923년에 쿠데타를 시도했다가 실패해 투옥된 후 거기서 『나의 투쟁』(Mein Kampf)을 집필했으며, 1924년 출옥한 뒤 베르사유조약을 공격해 주목을 받았다. 이때 지식인 엘리트들이 케인스의 『평화의 경제적 결과』에 영향을 받은 탓에 히틀러가 독일을 지배하는 데 대해 강하게 저항하기 힘들었을 것이라는 분석도 있다.

그런 한편으론 파리평화회의에 케인스의 의견이 어느 정도 반영되었더라면 유럽 역사가 완전히 달라졌을 것이란 분석도 있다. 한 차례 더 세계대전을 치른 뒤부터 지금까지 유럽이 걷고 있는 길을 보면 후자의 분석이 더 그럴 듯해 보인다.

참고로, 독일의 배상금 총액은 1921년에 총 1,320억 골드 마르크(330억 달러)로 정해졌다. 그 이후 존 메이너드 케인스의 예상대로 배상금 문제는 끊임없이 프랑스와 독일 간에 갈등의 원인으로 작용했으며 1924년 도스 플랜, 1928년 영 플랜 등을 통해 수정되다가

1932년에 취소되기에 이르렀다. 독일이 1919년부터 1932년까지 지급한 배상금은 210억 마르크에 지나지 않았다.

2차 세계대전 이후에 나온 '마셜 플랜'은 케인스가 파리평화회의에서 제안한 내용과 아주 비슷하다. 마셜 플랜이 결정적인 역할을 했다고 봐도 무방할 것 같은데, 경제 수치로만 본다면 첫 번째 세계대전 이후의 '카르타고식 평화'보다는 케인스의 관용을 바탕으로 한 평화가 세계 경제에 유리하게 작용한 것 같다. 세계 무역이 1948년부터 1971년 사이에 매년 평균 7.27%의 성장을 기록했으나 두 차례의 세계대전 사이에는 1930년대처럼 오히려 줄어들기도 했으니 하는 말이다.

케인스가 파리평화회의에서 활동하며 세계를 주무르던 주요 인물들에게 실망하고 있던 때, 한국에서도 우드로 윌슨이 선언한 민족자결주의에 기대를 걸고 있었다는 사실과 지금도 남북이 대치하고 있는 현실을 고려한다면, 케인스의 『평화의 경제적 결과』는 100년 가까운 세월이 흐른 지금도 우리에게 많은 이야기를 들려주고 있다.

옮긴이

이 책의 저자는 세계대전 동안에 일시적으로 영국 재무부 소속으로 일을 했으며 1919년 6월 7일까지 영국 재무부의 공식 대표로 파리평화회의에 참석했다. 그는 또한 최고경제위원회(Supreme Economic Council: 파리평화회의가 열리는 동안에 경제적 조치에 대해 조언하기 위해 1919년 2월 만들어졌다/옮긴이)에도 영국 재무 장관의 대리인으로 참석했다. 그는 평화조약의 조건을 적은 초안을 수정할 수 있는 희망이 더 이상 보이지 않게 되자 모든 자리에서 물러났다. 그가 평화조약에 반대하는, 아니 유럽의 경제적 문제에 대한 파리평화회의의 전반적인 정책에 반대하는 근거들이 이 책의 여러 장을 통해 설명될 것이다. 그 근거들은 전적으로 공적인 성격을 띠고 있기 때문에 세상에 널리 알려진 사실들만을 바탕으로 하고 있다.

1919년 11월

존 메이너드 케인스

환경에 익숙해지는 능력은 인간의 아주 두드러진 특징이다. 그렇기 때문에 서유럽이 지난 반세기 동안 기준으로 삼으며 살아온 경제 조직의 본질이 대단히 독특하고, 불안정하고, 복잡하고, 믿을 수 없고, 또 잠정적이라는 사실을 확실히 깨닫는 사람은 거의 없다.

영국인들은 최근에야 확인하게 된 유리한 입장 중에서도 가장 기이하고 일시적인 것들 일부를 자연스럽고, 영원하고, 또 의지할 만한 것이라고 단정하고 거기에 맞춰 계획을 설계하고 있다. 불안정하고 거짓된 토대 위에 사회 발달을 위한 계획을 세우고, 정치 강령을 마련하고, 증오와 특별한 야망을 추구하고, 또 유럽 가족 내의 갈등을 해소시키지 않고 오히려 촉진시켜도 좋을 만큼 힘을 충분히 확보했다고 느끼고 있는 것이다.

독일 국민들은 광적인 망상과 무모한 이기심에 휩싸여 모든 유럽인들이 살아오던 삶의 바탕을 완전히 뒤엎어 버렸다. 그러나 프랑스 국민과 영국 국민의 대변자들은 독일이 시작한 파괴를 어떤 '평화'를 통해 마무리지으려는 위험을 무릅쓰고 있다. 현실로 실행된다면, 이 평화는 전쟁에 의해 이미 뒤틀리고 파괴된, 섬세하고 복잡한 경제 조직을 복구해야 할 판에 오히려 이 조직을 더욱 손상시킬 것임에 틀림 없다. 이 조직이 건재해야만 그것을 통해서 유럽의 모든 민족들이 고용을 누리며 살 수 있을 텐데도 말이다.

영국에서 삶의 겉모습을 보아서는 한 시대가 끝났다는 사실을 느끼거나 깨닫기 어렵다. 영국인들은 전쟁 때문에 삶의 실들을 내려놓았던 그 자리에서 다시 그 실들을 찾느라 바쁘다. 전쟁 전과 현재 사이에는 다음과 같은 차이밖에 없다. 영국인들 중 많은 사람들이 옛날보다 훨씬 더 부유해진 것처럼 보인다는 점이다. 영국인들은 전쟁전에 수백만 달러를 지출하던 곳에 지금은 수억 달러를 지출하면서도 그런 지출로 인해 고통을 겪지 않는다는 사실을 알게 되었다. 분명, 영국인들은 경제적 삶의 가능성을 최대한 활용하지 않았다. 그러다 보니 영국인들은 1914년의 안락으로 되돌아가기를 바랄 뿐만 아니라 그 안락을 크게 확대하고 강화하기를 바라고 있다. 모든 계층은 서로 똑같이 비슷한 계획을 세우고 있다. 부유한 계층은 지출을 더 많이 하고 예금을 더 적게 할 계획을, 가난한 계층은 지출을 더 많이 하고 일을 더 적게 할 계획을 세우고 있다.

그러나 이런 식으로 세상 돌아가는 사정을 모르고 살아도 괜찮은 곳은 오직 영국(그리고 미국) 뿐일 것이다. 유럽 대륙에는 지축이 흔들리고, 온 곳에서 불만의 소리가 터져나오고 있다. 유럽 대륙에서 그것은 사치의 문제이거나 노동 쟁의의 문제가 아니라 삶과 죽음의 문제이고, 아사(餓死)와 생존의 문제이고, 죽어가는 문명의 무시무시한 발작의 문제이다.

* * * *

휴전협정 후 6개월 중 상당 기간을 파리에서 보낸 사람에게, 간혹 런던을 방문하는 일은 아주 낯선 경험이었다. 영국은 여전히 유럽 밖에 서 있다. 유럽의 소리 없는 전율은 영국까지 닿지 않는다. 유럽은 영국과 동떨어져 있고, 영국은 유럽의 몸통의 일부가 아니다.

유럽은 그 자체로 아주 견고하다. 프랑스와 독일, 이탈리아, 오스트리아와 네덜란드, 러시아와 루마니아, 폴란드 등의 심장은 함께 박동하고 있으며, 이 국가들의 구조와 문명은 기본적으로 하나이다. 이 국가들은 함께 번영했고, 전쟁에서도 함께 파괴되었다. 이번 전쟁에서 영국은 대단히 많은 기여를 하고 희생을 치렀음에도 불구하고 경제적으로는 유럽 밖에 서 있었다.

앞에 나열한 국가들은 무너질 때에도 아마 함께 무너질 것이다. 바로 여기에 파리평화회의의 파괴적인 측면이 있다. 만약에 유럽의 내전이 프랑스와 이탈리아가 지금 납작 엎드리고 있는 독일과 오스트리아-헝가리를 파괴하기 위해 일시적 승리에 따른 권력을 마구 휘두르는 것으로 끝난다면, 프랑스와 이탈리아는 자국의 파멸까지 초래하는 꼴이 되고 말 것이다. 이유는 프랑스와 이탈리아가 제물로 삼고 있는 독일이나 오스트리아-헝가리와 심리적 및 경제적 끈으로 풀 수 없을 만큼 단단히 연결되어 있기 때문이다.

여하튼, 파리평화회의에 참석하면서 그 기간에 연합국의 최고경제위원회의 구성원으로 활약한 한 영국인은 책임과 견해의 측면에서 유럽인이 되지 않을 수 없었다. 이 영국인 본인에게도 그것은 새로운 경험이다. 유럽 체계의 신경중추인 파리에서, 영국인으로서 품었던 선입관은 많이 약해졌을 것임에 틀림없으며, 그는 그 선입관보다 더 무서운 다른 유령들에게 시달렸을 것임에 틀림없다. 파리는 악몽이었고, 그곳의 모든 사람은 병적이었다. 경박한 회의 현장엔 대재앙이 다가오고 있다는 위기감이 팽배했고, 사람들은 자신을 빤히 직시하고 있는 중대한 사건들 앞에서 무력감과 나약함을 느꼈고, 결정들은 대단히 중요함에도 불구하고 비현실적인 측면을 안고 있었다. 밖으로부터 경솔과 맹목, 오만을 탓하는 외침이 혼란스럽게 들려왔다. 고대 비극의 온갖 요소들이 거기에 다 있었다.

호화스런 프랑스의 회의장의 극적인 장식들 틈에 깊이 몸을 파묻고 앉아 있으면 이런 궁금증이 생겨날 것이다. 얼굴 표정에 조금의 변화도 보이지 않는 우드로 윌슨(Woodrow Wilson) 미국 대통령과

조르주 클레망소(Georges Clemenceau) 프랑스 총리의 출중한 용모가 진짜 얼굴인지 아니면 어떤 기이한 드라마 혹은 인형극의 가면인지 모르겠다는 생각이 드는 것이다.

파리평화회의의 절차는 모두 대단히 중요하다는 분위기를 풍김과 동시에 그다지 중요하지 않다는 분위기도 풍겼다. 결정들은 인류 사회의 미래를 좌우할 것처럼 보였다. 그럼에도 분위기는 '말은 중요하지 않아'라거나 말은 헛되고, 무의미하고, 아무 효과가 없으며, 사건과는 별개라고 속삭이고 있었다. 거기서 가장 강하게 느껴지는 것은 레프 톨스토이(Leo Tolstoy)의 『전쟁과 평화』(War and Peace)나 토머스 하디(Thomas Hardy)의 『제왕들』(The Dynasts)에 묘사된 그런 인상이다. 말하자면, 사건들이 위원회 소속 정치인들의 사고의 영향을 전혀 받지 않으면서 제 스스로 저주받은 결론을 향해 나아가고 있다는 인상이 강하게 드는 것이다.

파리에서, 최고경제위원회에서 활동한 사람들은 연합국과 적국을 불문하고 중부와 동부 유럽 전 지역의 불행과 무질서, 그리고 붕괴하는 경제 조직에 관한 보고를 거의 매일 받았다. 최고경제위원회 관계자들은 또 독일과 오스트리아의 재무부 대표자들의 입을 통해서 중부와 동부 유럽에 위치한 국가들의 무시무시한 고갈 상태에 대해 많은 것을 알게 되었다. 그런 가운데 '빅 4'(파리평화회의의 결정을 주도한 로이드 조지(Lloyd George) 영국 총리, 우드로 윌슨 미국 대통령, 조르주 클레망소 프랑스 총리, 비토리오 오를란도(Vittorio

Emanuele Orlando) 이탈리아 총리 등을 일컫는다/옮긴이)가 공허한 음모를 꾸미며 각자의 임무를 수행하던 프랑스 대통령 관저의 덥고 건조한 방을 방문하는 일은 악몽의 느낌을 더욱 키워줄 뿐이었다. 그럼에도 그곳 파리에서 유럽의 문제들은 무시무시하고 소란스러웠으며, 그런 분위기에서 일하다가 이따금 런던의 무관심을 확인하는 것은 다소 당황스런 경험이었다. 왜냐하면 런던에서는 유럽의 문제들이 아주 동떨어진 것으로 여겨졌으며 영국인들은 영국만의 사소한 문제로 머리를 싸매고 있었기 때문이다. 영국은 자국과도 관련이 있는 혼돈이 파리에서 일어나고 있다고 믿으면서도 거기에 관심을 두지 않았다. 바로 이런 분위기 속에서 영국 국민은 평화조약을 읽지도 않고 받아들였다. 그러나 이 책이 쓰인 것은 런던의 영향이 아니라 파리의 영향 아래에서였다. 이 책의 저자는 영국인이면서도 스스로 유럽인이라고 느끼고 있으며, 너무도 생생한 최근의 경험 때문에 지금 전개되고 있는 역사적인 드라마에서 눈을 떼지 못하고 있다. 이 드라마는 아마 위대한 제도들을 파괴함과 동시에 새로운 세계를 창조해낼 것이다.

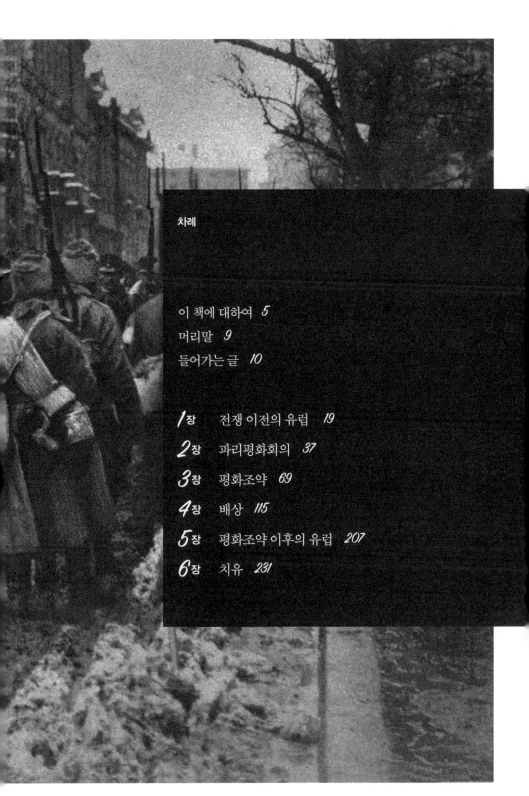

차례

1장

전쟁 이전의 유럽

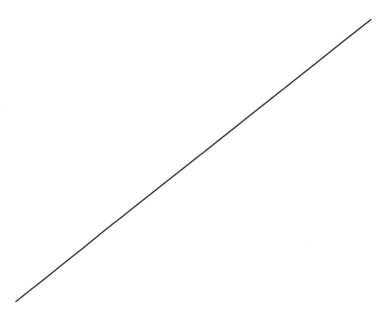

1870년 이전까지 유럽 대륙의 다양한 지역들은 각자의 산물에 특화를 하고 있었다. 그러나 전체로 보면, 유럽 대륙은 사실상 자립적이었다. 그리고 유럽의 인구도 이런 사정에 맞춰져 있었다.

1870년을 넘기면서, 전례 없는 어떤 상황이 대규모로 전개되었으며, 그 다음 50년 동안 유럽의 경제 사정은 불안정해지고 이상해졌다. 그 상황이란 바로 인구가 식량에 가하는 압박이 역사상 처음으로 완전히 뒤집어진 점이다. 그 전에도 유럽은 아메리카 대륙의 곡물을 공급받음으로써 인구와 식량 사이에 균형을 이루고 있었다.

한동안은 인구가 증가함에 따라, 식량을 구하기가 오히려 더 쉬워졌다. 생산 규모의 증가에 따른 수익 증대가 공업뿐만 아니라 농업에도 그대로 적용되었던 것이다. 유럽 인구의 증가와 더불어, 신대륙의 땅을 경작하기 위해 유럽을 떠나는 사람들이 더 많이 늘어나는 한편으로, 새로운 나라들로 이민을 떠난 사람들을 뒷받침할 공업 제품과 자본재를 준비할 근로자도 유럽에 더 많아졌다. 또 먼 곳에서 식량과 원료들을 유럽으로 실어 나를 철도를 건설하고 선박을 건조할 근로자들도 더 많아졌다. 1900년까지, 산업에 투입된 노동 한 단위는 해가 갈수록 식량을 더 많이 구입하는 힘을 자랑했다.

그러나 1900년경에 이르러 이 과정이 역전되면서 인간이 땀을 흘려 거두던 자연의 결실이 줄어들기 시작했다. 그래도 식량의 실제 비용이 증가하는 추세는 다른 분야의 향상을 통해 균형이 이뤄졌다. 그리고 열대 아프리카의 자원이 그때 처음으로 대규모로 이용되기에 이르렀으며, 오일시드의 대량 수송을 통해서 인류의 기본 영양소 하나가 새롭고 싼 형태로 유럽의 식탁에 이용될 수 있었다. 이 같은 경제적 엘도라도에서, 경제적 유토피아에서 유럽인들 대부분은 성장했다.

그런 행복한 시대에 경제학의 창설자들을 깊이 우려하게 만들었던 비관적인 세계관은 망각되었다. 18세기 이전에 인류는 헛된 희망을 절대로 품지 않았다. 18세기 후반 들어 사람들 사이에 점점 팽배해가던 망상을 깨뜨리기 위해, 토머스 맬더스(Thomas Robert Malthus:1766-1834)는 악마 하나를 풀어놓았다. 그 후 반세기 동안에 나온 모든 중요한 경제학 저작물은 이 악마를 똑바로 보았다. 그러나 그 다음 반세기 동안에 이 악마는 사람들의 눈에 보이지 않는 곳에 쇠사슬에 묶여 있었다. 지금 아마 사람들은 이 악마를 다시 풀어놓았을 것이다.

그 시대가 1914년 8월에 종지부를 찍은 것은 인류의 경제적 발전에서 얼마나 어이없는 사건인지 모른다. 인구의 상당 부분은 열심히 일하면서도 안락을 별로 못 느끼며 살았지만 겉보기에는 그런 운명에 꽤 만족했다. 그러나 평균보다 앞서는 능력이나 개성의 소유자라면 중산층 혹은 상류층으로 올라가는 것이 가능했다. 이 계층에 속하는 사람들의 삶은 그 전의 다른 시대에 가장 부유하거나 막강했던 군주들이 누렸던 범위 그 이상으로 안락하고 편안하고 쾌적했다.

런던 시민은 아침에 침대에 걸터앉아 차를 마시면서 전화로 온 세상의 다양한 제품을 원하는 만큼 주문하여 자신의 집 앞 계단에서 받을 수 있었다. 이 런던 주민은 동시에 똑같은 방법으로 천연 자원을 이용해 부(富)를 일구고 세계 곳곳에서 새로운 사업을 벌일 수 있었다. 그러면서 사업에서 얻은 결실을 누려도 전혀 아무런 문제가 없었다. 그러나 이 모든 것들 중에서 가장 중요한 것은 이 시민이 이런 상황을 정상적이고, 확실하고, 영원한 것으로 보았으며, 거기서 벗어나는 것은 엉뚱하고, 수치스럽고, 피해야 할 것으로 여겼다는 점이다. 군국주의와 제국주의, 민족적 및 문화적 경쟁, 독점과 억압과 배제 등의 음모나 정치는 일간지의 읽을거리에 지나지 않았으며 사회적 및 경제적 삶을 일상적으로 영위하는 데에는 전혀 아무런 영향을 미치지 않는 것처럼 보였다. 이렇듯, 사회적 및 경제적 삶의 국제화는 실제로 거의 이뤄져 있었다.

전쟁이 발발할 당시에 유럽 경제에 이미 존재했던 불안정한 요소들 중 일부를 보다 명확히 밝히다 보면, 영국을 포함한 연합국이 적들에게 강요한 평화의 성격과 결과를 제대로 평가할 수 있게 된다.

1. 인구

1870년에 독일의 인구는 약 4,000만 명이었다. 1892년에는 이 숫자가 5,000만 명으로 늘어났으며, 1914년 6월 30일에는 다시 6,800만 명으로 뛰었다. 전쟁이 일어나기 전 몇 해 동안 독일 인구의 연 증가 폭은 85만 명이었으며, 이 중 일부는 다른 나라로 이주했다.[1]이 같은 인구 급증은 오직 독일의 경제 구조에 나타난 광범위한 변화 때문에 가능했다. 독일은 농업 중심의 자급자족 경제에서 벗어나서 거대하고 복잡한 산업 기계로 탈바꿈했다. 이 산업 기계의 작동을 위해서 독일 내부의 요소들뿐만 아니라 독일 외부의 많은 요소들도 균형을 이루는 것이 중요했다. 독일은 이 기계를 끊임없이 전속력으로 작동시켜야만 국내에서 급증하는 주민들에게 일자리를 주고 외국에서 식량을 구입할 수단을 마련할 수 있었다. 독일이라는 기계는 평형을

....
1 1913년에 독일을 떠난 이민자는 25,843명이었으며, 이 중에서 19,124명이 미국으로 떠났다.

유지하기 위해선 점점 더 빨리 돌아야 하는 팽이와 비슷했다.

인구가 1890년에 4,000만 명에서 전쟁이 발발할 시점에 5,000만 명 이상으로 늘어난 오스트리아-헝가리 제국에서도 정도만 약간 덜했을 뿐 똑같은 경향이 나타났다. 출생자가 사망자보다 매년 50만 명 정도 더 많았던 것이다. 이 중에서 25만 명 정도가 외국으로 이민을 떠났다.

현재의 상황을 제대로 이해하기 위해선 먼저 독일을 축으로 하는 거대한 체계의 발달이 중부 유럽을 인구의 중심이 되도록 만든 과정을 분명하게 이해할 필요가 있다. 전쟁 전에 독일과 오스트리아-헝가리 제국을 합친 인구는 미국 인구를 상당히 앞질렀고 북미 전체의 인구와 거의 맞먹었다. 영토의 크기에 비해 많은 인구가 중부 유럽 강국들의 군사적 힘의 원천이었다. 그러나 전쟁마저도 인구를 크게 줄여놓지 못했기 때문에, 이 숫자는 생계 수단을 박탈당할 경우에 유럽의 질서를 위협할 요소가 될 것이다.[2]

러시아 중 유럽에 속하는 지역에서는 인구가 독일보다 더 빠르게 증가하고 있었다. 1890년에 1억 명이 되지 않았으나 전쟁이 발발할 때쯤엔 1억5,000만 명으로 늘어났다.[3] 1914년까지 몇 년 동안 러시아에서는 출생이 사망보다 연 200만 명이나 더 많은 것으로 집계되었

....

2 1918년 말의 독일 인구는 출생 감소와 사망자의 증가로 인해 1914년 초에 비해 270만 명이 준 것으로 추산된다.

3 폴란드와 핀란드를 합하고 시베리아와 중앙아시아, 카프카스 지역을 제외한 지역의 인구 수치이다.

다. 러시아 인구의 급증은 널리 알려지지 않았음에도 지난 몇 년 사이에 있었던 사실 중에서 가장 중요한 사실에 속한다.

역사의 중대한 사건들은 종종 인구 성장이나 다른 근본적인 경제적 원인들에 나타난 변화 때문에 일어난다. 그런데 이 변화는 그 점진적인 성격 때문에 좀처럼 동시대 관찰자들의 눈길을 끌지 못하고, 따라서 중대한 사건의 원인은 정치인들의 어리석음이나 무신론자들의 광기로 돌려진다. 그 한 예로 지난 2년 동안 러시아 사회를 뒤흔들어놓은 사건들을 들 수 있다. 정부 형태와 계급 제도뿐만 아니라 종교, 재산의 바탕, 토지 소유권까지, 지금까지 대단히 확고한 것으로 여겨졌던 것들을 뒤엎어버린 러시아의 사건들은 블라디미르 레닌(Vladimir Lenin)과 니콜라이 2세(Nicholas Ⅱ) 황제보다는 인구 증가의 영향을 더 강하게 받았다. 러시아 국민의 과도한 생식력이 지닌 파괴적인 힘이 인습의 끈을 끊는 데에 이념의 힘이나 전제 정치의 실수보다 더 큰 역할을 했을 것이다.

2. 경제 조직

이 민족들이 의지하며 살았던 정교한 경제적 조직은 부분적으로 그 시스템 안에 내재한 요소들을 바탕으로 유지되고 있었다.

국경과 관세의 간섭이 최소한으로 약해졌으며, 3개의 제국, 즉 러시아 제국과 독일 제국, 오스트리아-헝가리 제국 안에만 3억 명 가까운 사람들이 살고 있었다. 금을 바탕으로 서로 안정적인 관계를 유지하던 다양한 통화들은 자본과 무역의 흐름을 대단히 용이하게 만들었다. 그런 가운데서 이 거대한 지역 전역에 걸쳐 재산과 사람의 안전이 거의 절대적으로 지켜지고 있었다.

이런 요소들, 즉 질서와 안전, 통일성은 유럽이 그때까지 인구가 그처럼 많은 넓은 지역에 걸쳐서 그렇게 오랫동안은 한 번도 즐겨보지 못한 것들이었다. 바로 이런 요소들이 수송과 석탄 유통, 외국 무역이라는 거대한 메커니즘을 바탕으로 하는 경제 조직이 형성될 길을 닦아주었다. 그 덕에 도시의 새로운 인구 밀집 지역에서 산업이 발달할 질서가 확립될 수 있었다. 이는 너무나 잘 알려져 있는 사실이기 때문에 구체적인 숫자를 제시할 필요까지도 없다. 그러나 영국 못지않게 중부 유럽에서도 산업 발달에 중요한 역할을 한 석탄에 관한 통계는 나름대로 이해를 도울 것이다. 독일의 석탄 생산량은 1871년에 3,000만 톤이던 것이 1890년에는 7,000만 톤, 1900년엔 1억 1,000만 톤, 1913년에 1억 9,000만 톤으로 크게 늘어났다.

독일을 중심축으로, 유럽의 나머지 국가들이 집단을 형성하면서 유럽 경제 체계를 이뤘다. 유럽 대륙의 번영은 독일의 번영과 진취적인 활동에 크게 의존했다. 점점 성장 속도를 높이던 독일 경제는 이웃 국가들에게 각국의 산물을 팔 길을 열어주었고, 거꾸로 이웃 국가들은 독일 기업들로부터 필수품을 저렴한 가격에 공급받았다.

독일과 이웃 국가들 사이의 경제적 상호 의존성을 보여주는 통계는 가히 압도적이다. 독일은 러시아와 노르웨이, 네덜란드, 벨기에, 스위스, 이탈리아, 오스트리아-헝가리의 제1의 고객이었고, 영국과 스웨덴, 덴마크의 제2의 고객이었으며, 프랑스의 제3의 고객이었다. 그리고 독일은 러시아와 노르웨이, 스웨덴, 덴마크, 네덜란드, 스위스, 이탈리아, 오스트리아-헝가리, 루마니아, 불가리아의 제1의 공급원이었고, 영국과 벨기에, 프랑스의 제2의 공급원이었다.

영국만을 놓고 보면, 영국은 인도를 제외하고는 독일로 가장 많은 상품을 수출하고 있었다. 또 영국의 수입 상대국을 보면 미국 다음이 독일이었다.

독일 서쪽에 있는 나라들을 제외하곤 유럽 국가들 중에서 독일과의 무역이 전체의 25%를 넘지 않는 국가는 하나도 없었다. 러시아와 오스트리아-헝가리, 네덜란드의 경우에는 그 비중이 훨씬 더 높다.

독일은 이들 국가들과 무역을 하는 데서 그치지 않았다. 일부 국가에는 그 국가의 발전에 필요한 자본의 상당 부분까지 공급했다. 전쟁이 발발하기 전에 독일의 외국 투자는 총 62억5,000만 달러에 달했는데, 이중 25억 달러 가량이 러시아와 오스트리아-헝가리, 불가리아, 루마니아, 터키에 투자되었다.[4] 그리고 "평화적 침투"라는 방법을 통해서, 독일은 이 국가들에게 자본뿐만 아니라 그 못지않게 필요했던 조직을 제공했다. 이리하여 라인 강 동쪽의 유럽 전체는 독일 산

....
4 이 책에 나오는 달러는 1파운드를 5달러로 환산한 수치이다.

업의 영향권 안으로 들어가게 되었으며, 따라서 이 지역의 경제는 독일의 산업에 맞춰지게 되었다.

그러나 유럽 전체에 공통적으로 나타난 일반적인 경향과 유럽 외 지역의 요소들이 함께 작용하지 않았더라면, 이런 유럽 내부의 요소들만으로는 그 많은 인구를 충분히 부양하지 못했을 것이다. 앞에서 이미 언급한 상황들 중 많은 것은 대체로 유럽 전체에도 해당되었으며 중부 유럽의 제국들에만 국한된 것이 아니었다. 다음에 말하는 내용 모두도 유럽의 전체 체계에 공통적으로 나타난 현상이다.

3. 사회의 심리 상태

유럽은 사회적으로나 경제적으로나 자본을 최대한 축적하는 방향으로 조직되었다. 인구 중 다수의 일상적인 삶의 조건이 지속적으로 향상되는 동안에, 유럽 사회는 증대된 소득의 상당 부분이 그것을 다 소비하지 않을 계층으로 들어가도록 틀이 짜여져 있었다. 19세기의 신흥 부자들은 지출을 많이 하지 않았으며 즉시적 소비에 따를 쾌락보다 투자가 안겨줄 권력을 더 선호했다. 실제로, 부의 엄청난 축적을 가능하게 만든 것은 바로 부의 분배의 불평등이었으며, 그 시대가 다른 모든 시대와 뚜렷이 구별되게 만들었던 것은 바로 자본의 활용이었다. 사실 자본주의 체제의 정당성은 바로 여기에 있다. 만약에 부자들이 자신이 일군 부를 자신의 쾌락을 위해 전부 지출했더라면, 이 세상은 이미 오래 전에 그런 체제를 거부했을 것이다. 그러나 신흥 부자들은 장래를 생각해 일벌처럼 열심히 저축했다. 부자들의 이런 행태는 적어도 인류 공동체 전체에는 이롭게 작용했다.

전쟁 전 반세기 동안에 엄청난 규모로 이뤄진 고정자본의 축적은 부가 평등하게 분배되는 사회였더라면 절대로 불가능했을 것이다. 그 시대에 번영을 위해 건설된 세계의 철도는 즉시적 쾌락을 추구하지 않고 땀흘려 일한 노동의 결실로, 이집트의 피라미드에 견줘도 결코 손색이 없다.

따라서 이 주목할 만한 체제는 그 성장의 바탕을 이중적인 기만에 두었다. 한편으로 보면, 노동 계급은 무지 혹은 무력함에서, 또는 관습이나 인습, 권위, 확고한 사회 질서 등에 강요당하거나 설득당함으로써, 자신들과 자연과 자본가가 공동으로 만들어 내고 있는 케이크 중에서 아주 작은 몫만을 자신들의 것이라고 주장할 수 있는 그런 상황을 받아들였다. 다른 한편으로 보면, 자본가 계급은 그 케이크 중 가장 큰 몫을 자신의 것이라고 주장할 수 있었으며 이론적으로는 그 것을 자기 마음대로 소비할 수 있었다. 그러나 거기엔 자본가가 그 몫 중에서 아주 작은 부분만을 소비한다는 암묵적인 조건이 작용하고 있었다.

"저축"의 의무가 최고의 미덕이 되었으며, 케이크를 키우는 것이 종교의 진정한 목표가 되었다. 케이크를 아끼는 미덕을 중심으로 온

갓 청교도적인 본능이 생겨났다. 다른 시대였더라면 이 청교도적인 본능은 세상으로부터 뒤로 멀찍이 물러서서 쾌락뿐만 아니라 생산 기술까지도 무시했을 것이다. 그러나 청교도적인 본능이 생산과 접목됨에 따라, 케이크는 점점 더 커져갔다.

하지만 케이크를 키우는 목적에 대한 고찰은 그다지 깊지 않았다. 개인들은 아마 절제하라는 가르침보다는 먼 훗날로 미루라는, 안전과 기대의 즐거움을 누리라는 가르침을 받았을 것이다. 저축은 늙어 쇠약해질 때를 대비한 것이거나 자식들을 위한 것이라는 식으로 말이다. 그러나 이것은 어디까지나 이론일 뿐이다. 케이크의 미덕은 당신에게도 절대로 먹히지 않고 당신의 자손에게도 절대로 먹히지 않는다는 데에 있다.

이런 식으로 글을 쓴다고 해서 그 세대의 관행을 폄하할 뜻은 전혀 없다. 그 세대는 사회라는 것이 어떤 것인지를 무의식적으로 알고 있었다. 케이크는 소비 욕구에 비하면 정말 아주 작았다. 그렇기 때문에 케이크를 모두가 나눠 가졌다 하더라도 어느 누구도 그 몫으로 인해 많이 나아지지 못했을 것이다. 사회는 오늘의 작은 쾌락을 위해서가 아니라 미래의 인류의 안전과 향상을 위해, 요컨대 "진보"를 위해 움직이고 있었다. 만약에 케이크를 자르지 않고 맬더스가 인구와 관련해 예측한 기하급수적 증가와 비슷한 수준으로 커지기를 기대하며 가만 내버려 둔다면, 아마 언젠가는 충분히 커져서 후손들이 우리의 노동의 결실을 즐길 그런 날이 올 것이다. 그런 날엔 초과 노동이나 인구 과밀, 영양실조가 사라지고, 인간은 육체적 안락과 필요를 충족시키는 가운데 자신의 능력을 보다 고귀한 방향으로 발휘하게 될 것이다. 어느 한 기하급수는 다른 한 기하급수를 상쇄할 터였다. 그래서 19세기는 복리(複利)의 힘에 현혹되어 인류의 번식력을 망각할 수 있었다.

이 같은 전망에 두 가지 함정이 있었다. 첫 번째 함정은 인구가 여전히 자본 축적을 능가하는 상황에서 사람들의 자제가 행복을 촉진시키는 것이 아니라 숫자만 키워놓을 수 있다는 점이다. 둘째 함정은 케이크가 결국에는 모든 희망을 삼켜버릴 전쟁 때문에 때 이르게 사라질 수 있다는 점이다.

그러나 이런 생각들은 나의 현재 목적에서 지나치게 멀리 벗어나고 있다. 나는 단지 불평등에 근거한 축적의 원칙이 전쟁 전의 사회 질서, 말하자면 진보의 중요한 부분이었다는 점을 지적하고 싶다. 또 동시에 불평등에 근거한 축적의 원칙이 불안정한 심리적 조건에서 생겨났다는 점을 강조하고 싶다. 그런데 그런 불안정한 심리적 조건을 다시 조성하는 것은 불가능할 것이다. 극소수만이 삶의 안락을 누리는 상황에서 엄청나게 많은 부를 축적하는 것은 대부분의 사람들에게 자연스럽게 느껴지지 않았다. 전쟁이 모든 사람들에게 소비의 가능성을 보여주었고 또 많은 사람들에게 자제의 공허함을 보여주었다. 이리하여 자본주의 체제의 속임수가 발각되기에 이르렀다. 노동 계급은 더 이상 앞서서 일을 하려 들지 않을 것이며, 자본가 계급은 더 이상 미래를 확신하지 못하고 소비의 자유를 최대한 풍요하게 누리려 들고 따라서 재산을 몰수당할 시간을 재촉할 것이다.

4. 구세계와 신세계의 관계

전쟁 전에 유럽에 팽배했던 축적의 습관은 유럽의 균형을 잡아준 외적 요소들 중에서 가장 중요한 조건이었다.

  유럽이 축적한 잉여 자본재 중 상당 부분은 해외로 수출되었다. 해외에서 유럽의 투자는 식량과 원료의 새로운 자원을 개발하고 운송의 발달을 가능하게 만들었다. 동시에 유럽의 투자는 구세계가 신세계의 천연자원과 잠재력에 대해 일정한 몫을 주장할 수 있게 했다. 이 마지막 요소는 엄청난 중요성을 지녔다. 이런 식으로 구세계는 신세계에서 해마다 공물을 거둬들일 수 있게 되었다. 유럽의 잉여 자본을 통해서 신세계의 발달이 가능해졌고, 이 발달에 따라 신세계가 구세계에 풍부한 자원을 값싸게 공급할 수 있게 되었다. 이 혜택을 유럽 사람들은 미래로 미루지 않고 즉시적으로 즐겼다. 그런 가운데서도 이 외국 투자에서 이자로 받은 돈의 상당 부분은 재투자되어 미래의 덜 행복한 날에 대비해 축적되었다. 말하자면 유럽의 산업 노동이 다른 대륙의 산물을 싼 조건으로 더 이상 구입하지 못하게 될 때, 그리고 유럽의 역사 깊은 문명과 다른 기후와 환경에서 인구를 늘려가고 있는 민족들 사이의 균형이 위협받게 될 때를 대비한 비축으로 자본을 축적한 것이다. 따라서 유럽인들은 자신의 문화를 자국에서 추구하든 외국에서 추구하든 예외 없이 새로운 자원의 개발에 따른 덕을 톡톡히 보았다.

그러나 구 문명과 새로운 자원 사이에 이런 식으로 구축된 균형이 이미 전쟁 전부터 위협을 받고 있었다. 미국이 식량을 대량으로 수출할 수 있게 된 덕에, 유럽은 수출품 생산에 들인 노동에 비해 싼 가격으로 식량을 구입할 수 있었다. 유럽의 번영은 이 같은 사실을 바탕으로 한 것이었다. 또 유럽은 일찍이 자본을 투자한 결과 반대급부를 전혀 지급하지 않고도 매년 상당한 금액을 확보할 수 있었다. 이 중에서 자본 투자는 당시에 별로 위험하지 않은 것으로 보였다. 그러나 식량을 비교적 싼 값에 구입할 수 있었던 조건은 외국의 인구, 주로 미국 인구의 증가로 인해 그다지 안전해 보이지 않았다.

아메리카의 처녀지가 처음 결실을 맺게 되었을 때, 남북 아메리카 대륙의 인구는 유럽 인구에 비해 아주 작았다. 따라서 아메리카 대륙이 필요로 했던 식량의 양도 작을 수밖에 없었다. 1890년 말, 유럽 인구는 남북 아메리카 대륙을 합친 인구의 3배였다. 그러나 1914년에 이르자 미국이 필요로 하는 밀의 양이 자국의 생산량에 육박하고 있었다. 예외적으로 풍작을 기록하는 해에만 수출이 가능한 그런 시기가 멀지 않은 게 분명했다. 정말로, 미국이 필요로 하는 밀의 양은 1909년부터 1913년까지 5년 동안 자국이 기록한 평균 생산량의

90% 이상을 차지한 것으로 추산된다.[5] 그러나 그 시기에 아끼려는 풍조가 생겨나고 있었다. 밀의 수확이 부족해서가 아니라 실질 비용이 꾸준히 증가하고 있었기 때문이다. 말하자면, 세계 전체를 볼 때 밀이 부족한 것은 절대로 아니었지만 적절한 공급을 확보하기 위해서는 보다 높은 가격을 제시해야만 했다는 뜻이다. 그런 상황에서 가장 바람직한 전개는 중부 유럽과 서부 유럽이 러시아와 루마니아의 곡물을 수입하는 것이었다.

요약하면, 유럽이 신세계의 자원을 믿고만 있을 수 없는 상황이 전개되고 있었다. 마침내 수확체감의 법칙이 나타나게 되었고, 따라서 유럽은 똑같은 양의 빵을 얻기 위해 해마다 더 많은 양의 제품을 내놓아야 했다. 따라서 유럽은 식량 공급의 주요 원천 중 어느 하나라도 혼란을 겪는 것을 절대로 그냥 보아 넘길 수 없게 되었다.

1914년 유럽의 경제적 특수성을 묘사할 때, 이 외에 다른 많은 이야기도 가능하다. 여기서 나는 불안정한 요소 서너 가지를 특별히 선택해서 강조했다. 과도하게 많은 인구가 복잡하고 인위적인 조직에 식량을 의존하고 있는 데 따른 불안정, 노동 계급과 자본 계급의 심리적 불안정, 유럽이 신세계의 식량 수출에 의존하고 있는 현실의 불안정 등이 그런 요소들이다.

전쟁이 유럽의 생명을 한꺼번에 위험에 빠뜨릴 만큼 이 체계를 아주 심하게 흔들어 놓았다. 유럽 대륙의 한 큰 부분은 병들어 죽어가

....
5 1914년 이후로 미국 인구는 매년 700만 명 내지 800만 명 증가했다.

고 있었다. 유럽의 인구는 식량에 비해 지나치게 많았다. 유럽의 경제 조직은 파괴되었고, 유럽의 수송 체계는 망가졌고, 유럽의 식량 공급은 심각할 정도로 훼손되었다.

약속을 존중하고 정의를 충족시키는 것이 파리평화회의의 임무였다. 그러나 삶을 재구축하고 상처를 치유하는 것도 그 못지않게 중요하다. 이 임무는 승자의 아량이라는 원칙에 따라 필요한 것 못지않게 유럽의 미래를 위해서도 반드시 필요한 사항이다. 여러 장에 걸쳐서 파리평화회의의 실제적 성격을 세세하게 검토할 것이다.

2장

파리평화회의

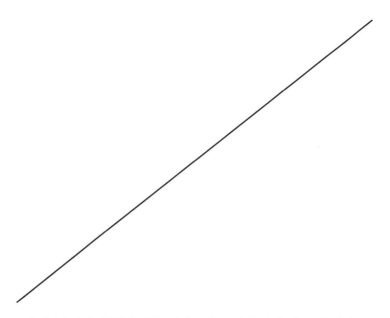

3장과 4장에서, 독일과 맺을 평화조약 중에서 경제 및 재정 관련 조항들을 면밀히 검토할 것이다. 그러나 여기서 이 조약을 준비하는 데 영향을 끼친 인물들의 개인적인 요소들 중 일부에 대해 소상히 검토하면, 조약에 담긴 조건들 중 많은 것의 기원을 이해하기가 한결 더 쉬워질 것이다. 이 과제를 시작하면서, 나는 불가피하게 행위자들의 동기의 문제를 건드리지 않을 수 없다. 동기의 문제에 관한 한, 방관자들은 곧잘 실수를 저지른다. 그러면서도 방관자들은 자신의 최종적 판단에 대해 굳이 책임을 지지 않는다.

역사학자들은 과거에 대해 이야기할 때 많은 자유를 누리지만 동시대인을 논할 때에는 그런 자유를 누리기가 망설여진다. 그럼에도 나는 이 장에서 역사학자들의 자유를 간혹 누릴 생각이다. 그렇게 하더라도 독자 여러분은 그러는 나를 이해해주길 바란다. 세상 사람들이 아직 마무리되지 않은, 인간의 의지와 목표가 복잡하게 뒤얽힌 갈등의 진상을 밝혀주기를 간절히 바라고 있다는 사실을, 그리고 세계가 직면하고 있는 운명을 이해하기 위해선 동시대인들에 대해 논하는 것이 불가피하다는 점을 참작해주길 바란다. 이 복잡한 갈등이 4명의 인물을 중심으로 벌어짐에 따라, 그 인물들은 1919년 들어 몇 개월 동안 인류의 축도(縮圖)가 되다시피 했다.

조약 내용 중 여기서 강조하고 싶은 부분에서 주도권을 잡은 사람은 프랑스인이었다. 가장 명확하고 가장 극단적인 제안을 맨 먼저 내놓은 사람들은 대체로 프랑스인이었다. 그것은 부분적으로 전술의 문제였다. 최종 결과가 타협으로 마무리될 것으로 예상될 때, 처음부터 극단적인 입장을 취하는 것이 종종 신중한 태도이다. 프랑스인들은 회의에 임하기 전부터 대부분의 다른 사람들과 똑같이 이중적인 협상 과정을 예상하고 있었다. 먼저 연합국과 관련국의 의견을 고려해야 하고, 두 번째로 독일인들에게 적절한 방향도 고려해야 했다. 이 같은 전술은 어쩌면 당연했다. 클레망소는 위원회에서 간혹 지적이고 공명정대하게 처신하는 모습을 보이고 또 자국 장관들이 제시한 극단적인 제안까지 포기함으로써 위원회의 동료들 사이에 중용의 태도를 취하는 지도자라는 명성을 얻었다. 또 미국인과 영국인 비판자들이 진정으로 이슈가 되고 있는 문제를 잘 모르고 있는 사이에, 혹은 프랑스의 우방국들의 지나친 비판이 오히려 우방국들이 언제나 적의 편에 서서 적의 입장을 두둔하는 것 같은 불쾌한 인상을 주는 상황에서, 많은 것들이 통과되었다. 영국과 미국의 중대한 이익이 걸리지 않은 곳에서, 양국 사람들의 비판은 약해졌다. 그런 경우엔 프랑스인들도 진지하게 생각하지 않은 일부 조항도 통과되었다. 그런 가운데 독일인들과는 어떠한 토론도 허용하지 않기로 한 막판의 결정은 치유의 가능성을 완전히 배제해 버렸다.

그러나 프랑스인들은 전술과 별도로 확실한 방침을 하나 갖고 있었다. 클레망소는 프랑스 재무부 장관 루이 클로츠(Louis Klotz)나 산업부흥부 장관 루이 루쉐르(Louis Loucheur) 같은 사람들의 주장을 무뚝뚝하게 거절하거나 프랑스의 이해관계가 걸리지 않은 문제가 논의될 때에는 피곤한 기색을 보이며 눈을 감곤 했다. 그러면서도 그는 무엇이 결정적으로 중요한지를 정확히 파악하고 있었으며, 그런 사항에 대해서는 자신의 주장을 거의 굽히지 않았다. 평화조약의 중요한 경제적 방침에 어떤 지적인 견해가 담겨 있다면, 그것은 곧 프랑스의 견해이고 클레망소의 견해이다.

클레망소는 '4인위원회'(Council of Four)의 가장 탁월한 구성원이었으며 동료들의 내면을 훤히 알고 있었다. 이 위원회의 구성원 중에서 어떤 아이디어를 갖고 있고 또 그 아이디어가 낳을 결과까지 고려하고 있었던 사람은 클레망소 한 사람뿐이었다. 나이와 성격, 지혜, 외모 등이 함께 작용하면서, 그는 아주 객관적인 인물이라는 분위기를 풍겼고 혼돈스런 환경에서도 아주 두드러져 보였다. 사람들은 그런 클레망소를 무시하거나 싫어하지 못했으며 다만 문명인의 본질에 대해 다른 견해를 갖거나 다른 희망에 빠질 뿐이었다.

클레망소의 생김새와 태도는 아주 친숙하게 느껴졌다. '4인위원회'에서 클레망소는 뒤쪽 끝자락이 사각으로 마무리된, 멋진 검정색 코트를 걸쳤다. 늘 회색 장갑을 끼고 있어 손이 밖으로 드러나는 일이 없었다. 구두는 두꺼운 검정 가죽으로 만든 멋진 제품이었으나 약간 시골풍이었다. 간혹 구두끈 대신에 버클이 채워져 있어 호기심을 자극하기도 했다.

'4인위원회'가 정기적으로 열린 프랑스 대통령 관저의 그 방에서 클레망소가 앉은 자리는 벽난로를 바라보는 반원형 테이블의 가운데에 놓인, 사각형 비단 의자였다. 그의 왼쪽에 비토리오 오를란도 이탈리아 총리가 앉고, 벽난로 바로 옆에 우드로 윌슨 미국 대통령이 앉았다. 그의 오른쪽에, 그러니까 벽난로의 다른 쪽 옆에 로이드 조지 영국 총리가 앉았다.

클레망소는 어떤 서류도 갖고 다니지 않았으며, 개인 비서도 데리고 다니지 않았다. 프랑스 장관들과 관리들이 그의 주변에서 각자 맡은 일을 하고 있었지만, 거기에 그의 비서는 없었다. 그의 걸음걸이와 손, 목소리는 박력이 넘쳤지만, 그럼에도 불구하고 특히 그에 대한 공격이 있은 뒤면 중요한 일을 위해 힘을 아끼고 있는 노인의 모습을 보였다. 그는 프랑스 측 성명을 장관이나 관리들에게 넘기고 말을 좀처럼 하지 않았다. 종종 양피지 가죽 같은 무표정한 얼굴로 눈을 감고 의자 깊이 몸을 파묻었다. 그럴 때면 회색 장갑을 낀 두 손은 앞쪽으로 깍지를 낀 채였다. 그에겐 단호하거나 풍자적인 짧은 문장 하나면 대체로 충분했다. 자신을 돕고 있는 장관들의 체면 따위는 생각 않는 언행과 완고함은 퉁명스레 날리는 몇 마디 영어 단어로 인해 더욱더 두드러져 보였다.[6] 그러나 필요하다 싶으면 말과 열정을 절대로 아끼지 않았다. 돌연 말이 터져 나올 때면 종종 발작처럼 가슴까지 쥐어짜는 기침이 따랐는데, 그럴 때 보면 그의 말은 상대방에게 설득되어서가 아니라 기습 공격을 당한 데 대한 반발로 튀어나온다는 인상을 주었다.

　로이드 조지 영국 총리는 영어로 연설한 뒤에 프랑스어로 통역되는 동안에 종종 벽난로 앞의 깔판을 지나 윌슨 대통령에게로 갔다. 감정에 호소하는 사적인 대화를 통해서 자신의 주장을 강화하거나 타협안에 대한 근거를 제시하기 위해서였다. 로이드 조지의 이런 행동은 간혹 현장에 소란과 무질서가 일어나는 신호가 되곤 했다. 윌슨 대통령의 보좌관들이 대통령을 에워싸고, 조금 뒤엔 영국의 전문가들이 그 결과를 듣거나 일이 잘 돌아가고 있는지를 확인하기 위해 종종걸음으로 달려오곤 했다. 그 다음에는 다른 사람들이 자기들 몰래 뭔가를 조정하는 것이 아닌가 하는 의심을 품고서, 프랑스인들이 그

....
6 　'4인위원회' 중에서 영어와 프랑스어를 말하고 이해할 수 있었던 사람은 클레망소뿐이었다. 오를란도는 프랑스어만 할 수 있었고 로이드 조지 총리와 윌슨 대통령은 영어만 할 수 있었다. 오를란도와 윌슨이 서로 의사소통을 할 직접적인 수단을 전혀 갖지 못했다는 사실은 역사적으로 중요하다.

자리에 나타나곤 했다. 그러다 보면 회의실 안은 온통 회의 관계자들의 발걸음 소리와 영어와 불어가 뒤섞인 대화로 가득했다.

내가 마지막으로 받은 아주 강렬한 인상도 그런 장면에 관한 것이다. 윌슨 대통령과 클레망소 총리 쪽으로 사람들이 서로 다른 언어로 말을 하며 몰려들고, 타협과 절충이 즉흥적으로 이뤄지고, 아무 의미 없는 소리와 격노가 튀어나오는 그런 장면이었다. 사람들이 오전 회의에 제기된 중대한 이슈들을 망각한 가운데, 중요하지 않은 문제를 놓고 요란스럽게 움직였다. 그때 클레망소는 회색 장갑을 낀 채 비단 의자에 앉아 초연하게 침묵을 지키고 있었다. 프랑스의 안전을 건드릴 문제가 전혀 제기되지 않았기 때문이다. 그런 클레망소를 지켜보고 있으면, 영혼이 메마르고, 희망도 품지 않고, 매우 늙고 지쳐 있으면서도 냉소적이고 개구쟁이 같은 태도로 현장을 면밀히 살피고 있다는 인상을 받게 된다. 그러다 마침내 주위가 조용해지고 사람들이 각자의 자리로 돌아가고 나면, 클레망소는 이미 사라지고 그 자리에 없다는 사실이 확인될 것이다.

클레망소는 프랑스에 대해, 페리클레스가 아테네에 대해 느낀 것과 똑같은 감정을 느끼고 있었다. 클레망소에겐 프랑스만이 유일하게 소중했다. 그 외의 다른 것은 중요하지 않았다. 그러나 그의 정치 이론은 곧 독일 제국 총리를 지낸 오토 폰 비스마르크(Otto Eduard von Bismarck)의 이론이었다.

클레망소는 환상을 하나 갖고 있었다. 바로 프랑스였다. 그는 또 환멸을 하나 품고 있었다. 바로 인간이었다. 그에게 환멸을 안긴 인간엔 물론 프랑스인도 포함되며 4인위원회의 동료도 예외가 아니다. 평화를 위한 그의 원칙을 간단히 표현하면 이렇다. 우선, 독일인은 협박밖에 이해하지 못하고, 협상에서 관용을 베풀거나 반성할 줄을 전혀 모르고, 상대방의 모든 것을 이용하려 들고, 자국의 이익을 위해서라면 품위를 떨어뜨리는 행동도 서슴지 않으며, 명예나 자존심, 자비심이 전혀 없다는 믿음을 클레망소는 강하게 품고 있었다. 그렇기 때문에 독일인과는 절대로 협상을 해선 안 되고 독일인을 달래려 들어서도 안 되며, 독일인에겐 무조건 명령이 최고라는 것이 그의 지론이었다. 명령이 아닌 다른 조건에서 독일인은 타인을 존경하지 않거나 속이려 들 것이라는 식이다. 그러나 클레망소가 독일인에게만 특유하다는 이런 특성들에 대해 정말로 깊이 생각해보았는지, 혹은 다른 국가의 국민에 대한 그의 솔직한 관점은 이와 근본적으로 다른지 의문스럽다. 따라서 그의 철학은 국제관계에 "감상"을 전혀 허용하지 않았다.

클레망소의 철학은 대략 이렇다. 그에게 국가는 하나만을 사랑하고 나머지에 대해서는 무관심하거나 증오해야 하는 그런 대상이다. 누군가가 자신이 사랑하는 국가의 영광을 추구하는 것은 바람직한 목표이긴 하지만, 대체로 그 목표는 이웃의 희생으로 성취된다. 그러므로 힘의 정치가 불가피하다. 이 전쟁 혹은 이 전쟁이 추구하며 싸웠던 목적에 대해 새로 배울 것은 하나도 없다. 영국은 이전 세기 때와 마찬가지로 무역 경쟁국을 파괴했다. 또 독일의 영광과 프랑스의 영광 사이의 세속적 투쟁의 장엄한 한 장(章)은 막을 내렸다. 분별 있는 것처럼 행동하자면, 어리석은 미국인들과 위선적인 영국인들의 "이상"(理想)에 대해 약간의 립 서비스가 필요했다. 그렇지만 이 세상에 국제연맹(League of Nations) 같은 것이 끼어들 여지가 있다고 믿는 것은 어리석은 짓일 것이다. 혹은 자국을 위하는 쪽으로 세력균형을 다시 확립하는 교묘한 공식이 아닌 다른 의미에서 민족 자결의 원칙이 들어설 공간이 있다고 믿는 것도 어리석은 짓이다.

그러나 이런 것들은 일반적인 이야기이다. 클레망소가 프랑스의 파워와 안전을 위해 필요하다고 생각한 평화조약의 세부사항들을 파고들다 보면, 일생 동안 그에게 강하게 영향을 미친 역사적 원인들로까지 거슬러 올라가지 않을 수 없다. 프랑스-독일 전쟁(1870-1871)이 일어나기 전에, 프랑스와 독일의 인구는 거의 비슷했다. 그러나 독일의 석탄과 철, 해운은 유아기 단계에 있었으며, 프랑스의 부(富)가 월등히 더 컸다. 알자스-로렌이 독일로 넘어간 뒤에도, 두 국가의 자원에 큰 차이가 없었다. 그러나 그 이후로 두 나라의 상대적인 지위가 완전히 바뀌었다. 1914년경 독일 인구는 프랑스 인구의 거의 1.7배에 달했다. 독일은 세계 최고의 제조 및 무역 국가 중 하나가 되었다. 독일의 기술과 미래의 부를 생산하는 수단은 경쟁 상대가 없었다. 그런 한편 프랑스는 인구가 정체되거나 감소하고 있었으며, 다른 국가들과 비교할 때 부(富)와 부를 생산하는 능력이 크게 떨어졌다.

따라서 프랑스가 현재의 투쟁에서 결과적으로 승리를 거두었음에
도 불구하고(이번에는 영국과 미국의 도움을 받았다), 유럽의 내전
은 정기적으로 일어나는 행사 같은 것이라거나 아니면 적어도 미래
에 다시 일어나게 되어 있다고 보거나, 과거 100년 동안 이어져온 강
대국 간의 갈등은 당연히 다시 일어날 수밖에 없다는 견해를 가진 사
람의 눈으로 보면, 장래 프랑스의 위치는 불안하기 짝이 없었다. 이
런 미래관에 따르면, 유럽 역사는 영원히 프로 권투 시합 같은 것이
될 것이며, 이번 라운드에는 프랑스가 이겼지만 이번 라운드가 마지
막 라운드가 아닐 게 틀림없다. 프랑스와 클레망소의 정책은 인간의
본성이 언제나 똑같다는 점을 고려하면 구(舊)질서가 근본적으로
변화하지 않았다는 믿음에서, 또 국제연맹이 대표하는 모든 원칙에
대한 회의(懷疑)에서 나온 것이었다.

물론 이 같은 정책은 논리적이었다. 왜냐하면 우드로 윌슨 대통령
의 '14개 조항'(Fourteen Points) 같은 "이데올로기"에 근거한 아량
의 평화, 즉 공정하고 평등한 평화는 단지 독일의 부흥을 앞당기고
따라서 독일이 많은 인구와 풍부한 자원, 기술력을 바탕으로 프랑스
를 다시 공격할 날을 재촉하는 결과만을 낳을 수 있기 때문이다. 그
러기에 프랑스의 입장에서는 "보증"이 필요했다. 그런데 그 보증은
독일 내에 분노를 불러일으키고 따라서 독일의 보복 가능성을 더욱
키울 것이기 때문에, 아예 독일을 짓밟아버릴 추가적인 조치가 필요

했다. 따라서 다른 견해들이 모두 거부되고 이 같은 세계관이 채택되자마자, 카르타고식 평화(Carthaginian Peace: 제2차 포에니 전쟁 (B.C. 218-B.C.202) 후 로마가 카르타고에 강요한 평화조약에서 나온 표현으로, 적을 잔인할 만큼 철저히 분쇄함으로써 유지하는 평화라는 뜻이다/옮긴이)를 요구하는 것이 불가피해졌고 그것을 강요하기 위해 현재의 권력을 총 동원할 필요가 있었다. 실제로 클레망소는 윌슨 대통령이 제안한 14개 조항에 얽매이는 척 굴 생각이 전혀 없었으며, 가끔 윌슨 대통령의 양심이나 체면을 살려줄 계획 같은 것을 제시하는 일은 주로 다른 사람에게 넘겼다.

따라서 시계를 거꾸로 돌려놓는 것이, 말하자면 1870년 이후로 독일이 성취한 발전을 모두 해체시켜 놓는 것이 프랑스의 정책이었다. 영토 할양과 다른 다양한 조치를 통해 독일 인구를 줄여놓아야 했다. 그러나 무엇보다도 독일의 새로운 힘의 바탕이 된 경제 체계, 말하자면 철과 석탄과 운송을 바탕으로 건설된 거대한 경제 조직이 파괴되어야 했다. 만약에 프랑스가 독일이 내놓는 것을 일부라도 차지할 수 있다면, 유럽의 패권을 노리는 두 경쟁국 사이의 힘의 불균형은 여러 세대에 걸쳐 바로잡아질 수 있을 것이다.

바로 여기서, 다음 장에서 면밀히 검토하게 될, 매우 조직적인 경제 체계를 파괴하기 위한 조항들이 추가로 나왔다.

이것은 한 늙은이의 정책이었다. 그런데 이 늙은이가 가장 생생하게 기억하고 있는 인상과 상상은 과거에 관한 것이었으며 미래에 관한 것은 절대로 아니었다. 그는 문제를 프랑스와 독일의 차원에서만 보았을 뿐 인류나 새로운 질서를 향해 나아가려고 애를 쓰는 유럽 문명의 차원에서는 절대로 보지 않았다. 전쟁은 우리의 의식을 물어뜯은 것과 다소 다른 방향으로 클레망소의 의식을 물어뜯었다. 클레망소는 유럽인들이 지금 새로운 시대의 문턱에 서 있다는 기대를 품지도 않았으며 또 새로운 시대 같은 것은 바라지도 않았다.

그러나 문제가 되는 것은 이상적인 측면만이 아니었다. 이 책에서 나의 목적은 카르타고식 평화가 실용적으로 옳지 않거나 가능하지 않다는 점을 보여주는 것이다. 카르타고식 평화안을 제시하는 사람은 그런 평화의 경제적 요소를 잘 알고 있으면서도 미래를 지배하게 될 강력한 경제적 추세들을 고의로 무시하고 있다. 시계는 절대로 거꾸로 돌려질 수 없다. 중부 유럽을 1870년으로 되돌리면, 반드시 유럽의 구조에 긴장이 생기고 인간적 및 정신적 힘들이 느슨하게 풀리게 된다. 그러면 이 힘들은 국경과 민족을 넘어 프랑스와 프랑스의 안전을 보증하려는 국가들뿐만 아니라 프랑스의 제도와 프랑스의 기존 사회 질서까지 휩쓸어버릴 것이다.

카르타고식 평화를 강요하려는 정책이 어떤 술수로 윌슨 대통령의 14개 조항을 대체하게 되었으며, 윌슨 대통령은 어떻게 이 정책을 받아들이게 되었을까? 이 질문에 대한 대답은 어려우며, 그 대답은 인물들의 성격과 심리적 요소, 그리고 주변 환경의 미묘한 영향에서 찾아야 한다. 그런데 이 요소들과 영향은 탐지가 쉽지 않으며, 그

것들을 설명하는 것은 그보다 훨씬 더 어렵다. 그러나 만약에 개인의 행위가 중요하다면, 윌슨 대통령의 실패는 역사에 아주 중요한 도덕적 사건으로 남을 것이다. 그러기에 나는 윌슨 대통령의 실패에 대해 설명하지 않을 수 없다. 윌슨 대통령이 조지 워싱턴 호를 타고 유럽으로 항해할 때, 세계는 그에게 얼마나 큰 기대를 걸었는지 모른다. 윌슨처럼 위대한 인물이 승리가 확정된 직후 직접 유럽으로 오다니!

1918년 11월, 프랑스의 페르디낭 포슈(Ferdinand Foch) 장군의 군대와 윌슨의 발언은 유럽인들이 모든 것을 삼킬 듯하던 것으로부터 갑자기 풀려나도록 만들었다. 조건은 기대 이상으로 유리한 것처럼 보였다. 승리가 워낙 완벽했기 때문에 공포가 협상에 영향을 미칠 이유는 전혀 없었다. 적(敵)은 평화조약의 일반적인 성격에 관한 약속을 믿고 무기를 내려놓았다. 적에겐 평화조약의 조건들이 정의와 아량에 근거한 해결을 보장하고 파괴된 삶을 복구시켜줄 것으로 비쳤다. 윌슨 대통령은 이 점을 확실히 하기 위해, 말하자면 자신의 작품에 최종 서명을 하기 위해 직접 현장으로 오고 있었다.

워싱턴을 떠날 때, 윌슨 대통령은 전 세계적으로 역사에 유례가 없을 정도로 막강한 영향력을 행사하고 있었으며 또 신망도 얻고 있었다. 대담하고 신중한 그의 발언은 유럽 주민들에게 유럽 정치인들의 목소리보다도 더 절실하게 다가왔다. 적국의 국민들도 윌슨 대통령이 자신들에게 한 약속을 지킬 것이라고 믿었으며, 연합국의 국민들도 그를 승리자가 아니라 거의 예언자와 같은 존재로 받아들였다.

이런 도덕적인 영향력 외에, 현실의 권력도 윌슨의 수중에 있었다. 미국 군대는 숫자나 훈련, 장비 면에서 최고의 수준을 자랑했다. 유럽은 전적으로 미국의 식량 공급에 의존하고 있었으며, 재정적으로는 그보다 더 심하게 미국에 의존하고 있었다. 유럽은 이미 미국에 상환 능력 이상의 빚을 지고 있었을 뿐만 아니라 아사와 파산을 피하기 위해 미국에 추가로 빚을 더 져야 할 판이었다. 지금까지 그 어떤 철학자도 이 세상의 군주들을 서로 연결시킬 그런 무기를 갖지 못했다. 그런데 유럽 국가들의 수도에서 얼마나 많은 군중이 윌슨 대통령을 태운 사륜마차로 몰려들었던가! 사람들은 걱정과 동시에 호기심과 희망을 품은 채 자신들의 운명을 좌우하게 될 인물의 용모와 태도를 보려고 구름처럼 몰려들었다. 자국의 문명을 낳은 옛 부모의 상처를 치유하고, 또 유럽인들의 미래를 위한 토대를 마련할 그런 인물을 맞이하려고 말이다.

그랬던 만큼 윌슨에 대한 환멸은 대단히 컸다. 그 충격이 얼마나 컸던지, 윌슨을 강하게 믿은 사람들 일부는 할말을 잊어버렸다. 어떻게 이럴 수가 있어? 그들은 파리에서 돌아온 사람들에게 이런 질문을 던졌다. 평화조약은 정말로 그렇게 형편없는 것인가? 윌슨 대통령에게 무슨 일이 있었던 것인가? 어떤 약점 혹은 불행한 일이 있었기에 그런 엉뚱한 배신을 한 것인가?

그 원인들은 매우 평범하고 인간적이었다. 윌슨 대통령은 영웅도 아니었고 예언자도 아니었다. 그는 심지어 철학자도 아니었다. 단지 인심 좋은 한 사람의 인간에 불과했다. 다른 인간들이 가진 약점 중 많은 것을 갖고 있는데다, 교묘하고 위험한 웅변가들을 다루는 데 필요한 지적 능력도 부족한 그런 사람이었다. 당시 위원회에선 서로 주고받는 협상이 급박하게 돌아가고 있었는데, 힘들과 성격들이 서로 충돌하는 과정에 자연히 웅변가들이 전면으로 부각되고 있었다. 그런데 윌슨은 이런 게임에 경험이 전혀 없었다.

사람들은 윌슨 대통령에 대해 정말로 잘못 알고 있었다. 사람들은 그가 홀로 있길 좋아하고 또 초연하다고 알고 있었다. 또 의지가 매우 강하고 완고하다고 알고 있었다. 세부적인 것에 신경을 쓰는 사람이라고 생각하지는 않았다. 그러나 그가 중요한 현안들을 확실하게 이해하고 있을 것이라고, 또 그런 깊은 이해가 고집과 결합할 경우에 복잡한 음모를 다 떨칠 수 있을 것이라고 기대했다. 이런 특성 외에도 윌슨은 객관적이고 교양 있고 폭넓은 지식을 가졌을 것으로 여겨졌다. 그의 유명한 각서를 통해 드러난 언어 구사력은 상상력이 출중한 사람일 것이라는 인상을 주었다. 그의 초상화는 풍채가 멋지고 연설이 압도적일 것이라는 인상을 주었다. 이런 모든 것을 통해서 우드로 윌슨 대통령은 정치인의 노련미가 결코 간과되지 않는 나라에서 최고의 위치에 올랐고 그 후로도 계속 권위를 키워나갔다. 그러기에 불가능한 것을 기대한 것이 아니라, 그가 이미 보여준 것들만 제대로 결합해도 현재의 문제가 술술 풀릴 것처럼 보였다.

밀폐된 공간 안에서 윌슨에게서 받은 첫인상은 이 착각들 전부는 아니어도 일부를 허물어뜨렸다. 머리와 이목구비는 조각칼로 깎은 듯했고 사진과 똑같았다. 목의 근육과 머리의 움직임이 좀 특별났다. 그러나 오디세우스처럼 윌슨 대통령은 자리에 앉아 있을 때 더 현명해 보였다. 두 손은 솜씨 좋고 꽤 강해 보였지만 섬세함은 부족할 것 같았다. 윌슨 대통령을 처음 얼핏 보았을 때, 그의 기질은 학생이나 학자의 기질이 아닐 뿐만 아니라 클레망소와 영국 총리를 지낸 아서 밸푸어(Arthur Balfour)에게서 묻어나는 그런 문화적 감각도 보이지 않는다는 생각이 들었다.

그러나 이보다 더 심각한 것은 그가 외적 환경에도 둔감했을 뿐만 아니라 자신이 처한 환경에도 전혀 민감하지 않다는 점이다. 그런 사람이 어떻게 주변 사람 하나하나에 신경을 쏟으면서 정확히 대처하고 있는 로이드 조지에 맞서 자신의 뜻을 관철시킬 수 있겠는가?

로이드 조지가 주변 사람들을 보는 시선을 지켜보고 있으면, 서투른 윌슨 대통령이 그 위원회에서 장님술래 역할을 하고 있다는 생각이 절로 들 것이다. 로이드 조지의 경우에는 평범한 사람에게 없는 감각까지 합쳐서 모두 여섯 개 내지 일곱 개의 감각이 작동하는 것 같다. 타인의 성격과 동기, 잠재의식 속의 충동을 판단하고, 타인이 생각하고 있는 것과 다음에 하려는 말까지 파악하고, 텔레파시 본능을 발휘하며 자기 앞에 있는 청중의 허영심이나 약점 혹은 이기심에 가장 적합한 주장을 제시하거나 호소력 강한 언어를 구사하는 능력은 정말 탁월했다. 로이드 조지 총리의 더할 나위 없는 성취를 위해

제물이 되어줄 사람으로 윌슨보다 더 완벽한 사람이 있을까? 구세계는 어쨌든 사악했다. 구세계의 차가운 심장은 용감하고 의협심 강한 기사의 예리한 칼날까지도 무디게 만들었을 것이다. 그런데 앞을 보지도 않고 남의 말을 듣지도 않는 이 돈키호테 같은 인물은 예리한 칼을 든 적들이 있는 동굴로 성큼성큼 걸어 들어가고 있었다.

하지만 윌슨이 철인왕(哲人王)이 아니라면, 그는 도대체 어떤 존재란 말인가? 어쨌든 그는 생애의 대부분을 대학에서 보낸 사람이다. 그는 비즈니스맨도 아니었고, 평범한 정당 정치인도 아니었지만 힘과 인격, 지위를 갖춘 인물이었다. 그렇다면 그의 기질은 어떨까?

한 가지 단서가 많은 이야기를 들려주고 있었다. 윌슨 대통령은 비(非)국교도 목사 같았다. 더 구체적으로 장로교 목사 같았다. 그의 사고와 기질은 기본적으로 신학적이었지 지적이지는 않았다. 그는 사고와 감정, 표현 등에서 강점과 약점을 두루 가진 사람이었다. 윌슨의 사고와 기질은 지금 잉글랜드와 스코틀랜드에서는 좀처럼 보지 못하는 그런 유형이다.

윌슨 대통령을 그린 이런 그림을 마음에 간직한 채, 사건들이 실제로 진행된 과정을 보도록 하자. 윌슨 대통령이 세계를 위해 구상한 프로그램은 연설과 각서를 근거로 하면 대단히 존경할 만한 정신과 목적을 담고 있었다. 그의 아이디어가 너무나 훌륭했기 때문에, 그의 뜻에 찬성하는 사람들은 가급적 디테일에 대한 비판은 삼가려 들었다. 그 사람들은 윌슨의 구상의 세부사항이 현재는 제대로 다듬어지지 않았지만 시간이 지나면 모습을 드러낼 것이라고 판단했다.

파리평화회의가 시작될 때, 대체적인 믿음은 윌슨 대통령이 엄청난 수의 보좌관의 도움을 받아가며 국제연맹뿐만 아니라 14개 조항을 평화조약에 실제로 담아낼 포괄적인 계획을 고안해 놓았을 것이라는 쪽이었다. 그러나 막상 뚜껑을 열고 보니 윌슨 대통령이 고안한 것은 아무것도 없었다. 14개 조항을 구현하는 문제를 논의하기 시작했을 때, 그의 의견은 막연하고 불완전했다. 그에겐 자신이 백악관에서 외친 계율에 살을 붙이고 옷을 입힐 어떠한 계획도, 정책도, 건설적인 아이디어도 없었다. 그는 그 계율들 중 어느 하나를 놓고 설교를 하거나 계율의 성취를 위해 하느님께 기도를 올릴 수는 있었을 테지만 그 계율을 유럽의 실제 상황에 구체적으로 적용할 틀을 짜지는 못했다.

윌슨 대통령은 세부적인 제안을 하나도 제시하지 못했을 뿐만 아니라 많은 측면에서 유럽의 상황에 관한 정보도 제대로 얻지 못하고 있었다. 물론 윌슨 대통령만이 유럽에 대해 제대로 알지 못하고 있었던 것은 아니었다. 로이드 조지도 마찬가지였다. 그러나 윌슨 대통령은 마음의 작동마저도 느리고 융통성이 없었다. 윌슨 대통령의 둔함은 유럽인들 사이에서 더욱 두드러져 보였다. 그는 다른 사람들이 하는 말의 내용을 제대로 알아듣지도 못했고, 상황을 신속히 판단하지도 못했고, 대답도 제대로 하지도 못했고, 임기응변 능력도 크게 떨어졌다. 따라서 그는 로이드 조지의 민첩함과 이해력, 명민함에 늘

밀리게 되어 있었다. 최고의 정치인치고 명민함이 윌슨보다 떨어지는 사람은 없을 듯했다.

대단히 중요한 회의가 진행되다 보면, 약간의 양보를 하는 시늉을 하면서 반대자의 체면을 살려주거나, 자신에게 근본적으로 중요한 것을 전혀 건드리지 않으면서 자신의 제안을 반대자에게 이롭도록 약간 수정하는 것으로도 실질적인 승리를 거두게 되는 순간이 종종 있다. 그런데 윌슨 대통령은 이처럼 단순하고 평범한 협상 기술조차도 갖추지 못하고 있었다.

그의 마음은 너무 느리고 재치도 없었기 때문에 어떠한 대안도 준비하지 못하고 있었다. 대통령은 항구 도시 피우메를 독립시키는 문제를 둘러싸고 보여준 것처럼 자신의 입장을 고수하며 꿈쩍도 하지 않을 수 있었다. 하지만 그에겐 그 외의 다른 방어 방법이 전혀 없었다. 그러기에 그의 반대자들은 약간의 책략만 써도 문제가 위기로 악화되지 않도록 제때 막을 수 있었다.

윌슨 대통령은 유쾌한 분위기나 회유의 분위기에도 곧잘 넘어가며 자신의 입장을 놓아버리거나, 자신의 주장을 완강하게 고집할 순간을 놓치곤 했다. 그러다 그가 협상 상대자들에게 떼밀려 닿게 된 곳이 어딘지를 알게 되었을 때, 그때는 이미 시간이 너무 늦어버린 뒤였다. 더욱이, 서로 친밀한 동료들 사이에서 우호적인 대화를 하면서 자신의 입장을 몇 개월 동안이나 강경하게 고수하는 것은 불가능한 일이다. 그런 분위기에선, 전반적인 상황이 돌아가는 것을 정확히 파악하고 있는 가운데 화력을 아껴두었다가 행동이 필요한 결정적인 순간에 한꺼번에 동원할 수 있는 그런 사람에게 최종적인 승리가 돌아갈 것이다. 그렇게 하기엔 윌슨 대통령은 마음의 작동이 너무 느리고 우유부단했다.

그는 참모들의 집단 지혜를 빌려 이런 결점을 보완하려는 노력도 하지 않았다. 조약 중에서 경제 문제를 다루는 부분을 다듬을 때, 그는 아주 유능한 기업인들을 곁으로 불렀다. 그러나 이 기업인들은 공무에 경험이 없었고 (한두 사람을 제외하곤) 유럽에 대해 대통령만큼이나 잘 모르고 있었다. 또 이 기업인들은 대통령이 특별한 목적을 위해 필요로 할 때마다 수시로 불려갔을 뿐이다.

워싱턴에서 제대로 통했던 대통령의 초연함은 이런 식으로 파리에서도 이어졌고, 비정상적일 만큼 자제력 강한 그의 천성은 도덕적 평등을 고무하거나 영향력을 지속적으로 행사할 것을 권할 사람들이 그의 가까이에 있기 힘들게 만들었다. 그의 전권사절은 허수아비들이었다. 심지어 그의 신뢰를 받는 에드워드 하우스(Edward House)까지도 대통령에 비해 인간과 유럽에 대해 훨씬 더 많이 알고 있었으면서도 시간이 지나면서 뒤로 물러났다. 이런 사태는 '4인위원회'에 참석한 그의 동료들에 의해 더욱 촉진되었다.

이 동료들은 '10인위원회'(Council of Ten)의 해산을 통해 윌슨 대통령 본인의 기질이 자초한 고립을 더욱 확실히 보장해 주었다. 그리하여 날이 가고 주가 바뀔수록, 윌슨은 대단히 어려운 상황에서 자기보다 훨씬 더 기민한 사람들과 마주 앉아 있으면서도 조언을 듣지도 않고, 지원을 받지도 않고, 오히려 벽을 쌓고 있었다. 성공을 거두기 위해서는 온갖 자원과 상상력, 지식이 반드시 필요한 형국에 말이다. 그는 위원회의 동료들이 조성하는 분위기에 취해 그들의 계획과 자료를 바탕으로 토론을 벌였다. 그런 식으로 동료들에게 끌려가며 그들의 길을 그냥 따르고만 있었던 것이다.

이런저런 이유들이 서로 작용하면서 다음과 같은 상황이 벌어지기에 이르렀다. 독자 여러분은 여기에 몇 페이지로 압축해 소개하는 이 과정이 5개월에 걸쳐 서서히, 점진적으로, 관계자들이 제대로 느끼지도 못하는 사이에 일어났다는 사실을 기억해야 한다.

윌슨 대통령이 아무것도 구상해내지 못했기 때문에, 위원회는 대체로 프랑스나 영국의 초안을 바탕으로 협상을 벌이고 있었다. 따라서 윌슨은 그 초안이 자신의 생각이나 목적과 일치하도록 하려면 처음부터 끝까지 방해와 비판, 부정(否定)의 태도를 보여야 했다. 그러다 윌슨이 어떤 사항에서 동료들의 양보를 얻게 되면, 그가 다른 사항에서 양보하지 않기가 어려웠을 것이다. 이렇듯 타협이 불가피했으며, 그러기에 근본적으로 중요한 것에는 절대로 타협하지 않는다는 입장을 지키기가 그로서는 매우 어려웠다. 더욱이, 윌슨은 마치 독일 편을 드는 것처럼 비치게 되어 "친(親)독일"이라는 비난을 받을 처지에 놓였다(불행하게도, 윌슨은 친독일이라는 지적에 바보처럼 민감했다).

'10인위원회'가 처음 열린 며칠 동안 원칙과 위엄을 보여준 뒤, 윌슨 대통령은 프랑스와 영국, 이탈리아의 동료들이 제시한 프로그램에 대단히 중요한 내용들이 들어 있다는 사실을 깨달았다. 그러면서 비밀 외교를 통해서는 이 동료들로부터 양보를 끌어내기가 어려울 것 같다는 생각을 했다. 그렇다면 그가 마지막 수단으로 할 수 있었던 것은 무엇이었을까? 그는 단순히 완고하게 버티면서 회의를 무한정 끌 수도 있었다. 또 아무것도 해결되는 것이 없는 상황에 화를 내며 회의를 무산시키고 미국으로 돌아갈 수도 있었다. 아니면 회의에 참석한 대표들을 무시하고 세계에 직접 호소할 수도 있었다.

그러나 이런 것들은 비열한 대안이었다. 이 대안들 하나하나에 대해서도 많은 이야기가 가능하다. 이 대안들은 또한 아주 위험했다. 특히 정치인에겐 더 위험했다. 의회 선거와 관련한 윌슨의 잘못된 정책이 미국 국내에서 그의 입지를 많이 좁혀 놓았다. 미국 대중이 그의 비타협적인 태도를 지지할 것인지도 결코 확실하지 않았다. 미국 대중이 그런 태도에 호의적이지 않을 경우에, 그것은 곧 조약 비준을 위한 운동에서 이슈들이 온갖 종류의 개인 및 당(黨)에 관한 고려로 흐려질 것이라는 의미였다. 그리고 진정한 평가에 의해 결론이 나지 않을 게 틀림없는 투쟁에서 우파가 승리를 거두게 될지 누가 아는가? 게다가, 위원회의 동료들과 공개적으로 불화를 일으키면, 모든 연합국 국민이 여전히 강하게 품고 있는 "반(反)독일" 감정이 틀림없이 윌슨에게로 쏟아질 터였다.

연합국의 대중은 윌슨의 논리에 귀를 기울이려 하지 않을 것이다. 연합국의 대중은 그 문제를 국제적 도덕성의 문제나 유럽의 올바른 통치의 문제로 다룰 만큼 냉철하지 못할 것이다. 그들은 윌슨 대통령이 음흉하고 이기적인 이유로 "독일놈들을 풀어주려 한다"는 식으로 외칠 것이다. 프랑스와 영국의 언론은 한목소리를 낼 게 틀림없었다. 따라서 만약에 윌슨이 위원회의 다른 동료들에게 공개적으로 도전장을 던졌다면, 그는 패배했을 것이다. 또 그가 패배한다면, 거기서 최종적으로 나올 평화조약은 그가 위신을 지키며 유럽 정치가 허용하는 한도 안에서 평화조약을 최대한 훌륭하게 만들려고 노력했을 때보다 훨씬 더 나빠지지 않을까? 그러나 무엇보다도 국제연맹을 잃게 되지 않을까? 어쨌든 국제연맹은 미래에 세계의 행복을 위해 훨씬 더 중요한 이슈가 아닌가? 조약은 세월이 흐르다 보면 변경되고 약화될 것이다. 조약의 내용 중에서 지금 당장은 아주 중요해 보이는 것도 사소해 보이게 마련이고, 실행 불가능한 많은 것들은 바로 그런 이유로 절대로 일어나지 않을 것이다. 그러나 국제연맹은 불완전한 형식으로라도 영원할 것이다. 그것은 세계 정부를 향한 새로운 원칙의 첫 출발이었다. 국제 관계에서 진실과 정의는 절대로 몇 개월 안에 확립될 수 없다. 진실과 정의는 국제연맹의 긴긴 잉태 기간을 거치고 어느 정도 시간이 지난 다음에야 태어나게 된다. 그런데 클레망소는 자신이 어떤 대가를 치르더라도 국제연맹 창설 계획을 없애 버릴 수 있다는 점을 노골적으로 드러내 보일 만큼 똑똑했다.

자신의 운명이 위기를 맞고 있을 때, 대통령은 외로운 사람이었다. 구세계의 투쟁에 휘말린 가운데, 그는 대중의 공감과 도덕적 지원, 열광을 절실히 필요로 하고 있었다. 그러나 파리의 텁텁하고 악의에 찬 분위기 속에서 평화회의에 파묻혀 있는 그에게 바깥 세계의 메아리는 전혀 들리지 않았다. 세계 각국에서 말없이 그를 지지하고 있던 사람들의 격려나 공감, 열정의 맥박이 그에게 전혀 닿지 않았던 것이다. 그는 유럽에 도착할 때 자신을 맞았던 대중의 갈채도 이미 시들해졌다고 느꼈다. 파리의 언론은 그를 공개적으로 조롱했으며, 미국 국내의 그의 정적들은 그의 부재를 이용해 그에게 반대하는 분위기를 조성하고 있었다. 영국은 냉담하고 비판적이며 비동조적이었다.

월슨은 수행원을 잘못 구성한 탓에 공적인 정보원들이 제대로 전하지 않는 대중의 믿음과 열정을 전할 사적인 경로를 확보하지 못했다. 그에겐 집단 믿음이라는 힘이 필요했는데, 바로 그것이 결여되어 있었다. 독일에 대한 공포가 아직 사람들의 머리 위를 맴돌고 있었다. 월슨의 뜻에 호의적인 대중조차도 매우 조심스러웠다. 적을 격려할 게 아니라 우방을 지지해야지, 지금은 불화나 동요를 보일 때가 아니라는 식이었다. 월슨 대통령도 당연히 그런 방향으로 최선을 다할 것으로 여겨졌다. 이처럼 바싹 메마른 환경에서 대통령의 믿음이라는 꽃은 시들다가 말라버렸다.

그러다 월슨 대통령은 화가 난 어느 순간에 배신이 난무하는 파리의 회의장을 떠나 자신의 권좌로 돌아가기 위해 조지 워싱턴 호에 항해 준비를 하라고 명령했다. 미국으로 돌아가기만 하면 다시 본래의 모습으로 돌아갈 수 있을 터였다. 그러나 출발 명령은 취소되었다. 그런데 정말 안타깝게도 그가 타협의 길을 걷기로 하자마자, 앞에서 이미 지적한 바와 같이 그의 기질과 자질의 단점들이 치명적일 만큼 분명하게 드러났다. 그는 고고한 척 고상한 노선을 밟을 수도 있었다. 또 완고함을 행동으로 보여줄 수도 있었다. 그는 시나이 반도나 올림포스 산 같은 곳에서 각서를 쓸 수 있었다. 그는 백악관이나 심지어 10 위원회에서도 근접하기 어려운 존재로 남으면서 안전할 수 있었다. 그러나 그가 친하고 평등한 관계인 '빅 4' 중 한 사람으로 내려오자마자, 게임은 이미 끝난 거나 마찬가지였다.

이젠 내가 신학적 혹은 장로교 목사 기질이라고 부른 그것이 위험한 요소로 작용했다. 일부 양보가 피할 수 없다고 결정한 상태에서, 윌슨은 문서상에 약간의 희생을 감수하더라도 실질적인 것을 최대한 확보하기 위해 미국의 재정적 능력을 이용하기로 단호하게 마음을 먹을 수도 있었을 것이다. 그러나 윌슨 대통령은 이런 아이디어를 떠올릴 인물도 되지 못했다. 그는 지나치게 양심적이었다. 타협이 필요한 상황에서도 원칙을 고수했으며 14개 조항은 그를 구속하고 있는 하나의 계약이었다. 그는 명예롭지 않은 일은 절대로 하지 않으려 했다. 또 정의롭지 못하거나 옳지 않은 일도 절대로 하지 않으려 했다. 또 자신의 믿음에 반하는 것도 절대로 하지 않으려 했다. 그리하여 14개 조항은 조금도 건드려지지 않은 상태에서 하나의 문서가 되기에 이르렀다. 그런데 안타깝게도 온갖 해석이 가능하고 지적 기만의 장치가 될 여지가 많은 그런 문서가 되어버렸다. 감히 말하건대, 윌슨 대통령의 선조들이 그 문서를 보았다면 아마 '모세 5경'과 정확히 일치한다고 생각했을 것이다.

위원회의 동료들을 대하는 윌슨 대통령의 태도는 이제 이런 식이 되었다. '나는 내 능력이 닿는 한 자주 당신을 만나길 원한다. 나는 당신의 어려움을 안다. 나도 당신의 제안에 동의하고 싶다. 그러나 나는 정당하고 옳지 않은 일은 절대로 하지 않는다. 당신은 무엇보다 먼저 자신이 원하는 것이 내가 따라야 할 선언의 범위를 벗어나지 않는다는 사실을 보여줘야 한다.' 이어서 억지이론과 해석을 제시하는 작업이 시작되었다. 이 과정을 거치면서 조약의 언어와 내용은 최종적으로 거짓의 옷을 걸치게 되었다. 이 대목에서 셰익스피어의 비극 '맥베스'에 나오는 대사가 떠오른다.

아름다운 것은 추하고, 추한 것은 아름답다.
안개 자욱하고 음산한 대기를 날자꾸나.

이어 아주 명석한 궤변가들과 대단히 위선적인 입안자들이 작업을 시작했으며, 그 결과 교묘한 장치들이 많이 만들어졌다. 윌슨 대통령보다 더 똑똑한 사람을 한 시간 이상 속일 수 있을 만한 장치들이었다.

한 예로, 독일계 오스트리아 공화국은 프랑스가 승인하는 경우를 제외하고는 독일과의 합병이 금지된다는 문구 대신에(이는 민족 자결의 원칙에 위배된다), 조약은 문구 작성의 정교한 솜씨를 발휘하며 "독일은 오스트리아와 주요 연합국 및 관련국 사이의 조약에서 확정될 국경 안에서 오스트리아의 독립을 인정하고 엄격히 존중할 것이다. 독일은 국제연맹 이사회의 동의를 받지 않는 한 이 독립은 양도 불가능한 것이라는 점에 동의한다."고 정하고 있다. 이는 앞의 내용과 상당히 달리 들리지만 실은 그리 다르지 않다. 조약의 다른 부분에서 이 목적을 위해 국제연맹 이사회를 만장일치제로 정했다는 사실을 윌슨 대통령이 망각하고 있었을지도 모른다.

조약은 단치히를 폴란드로 넘기지 않고 "자유시"로 정하면서도 이 "자유시"를 폴란드 세관의 관할권에 포함시키고 또 단치히의 강과 철도 체계의 관리를 폴란드에 맡기면서 "폴란드 정부는 단치히 자유시의 시민들이 외국에 있을 때 그들을 외교적으로 보호하는 일뿐만 아니라 단치히 자유시의 외교 관련 일을 수행할 것이다."라고 규정하고 있다.

독일의 하천 체계를 외국의 관리 하에 놓으면서, 조약은 "자연히 한 개 이상의 국가에 배를 갈아타거나 갈아타지 않고 바다에 접근할 길을 열어 주게 되어 있는 하천 체계"를 국제화하는 것에 대해 언급하고 있다.

그런 예를 들자면 아주 많다. 프랑스 정책의 솔직한 목적, 즉 독일

인구를 제한하고 독일 경제 체계를 약화시키는 것이 윌슨 대통령을 위해 자유와 국제적 평등이라는 장엄한 언어로 포장되었다.

그러나 윌슨 대통령의 도덕적 입지가 허물어지고 그의 마음이 흐려진 결정적인 순간은 아마 그가 마침내 위원회 동료들의 설득에 넘어가 연합국 정부들이 연금과 별거 수당으로 지출하는 돈을 "독일이 육지와 바다와 하늘로 연합국을 공격하여 민간인들에게 입힌 피해"로 본다는 제안을 받아들여 보좌관들을 경악하게 한 때였을 것이다. 그 과정은 긴 신학적 투쟁이었다. 이 투쟁에서 윌슨 대통령은 다른 많은 주장들을 거부하다가 궤변가의 솜씨 앞에 마침내 항복하고 말았다. 드디어 작품이 마무리되었다. 그래도 윌슨 대통령의 양심에는 아직 때가 묻지 않았다. 아무튼 그의 기질을 고려할 때 윌슨은 정말로 정직한 사람으로 파리를 떠났을 것이라고 나는 믿는다. 그리고 이 날까지도 그는 조약이 자신의 과거 고백과 일치하지 않는 내용을 전혀 담고 있지 않다고 철석같이 믿고 있을 것이다.

그러나 그 작품은 지나치게 완벽했으며, 그 드라마의 마지막 비극적인 에피소드는 아마 이 완벽성 때문에 일어났을 것이다. 독일 대표 브로크도르프 란차우(Brockdorff-Rantzau)(1869-1928: 파리평화회의에서 독일 대표단을 이끌었던 인물. 베르사유 조약의 수정이 받아들여지지 않은 데 대한 항의로 사임했다/옮긴이)의 반응은 당연히 독일이 무기를 내려놓은 것은 어떤 확약이 있었기 때문이며 조약의 구체적인 내용이 이 확약과 일치하지 않는다는 것이었다. 그러나 이는 윌슨 대통령이 인정할 수 없는 내용이었다. 혼자 깊이 고민하며 애를 쓴 윌슨으로서는 정당하지 않거나 옳지 않은 일을 전혀 하지 않았기 때문이다. 윌슨의 입장에서 보면, 독일의 반응이 힘을 발휘한다는 점을 인정하는 것 자체가 곧 그의 자존심을 파괴하고 그의 영혼의 내적 균형을 깨뜨리는 것이었다. 이어 그의 완고한 본성에 들어 있던 모든 본능이 자기보호를 위해 일어났다. 의학 심리학의 언어를 빌리면, 윌슨 대통령에게 베르사유조약이 그의 고백을 포기하는 것이라는 점을 암시하는 것은 지그문트 프로이트(Sigmund Freud)가 말한 콤플렉스를 건드리는 것이나 마찬가지였다. 그것은 토론의 대상으로 삼기에 너무 힘든 주제였으며, 따라서 그의 모든 잠재의식적 본능이 그 문제에 대한 추가적인 조사를 좌절시킬 음모를 꾸몄다.

이리하여 클레망소는 불과 몇 개월 전만 해도 터무니없고 불가능한 것처럼 보였던 제안을, 즉 독일인들의 말은 귀담아 듣지 말자는 제안을 성공적으로 관철시키게 되었다. 윌슨 대통령이 그렇게 양심적이지만 않았더라도, 또 윌슨 대통령이 자신이 하고 있는 일을 자기 자신에게 숨기지만 않았더라도, 마지막 순간에도 윌슨은 잃었던 입지를 되찾을 위치에 있었고 또 매우 큰 성공을 성취할 수 있었을 것이다. 그러나 대통령은 경직되어 있었다. 그의 팔과 다리는 같은 자세로 굳어 있었다. 팔과 다리의 자세를 바꾸려면 그걸 부러뜨려야 했다. 로이드 조지는 마지막 순간에 중용을 지키려 노력하면서, 윌슨 대통령에게 정당하고 옳다는 점을 입증하는 데 5개월 걸린 어떤 일이 잘못 돌아가고 있다는 점을 다시 설득시키는 데 5일로는 불가능하다는 사실을 깨달았다. 여하튼, 이 늙은 장로교 대통령에겐 그가 속고 있다는 점을 설득시키는 일이 그를 속이는 일보다 더 어려웠다. 왜냐하면 자신이 속고 있다는 점을 인정하는 것은 자신에 대한 믿음과 자존심이 걸린 문제이기 때문이다.

이리하여 윌슨 대통령은 마지막 막(幕)에서 완강함과 화해 거부를 상징하게 되었다.

3장

평화조약

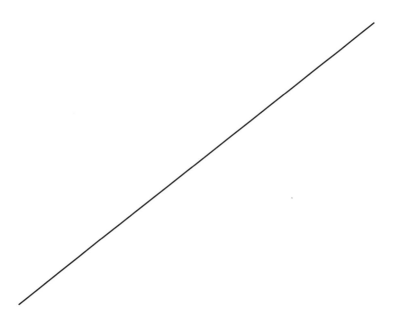

내가 1장에서 표현한 생각들은 파리평화회의에 참석한 지도자들의 마음에는 떠오르지 않았다. 유럽의 미래 삶은 그들의 관심사가 아니었고, 유럽의 생계 수단도 그들이 걱정할 사항이 아니었다. 좋은 것이든 나쁜 것이든 그들이 몰두하고 있었던 것은 국경과 민족, 세력균형, 제국주의 강화, 강력하고 위험한 적국의 약화, 보복, 그리고 승자의 재정적 부담을 패자의 어깨로 전가시키는 일 등이었다.

미래의 세계 통치를 위해 두 가지 대립적인 안이 제시되었다. 윌슨 대통령의 14개 조항과 클레망소의 카르타고식 평화였다. 이 중에서 하나만 받아들여지게 되어 있었다. 적이 무조건적으로 항복한 것이 아니라 평화조약의 일반적인 성격에 대해 합의한 상태에서 항복했기 때문이다.

불행하게도, 파리평화회의에서 일어난 일들 중에서 미래의 세계 통치라는 측면은 몇 마디 말로 간단히 설명되지 않는다. 왜냐하면 이 측면이 많은 영국인들의 마음에 엄청난 오해를 불러일으킨 주제이기 때문이다. 많은 사람들은 휴전 조항들이 연합국과 독일 정부 사이에 합의된 최초의 계약이라고 믿고 있다. 또 연합국이 이 휴전 조항들이 정하지 않은 것들에 관한 한 자유롭게 논할 수 있는 상태에서 파리평화회의를 시작했다고 믿고 있다.

이는 사실과 다르다. 당시 연합국의 태도를 명확히 설명하기 위해선, 1918년 10월 5일자 독일 측 각서로 시작해 1918년 11월 5일자 윌슨 대통령의 각서로 마무리된 협상의 역사를 간단히 검토할 필요가 있다.

1918년 10월 5일, 독일 정부는 14개 조항을 받아들이고 평화 협상을 요청한다는 내용의 짤막한 각서를 윌슨 대통령에게 보냈다. 10월 8일자 윌슨의 답변은 독일 정부가 14개 조항과 그 이후 윌슨의 연설들에 "나열된 조건들"을 받아들인다고 보아도 좋은지, 그리고 "독일 정부가 협상에 나서는 목적이 그 조항의 적용을 놓고 세부적인 사항을 논의하기 위한 것으로" 이해해도 좋은지를 물었다. 그러면서 윌슨은 침공한 영토에서 군대를 철수하는 것이 휴전의 전제 조건이 되어야 한다는 점을 덧붙였다.

10월 12일, 독일 정부는 이 질문들에 대해 무조건적으로 동의한다는 내용의 답을 보내왔다. 10월 14일, 이 같은 확답을 받은 윌슨 대통령은 중요한 사항들을 명확히 해두기 위해 추가로 연락을 취했다. 그 사항들은 다음과 같다. (1)휴전협정의 세부사항들은 미국과 연합국의 군사고문들에게 맡겨질 것이며, 동시에 이 세부사항들은 독일이 적대 행위를 재개할 가능성을 완전히 없앨 수 있어야 한다. (2)이 대화가 지속되려면 잠수함전이 중단되어야 한다. (3)윌슨은 자신이 상대하고 있는 독일 정부의 대표성을 보증해줄 것을 추가로 요구했다.

이에 독일은 10월 20일 (1)번 요구와 (2)번 요구를 수용하며 (3)번 요구와 관련해서는 독일은 그 권위를 국회에 두고 있는 헌법과 정부를 갖고 있다는 점을 강조했다. 이어 10월 23일에 윌슨 대통령은 이렇게 선언했다. "독일 정부로부터 (윌슨이) 1918년 1월 8일 미국 의회에서 한 연설을 통해 제시한 평화의 조건들(14개 조항)과 그 이후의 연설들, 특히 9월 27일자 연설에서 세세하게 밝힌 해결 원칙들을 무조건적으로 받아들이며, 그 조건들의 적용을 세세하게 논의할 준비가 되어 있다는 내용의, 분명하고 엄숙한 확약을 받았다." 이어 윌슨은 이 같은 내용의 서신을 연합국 정부들에게 보냈다. 연합국 정부들이 그 조건과 원칙에 따라 평화를 이루길 원한다면, "관련국 정부들에게도 독일 정부가 동의한 평화의 세부사항을 지키고 실현할 무제한적 권한을 확실히 부여할 수 있는" 그런 휴전 조항들을 마련하도록 군사 고문들에게 부탁해 달라는 내용도 덧붙였다. 이 각서 맨마지막 부분에서, 윌슨 대통령은 10월 14일자 각서에서보다 더 공개적으로 카이저의 폐위를 암시했다. 이 각서로 예비 교섭이 마무리된다. 이 예비 교섭엔 윌슨 대통령만 당사자였다. 연합국 정부들은 당사자에 포함되지 않았다.

　1918년 11월 5일, 우드로 윌슨 대통령은 관련 당사국 정부들로부터 받은 답장을 독일로 전하면서 페르디낭 포슈 장군이 휴전 조건들을 적절한 대표자에게 전달할 권한을 갖는다는 점을 덧붙였다. 이 답장에서, "다음에 나열되는 권리를 갖는" 연합국 정부들은 "윌슨이 1918년 1월 8일 미국 의회에서 한 연설에서 열거한 평화의 조건들과 그 이후의 연설들에서 밝힌 해결 원칙에 따라 독일 정부와 평화 협상을 벌일 뜻을 갖고 있다고 선언한다."고 밝혔다. 여기서 말하는 권리는 두 가지였다. 하나는 공해 항해의 자유에 관한 것으로, 연합국 정부들은 공해를 항해할 "자유를 완벽하게 누린다"는 내용이었다. 두 번째 권리는 배상금에 관한 것으로 그 내용은 다음과 같다. "더 나아가, 1918년 1월 8일 의회 연설에서 제시한 평화의 조건에서, 윌슨 대통령은 침공한 영토에서 군대도 철수해야 할 뿐만 아니라 복구도 이뤄져야 하고 자유가 보장되어야 한다고 선언했다. 연합국 정부들은 이 조항이 의미하는 바에 대해 어떤 의문도 제기하지 않는다. 이 조항을 근거로, 연합국 정부들은 독일이 육지와 바다, 하늘로 연합국들을 공격하여 민간인들과 그들의 재산에 입힌 모든 피해에 대해 배상하는 것으로 이해하고 있다."

　이런 서류의 교환을 통해 독일과 연합국 사이에 이뤄진 계약의 성격은 분명하고 명확하다. 평화의 조건들은 윌슨 대통령의 연설과 일치해야 하고, 파리평화회의의 목적은 "그 조건들을 적용하기 위해 세부사항을 논하는 것"이 되어야 한다. 계약의 내용은 특별히 진지하고 구속력을 갖는다. 왜냐하면 계약의 한 조건이 독일이 자국을 무력하게 만들 그런 휴전 조항에 동의해야 한다는 것이기 때문이다. 독일이 그 조항에 따라 무력하게 되면, 연합국도 자신의 몫을 실행하는 일에 특별히 더 명예롭게 임해야 할 것이다. 따라서 조건에 모호한 구석이 있더라도 연합국은 유리한 입장을 바탕으로 그 모호함을 이용하려 들어서는 안 된다.

그렇다면 연합국이 스스로를 구속시킨 계약의 내용은 무엇인가? 문서들을 검토하면, 연설의 상당 부분이 정신과 목적, 의지에 관해 이야기하고 있을 뿐 구체적인 해결책에 대해서는 말하지 않고 있다. 또 평화조약에서 해결해야 할 많은 문제들을 건드리지 않은 것이 분명함에도, 그 연설들이 명백하게 결정하고 있는 문제도 몇 가지 있다. 다소 넓게 본다면, 그럼에도 연합국이 여전히 행동의 자유를 누릴 수 있었던 것은 사실이다. 더욱이, 정신과 목적, 의지 등을 논한 구절을 계약의 바탕으로 받아들이기도 어려웠다. 그러기에 그 구절들에 기만이나 위선이 작용하고 있는지 여부에 대한 판단은 사람에 따라 달라질 수밖에 없다. 그러나 곧 확인되겠지만, 계약이 분명하게 다룬 중요한 문제가 몇 가지 있는 것은 확실하다.

1918년 1월 18일 발표된 14개 조항 외에, 계약의 일부를 이루는 윌슨 대통령의 연설은 모두 4개이다. 1918년 2월 11일 미국 의회에서

한 연설과 4월 6일 볼티모어에서 한 연설, 7월 4일 마운트 버넌에서 한 연설, 그리고 9월 27일 뉴욕에서 한 연설 등이다. 이 중 마지막 연설은 계약에 특별히 언급되고 있다. 나는 반복을 피하면서 이 연설들 중에서 독일과의 평화조약과 가장 관련이 깊은 내용만을 간추릴 생각이다. 내가 생략한 부분은 내가 인용하는 부분을 약화시키는 내용이 아니라 강화하는 내용이다. 그러나 생략된 부분은 주로 의지와 관련 있는 내용이어서 아마 계약으로 해석하기 곤란할 만큼 모호하고 일반적이다.[7]

14개 조항

(3)"평화에 동의하고 평화의 유지에 찬성하는 모든 국가들 사이에 경제적 장벽을 가능한 한 제거하고, 무역 조건에 평등을 확립한다." (4)"국가의 무장을 국내의 안전을 보장하는 최저 수준으로 줄인다는 약속을 서로 한다." (5)관련 당사국의 이익에 따라 "식민지에 대한 모든 주장을 자유롭고 열린 마음으로, 공정하게 조정한다." (6)과 (7), (8), (11)침공한 모든 영토, 특히 벨기에로부터의 철군과 벨기에의 "복구"를 보장한다. 여기에 연합국의 추가 주장이 더해져야 한다. 육지와 바다, 하늘을 통해 연합국 민간인들과 그들의 재산에 입힌 모든 피해에 대한 보상을 요구하는 내용이다. (8)"1871년에 프러시

---

7 나는 또한 독일 해결과 특별한 관계가 전혀 없는 내용도 생략한다. 항행의 자유와 관련 있는, 14개 조항 중 두 번째 조항은 연합국측이 받아들이지 않았기 때문에 생략되었다.

아가 알자스-로렌 문제 때 프랑스에 가한 잘못”을 바로잡는다. (13)
“폴란드 인구가 거주하는 곳이라는 데 이론의 여지가 없는 영토”를
포함하는 독립국 폴란드를 건설하고 “바다에 자유로이 접근할 권
리”를 보장한다. (14)국제연맹을 창설한다.

2월 11일, 미국 의회에서 한 연설

“어떤 병합도, 어떤 부과금도, 어떤 징벌적 손해 배상도 없을 것이
다. … 자결은 단순한 구호가 아니다. 그것은 정치인들이 위험을 무
릅쓰고 지금까지 무시해온 필수적인 행동 원칙이다. … 이 전쟁에 연
루된 영토 문제의 해결은 거기에 사는 사람들을 위하는 쪽으로 이뤄
져야 한다. 그렇게 하지 않고 경쟁 국가들 사이의 타협이나 조정을
통해 이뤄져서는 안 된다.”

9월 27일, 뉴욕에서 한 연설

(1)“공평한 정의의 구현은 어느 당사국에게나 똑같이 적용되어야
한다.” (2)“어느 한 국가 혹은 어느 한 국가 집단의 특별한 이해나 개
별적인 이해를 근거로 모든 당사국의 공통적인 이익과 부합하지 않
는 방향으로 문제가 해결되는 일이 있어서는 안 된다.” (3)“국제연맹
의 일반적이고 공통적인 가족 안에 연맹이나 동맹, 특별한 계약이나
특별한 이해 같은 것은 절대로 있을 수 없다.” (4)“국제연맹 안에 특
별히 이기적인 경제 연합은 있을 수 없다. 또 국제연맹이 징계와 통

제의 수단으로 갖는 경제적 벌칙으로 세계 시장에서 배제하는 것을 제외하고는 어떤 형식의 경제적 보이콧이나 배제를 취할 수 없다." (5)"모든 국제적 합의와 모든 종류의 조약은 그 내용 전부가 세계에 공개되어야 한다."

세계를 위한 폭넓고 관대한 프로그램인 14개 조항은 1918년 11월 5일 이상주의와 야심의 영역을 뛰어넘어 통과됨으로써 이제 세계의 모든 강대국들이 서명을 한 경건한 계약의 일부가 되었다. 그럼에도 불구하고, 이 계약은 파리의 '늪'에 빠져 사라지고 말았다. 계약의 정신은 완전히 실종되었으며, 자구(字句)는 부분적으로 무시되고 또 부분적으로 왜곡되었다.

평화조약 초안에 대한 독일 측의 검토는 주로 독일 국민이 무기를 내려놓기로 결정할 때 그 근거가 된 조건과 그 이후 서명을 위해 그들 앞에 제시된 문서의 실제 조항을 서로 비교하는 것이었다. 독일의 해설가들은 조약 초안이 벨기에를 침공한 독일의 죄에 버금가는, 국제적 도덕성과 약속을 위반하는 내용을 담고 있다는 사실을 쉽게 보여줄 수 있었다. 그럼에도, 독일의 대답은 어느 구석을 보아도 그 문제의 중요성에 비춰 적절한 가치를 지니는 문서는 아니었다. 왜냐하면 그 내용의 정당성과 중요성에도 불구하고 진정으로 폭넓은 시각과 품위가 느껴지는 관점이 결여되어 있었기 때문이다. 연합국 정부들은 여하튼 독일의 대답을 진지하게 고려하지 않았다. 독일 대표단이 그 단계에서 다른 무슨 말을 했다 한들 그것이 결과에 큰 영향을 끼쳤을 것인지에 대해 나는 회의적이다.

국가를 대변하는 사람들은 종종 개인에게 아주 흔한 미덕들을 결여하게 된다. 역사가 보여주듯이, 자기 자신이 아니라 자기 나라를 대표하는 정치가는 보복적이고, 불성실하고, 이기적으로 행동하면서도 과도한 비난을 듣지 않는다. 이 같은 특징들은 승자가 강요하는 조약에 흔히 나타난다. 그러나 독일 대표단은 이 조약의 처리가 역사 속의 모든 조약과 확연히 다른 점을, 말하자면 불성실한 측면을 날카롭고 예언적인 언어로 폭로하는 데 실패하고 말았다. 그러나 이 주제는 내가 아닌 다른 사람의 펜을 빌려야 할 것이다. 나는 주로 조약의 정의(正義)가 아니라 조약에 뒤이어 벌어질 일들에 관심을 두고 있다. 적에 대해 징벌적 정의를 강요하는 것에도 관심이 없고, 승자가 지켜야 할 계약상의 정의에도 관심이 없다. 대신에 조약의 지혜와 조약의 결과에 관심이 많다. 그래서 나는 이 장에서 과감하게 조약의 중요한 경제적 조항에 대해 설명하려 한다. 그러나 배상금이나 배상금을 지급할 수 있는 독일의 능력에 대한 설명은 뒷 장으로 미룬다.

전쟁이 발발하기 전에 독일의 경제 체계는 3가지 주요 요소에 의존했다. (1)상선과 식민지, 외국 투자, 수출, 독일 상인들의 해외 커넥션 등으로 대표되는 해외 무역이 있었다. (2)석탄과 철, 그리고 그 위에 건설된 산업이 있었다. (3)수송 및 관세제도가 있었다. 이 요소들 중 첫 번째가 대단히 중요함에도 불구하고 가장 취약했다. 조약은 이

3가지 요소 모두를, 특히 첫 2가지 요소를 체계적으로 파괴하는 것을 목표로 잡고 있다.

I

　(1) 독일은 1,600톤을 넘는 상선 전부와 1,000톤에서 1,600톤 사이의 선박 중 반을, 그리고 트롤선을 비롯한 어선의 4분의 1을 연합국에 할양했다.[8] 이 할양은 포괄적이다. 독일 국기를 달고 운항하는 선박뿐만 아니라 다른 나라의 국기를 달고 있지만 독일인 소유인 선박도 모두 포함된다. 또 운항 중인 선박뿐만 아니라 건조 중인 선박도 해당된다.[9] 이 외에, 독일은 필요하다면 연합국이 요구하는 선박을 5년 동안 매년 20만 톤씩 건조해준다.[10] 이 선박들에 대한 대금은 독일의 배상금으로 충당한다.[11]

　이리하여 독일 상선은 바다에서 사라지고 앞으로 몇 년 동안은 독일의 교역에 적절한 규모로 복구될 수 없게 되었다. 다른 나라들이 자국의 초과 화물 때문에 필요하다고 판단하는 경우를 제외하곤, 함부르크에서 출발하는 선박 노선은 하나도 없을 것이다. 독일은 자국

8　파트 8, 부속서 3

9　파트 8, 부속서 3

10　전쟁이 발발하기 전 해, 독일은 전함을 제외하고 연 35만 톤가량의 선박을 건조했다.

11　파트 8, 부속서 3

의 교역에 따른 운임을 외국인에게 지급해야 한다. 따라서 독일은 운임을 외국인들이 요구하는 대로 꼼짝없이 물면서도 서비스를 강력하게 요구하기 어려운 처지에 놓일 것이다. 이제 독일 항구의 번영과 무역의 확장은 오직 스칸디나비아와 네덜란드의 상선을 얼마나 효과적으로 활용하는지에 좌우되게 되었다.

(2) 독일은 "해외 재산에 대한 모든 권리와 자격"을 연합국에 할양했다.[12] 이 할양은 주권에만 적용되는 것이 아니라 정부 재산에도 적용된다. 철도를 포함한 독일 정부의 모든 재산은 대금 지급 없이 연합국에 넘겨진다. 그런 한편, 이 재산의 구입 또는 건설로 인해, 혹은 식민지의 전반적인 개발로 인해 발생했을 부채에 대한 부담은 여전히 독일 정부가 진다.[13]

최근의 역사에 있었던 이와 비슷한 할양과 뚜렷이 구별되는 부분은 독일 정부와 별도로 독일 국적의 민간인들과 그들의 재산까지도 큰 피해를 입고 있다는 점이다. 옛 독일 식민지에서 권력을 행사하고 있는 연합국 정부는 "독일 국적 시민들의 송환과 관련한 규정과 유럽에서 출생한 독일 시민들이 그곳에서 거주하고, 재산을 소유하고, 교역을 하거나 직업을 갖는 것을 허용하거나 허용하지 않는 조건에 관한 규정을 만들 것"이다.[14] 공공시설의 건설이나 이용과 관련해 독

....
12 조항 119
13 조항 120, 조항 257
14 조항 122

일 국민들이 확보해 놓은 모든 계약과 합의는 배상금의 일부로 연합국 정부들에게로 넘어간다.

그러나 이 조건들은 이보다 더 포괄적인 조항에 비하면 별로 중요하지 않다. 이 포괄적인 조항에 의해, 옛 독일 식민지에서 "연합국과 관련국은 이 조약이 발효하는 날 현재 독일 국적의 사람 혹은 독일 국적의 사람이 운영하는 기업이 가진 모든 재산과 권리, 이권을 보유하고 청산할 권리를 갖는다".[15] 이 같은 사유재산의 대량 몰수는 연합국 측이 개인들에게 아무런 보상을 하지 않은 가운데 이뤄질 것이며, 여기서 얻어지는 수입은 가장 먼저 독일 국적의 개인이 연합국 국적의 개인에게 진 부채를 청산하는 데, 그 다음에는 오스트리아와 헝가리, 불가리아, 터키 국적의 개인에게 진 빚을 청산하는 데 쓰일 것이다. 그러고도 남는 것이 있으면, 그것은 청산하는 국가에서 직접 독일로 돌려주든가 보유하든가 할 것이다. 보유하기로 한다면, 그 돈은 독일의 배상금으로 쓰이도록 배상위원회로 보내져야 한다.

요약하면, 이전에 독일이 해외에서 소유했던 모든 것으로부터 독일의 주권만 아니라 독일의 영향력까지 뿌리 뽑고 있다. 그것만이 아니다. 해외에서 살거나 재산을 소유하고 있는 독일 국적의 개인들과 그들의 재산까지도 법적 지위와 법적 안전을 박탈당하고 있다.

(3) 옛 독일 식민지에 있는 독일인의 사유재산과 관련해 앞에서 소개한 조항들은 프랑스 정부가 예외를 인정하지 않는 한 알자스-로

....
15 조항 121, 조항 297(b)

렌에 있는 독일의 사유재산에도 똑같이 적용된다.[16] 이는 비슷한 해외 재산의 몰수보다 실질적으로 훨씬 더 중요하다. 이유는 대상이 되는 재산의 가치도 훨씬 더 크고 또 1871년 이후로 이 지방에서 광산이 크게 개발됨에 따라 독일 내의 경제적 이해관계와 이 지방의 경제적 이해관계가 서로 밀접히 연결되어 있기 때문이다.

알자스-로렌은 거의 50년 동안 독일 제국의 영토였다. 또 이 지방 인구의 과반이 독일어를 쓰고 있다. 이 지방은 독일에서 가장 중요한 경제 활동의 일부가 이뤄진 현장이다. 그럼에도, 이 지방에 살거나 이 지방의 산업에 투자한 독일인들의 재산은 지금 보상도 하지 않은 가운데 전적으로 프랑스 정부의 처분에 맡겨지고 있다. 이 재산에 대한 보상은 독일 정부의 몫이다. 프랑스 정부는 알자스-로렌에 거주하거나 정착한 독일 시민들의 재산이나 독일 기업들을 보상금을 지급하지 않고 몰수할 자격을 갖는다. 여기서 나오는 돈은 부분적으로 프랑스 측의 청구를 충족시키는 데 쓰일 것이다. 이 조항의 가혹성이 다소 누그러지는 대목은 프랑스 정부가 독일 국적 시민들에게 그곳에서 계속 거주하도록 할 수 있다고 한 부분이다. 독일 국적의 시민이 그곳에서 거주하는 경우에는 위의 조항이 적용되지 않는다. 그런 한편, 독일 정부와 주, 시의 재산은 아무런 보상 없이 프랑스에 할양된다. 여기엔 두 지방에 있는, 철도 차량을 포함한 철도 체계도 해당

....
16 조항 53, 조항 74

된다.[17] 그러나 그런 재산은 연합국으로 넘어가지만, 그 재산과 관련 있는 공채 형태의 부채는 여전히 독일 정부의 부담으로 남을 것이다. [18]알자스-로렌 지방은 무상으로 프랑스의 주권으로 귀속되고, 전쟁 동안이나 전쟁 전에 독일이 진 부채 중에서 나눠서 져야 할 몫으로 부터도 자유롭다. 알자스-로렌 지방을 프랑스로 넘김으로써 독일이 부담해야 할 배상금에서 차감되는 액수는 없다.

(4) 그러나 독일 사유재산의 몰수는 옛 독일 식민지와 알자스-로렌 지방에만 국한되지 않는다. 정말이지, 이런 재산의 처리가 조약에서 매우 중요한 부분을 이루고 있다. 이 조항은 베르사유 궁전에서 독일 대표단으로부터 예외적일 만큼 강력한 반대를 불러일으켰음에도 그에 걸맞은 주목을 받지 못했다. 내가 아는 한, 최근 역사에 있었던 평화조약 중에서 앞으로 소개할 그런 방식으로 사유재산을 처리한 예는 한 번도 없었다. 독일 대표단은 이 조약이 선례가 될 경우에 모든 곳에서 사유재산의 안전이 큰 위협을 받고 도덕적으로도 결정타를 입을 것이라고 항의했다. 이것은 과장이며, 또 지난 2세기 동안에 국가의 재산이나 권리와 그 국가의 국적을 가진 개인의 재산이나 권리를 명확히 구분하는 것이 관습과 인습으로 굳어졌지만, 그 구

....

17 1871년에 독일은 프랑스에 알자스-로렌의 철도에 대해 보상을 해주었으나 주 정부의 재산에 대해서는 보상해주지 않았다. 그러나 그 당시에 철도는 사유재산이었다. 그 후에 철도가 독일 정부의 재산이 되었기 때문에, 프랑스 정부는 독일이 자본을 추가로 투입했음에도 철도가 주 정부의 재산이라는 입장을 고수했다.

18 조항 55, 조항 255. 이는 1871년의 예를 따르고 있다.

분은 어디까지나 인위적이다. 이 구분은 평화조약 이외의 다른 많은 영향들에 의해 급속도로 흐려지고 있으며, 국가와 국민 사이의 관계에 관한 현대의 사회주의적 개념에는 부적절하다. 그러나 지금까지 설명한 바와 같이 이 조약이 소위 국제법의 뿌리를 이루고 있는 어떤 개념에 파괴적인 타격을 입히고 있는 것은 사실이다.

독일 국경 밖에 위치한 독일 사유재산의 몰수에 관한 주요 조항들은 그 범위가 서로 겹치고 있으며, 보다 과격한 조항은 일부 경우에 다른 조항을 불필요하게 만드는 것 같다. 그러나 대략적으로 말하면, 보다 과격하고 광범위한 조항들은 보다 구체적이고 제한적인 적용을 택한 조항만큼 명확하지 않은 것 같다. 그런 조항들을 보면 다음과 같다.

(a) "연합국은 이 조약에 의해 연합국에 할양된 자국 밖의 영토를 포함한 독일의 식민지와 영지, 보호국 안에서 조약이 발효하는 날 현재 독일 국적 사람들이 소유하거나 독일 국적 사람들이 운영하는 기업들이 소유한 모든 재산과 권리와 이권을 보유하고 청산할 권리를 갖는다".[19]

이 조항은 독일 식민지들과 알자스-로렌 지방과 관련해 이미 논한 조항을 확장한 버전이다. 그런 식으로 몰수된 재산의 가치는 일차적으로 청산이 일어나는 곳의 사법권을 쥔 연합국 정부의 국적을 가진 시민들에게 독일이 진 부채를 상환하는 데 충당될 것이고, 그 다음에

....
19 조항 297

는 독일의 옛 동맹국들의 행위에서 비롯된 청구를 충족시키는 데 쓰일 것이다. 그런 다음에 남은 것을 청산하는 연합국 정부가 보유하기를 원한다면, 그 금액은 배상 계좌에 반영되어야 한다.[20] 그러나 청산하는 연합국 정부가 원한다면 남은 금액을 배상위원회로 의무적으로 넘기지 않고 독일에 직접 돌려줄 수도 있게 한 것은 아주 중요한 부분이다. 왜냐하면 미국이 원할 경우에 이 조항을 근거로 배상위원회의 의견과 상관없이 자국의 적(敵)재산관리자의 수중에 있는 거액의 돈을 독일에 공급하는 식량의 대금으로 지출할 수 있을 것이기 때문이다.

이 조항들은 어음교환소와 비슷한 수단을 통해서 적의 부채를 상호 해결한다는 계획에 그 기원을 두었다. 이 방법을 따를 경우, 최근까지도 서로 전쟁을 벌이던 정부들이 자국 국민이 다른 정부의 국민에게 받아야 할 사적인 채권을 회수하는 책임을 짐으로써 많은 어려움과 소송을 피할 수 있을 것으로 여겨졌다(정상적인 회수 과정은 전쟁 때문에 중단되었다). 그런 식으로 회수된 돈을 다른 나라 국적 주민에게 받을 채권이 있다고 주장하는 사람들에게 분배하는 것도 각국 정부들이 책임을 질 것이다. 각국이 서로 주고받을 돈을 계산한 뒤에 남는 것은 현금으로 청산될 것이다. 이런 장치는 충분히 호혜적일 수 있다. 실제로도 부분적으로 호혜적이기도 했다. 그러나 연합국의 승리가 아주 완벽했기 때문에 연합국 정부들은 호혜주의를 벗어

....
20 파트 10. 섹션 3과 4. 조항 243

나 자신들에게 유리한 방향으로 처리할 수도 있었다. 그런 중요한 예를 보면 다음과 같다.

첫째, 독일의 사법권 안에 있는 연합국 국민들의 재산은 그 조약에 따라 평화조약이 최종 종결되는 시점에 연합국 소유로 넘어간 반면, 연합국의 사법권 안에 있는 독일인들의 재산은 앞에서 설명한 바와 같이 연합국에 의해 보유되거나 청산되었다. 그 결과 전 세계의 상당 부분에 걸쳐 있던 독일 재산은 전부 몰수되고, 지금 연합국의 공인 수탁자와 그와 비슷한 관리들의 보호 아래에 있는 많은 재산들은 영원히 보유될 것이다. 둘째, 그런 독일의 재산으로 독일인들의 채무만을 상환하는 것이 아니라, "연합국 혹은 관련국의 국적을 가진 시민들이 다른 적국(敵國)들의 영토 안에 갖고 있는 재산과 권리, 이권에 대해 청구한 금액"도 상환할 수 있다. 여기서 말하는 다른 적국들은 터키와 불가리아, 오스트리아이다. 이것은 당연히 호혜적이지 않은, 주목할 만한 조항이다. 셋째, 민간 분야에서 독일에 최종적으로 지급해야 할 돈이 있더라도 굳이 독일에 줄 필요가 없다. 독일 정부의 다양한 채무에 대비하여 보유할 수 있다. 이 조항들은 증서나 권리증, 정보 등의 전달을 통해 효과적으로 이행될 것이다. 넷째, 전쟁 발발 전에 연합국 시민과 독일 시민 사이에 있었던 계약은 연합국 시민의 선택에 따라 해지되거나 부활될 것이다. 그렇다면 독일에 유리한 계약은 모두 해지되는 한편, 독일에 불리한 계약은 모두 강제로 이행될 것이다.

(b) 지금까지 연합국의 사법권 안에 있는 독일 재산을 처리하는 문제를 살펴보았다. 다음 조항은 독일의 이웃 국가들과 옛 동맹국, 그리고 다른 국가들의 영토 안에 있는 독일의 이권을 제거하는 것을 목적으로 하고 있다.

재정에 관한 규정 중 260조를 보면, 배상위원회는 독일 정부에 독일 국민들이 러시아와 중국, 터키, 오스트리아, 헝가리, 불가리아 혹은 이 국가들의 영지나 속령, 혹은 독일과 그 동맹국들이 자국 밖에 갖고 있던 옛 영토에서 벌어지는 공공사업과 채굴 등에 갖고 있는 권리와 이권을 강제로 수용해 배상위원회로 넘길 것을 조약 발효 후 1년 안에 요구하도록 되어 있다. 그러면 그 권리와 이권은 연합국에게 할양되거나 조약에 따라 위임 받은 기관이 관리할 것이다. 이는 앞에 (a)에서 다룬 조항과 부분적으로 겹치는, 포괄적인 내용이다. 그러나 예전의 러시아 제국과 오스트리아-헝가리 제국, 터키 제국에서 독립한 새로운 국가들과 영토들이 포함되고 있다는 점에 주목해야 한다. 그리하여 독일의 영향은 완전히 지워지고 또 독일이 미래의 삶을 위해, 그리고 자국의 활력과 모험심, 기술의 출구로 자연스레 눈을 돌리게 될 이웃 국가들에 있던 자본까지도 모조리 몰수될 것이다.

이 프로그램을 정밀하게 집행하게 되면, 배상위원회는 아주 특별한 임무를 맡게 될 것이다. 전쟁과 분열, 볼셰비즘 등으로 무질서가 팽배한 거대한 영토에 걸쳐 엄청난 수의 권리와 이권을 가진 조직이 될 것이기 때문이다. 승자들 사이의 전리품 분배도 막강한 조직을 하나 필요로 할 것이다. 이 조직은 20개 내지 30개 국가의 탐욕스런 투기 사업가나 이권을 좇는 사람들의 발길로 붐빌 것이다.

배상위원회가 무지하여 권리를 충분히 행사하지 못하는 일이 없도록 하기 위해, 독일 정부는 조약 발효 후 6개월 안에 "이미 양도되었든, 불확실하든 아니면 아직 실행되지 않았든 불문하고" 조약에 따라 양도 대상이 되는 권리와 이권의 목록을 작성하여 위원회에 제출해야 한다는 조항이 마련되었다. 이 기간에 보고되지 않은 것은 무엇이든 자동적으로 연합국 정부들에게로 넘어가게 되어 있다.[21] 이런 성격의 포고가 독일 정부의 사법권 밖에 있는 독일 국적 사람이나 재산에 어느 정도 구속력을 갖는가 하는 문제는 아직 해결되지 않은 채 남아 있지만, 앞에 나열된 국가들은 모두 조약의 관련 조항이나 다른 조항으로 인해 연합국 정부들의 압박을 받게 될 것이다.

(c) 중립국에 있는 독일의 이권에는 영향을 미치지 않는 앞의 조항들보다 훨씬 더 광범위한 세 번째 조항이 있다. 배상위원회는 1921년 5월 1일까지 "금이나 상품, 선박, 증권 혹은 다른 것으로" 최고 50억 달러에 달하는 지급을 독일에 요구할 권한을 부여받고 있다.[22] 이 조항은 그때까지 온갖 형태의 독일 재산에 대해 전권을 행사할 권리를 배상위원회에 부여하는 효과를 발휘한다. 이 조항에 따라, 배상위원회는 독일 국내나 국외를 불문하고 온갖 구체적인 사업이나 기

....
21 조항 260
22 조항 235

업, 재산을 명시하여 그것을 포기할 것을 요구할 수 있다. 배상위원회의 권한은 평화조약이 발효하는 날 존재하는 재산뿐만 아니라 그다음 18개월 동안에 형성되거나 취득될 재산 어떤 것에나 미칠 것이다. 예를 들어, 배상위원회는 남미에서 활동하는, D.U.E.G.(Deutsche Ueberseeische Elektrizitätsgesellschaft)로 알려진 거대한 독일 기업을 선택해서 연합국에게 이롭게 처분할 수 있을 것이다. 이 규정은 모호하여 모든 것에 적용될 수 있다.

여기서 한 가지를 더 덧붙인다면, 이 규정이 배상금의 징수에 아주 기이한 원칙을 새로 세우고 있다는 점에 주목할 필요가 있다. 지금까지는 배상금 금액이 정해지고 나면 배상금을 지급하는 수단은 그 국가의 자유에 맡겨졌다. 그러나 이 평화조약의 경우에는 배상금을 받을 국가들이 금액을 정할 뿐만 아니라 배상금으로 내놓을 재산의 종류까지 명시하고 있다. 그리하여 배상위원회의 권력은 배상금 지급분을 강제로 거두는 일뿐만 아니라 독일의 교역 및 경제 조직을 파괴하는 데에도 이용될 수 있다. 이 문제에 대해서는 다음 장에서 더 구체적으로 논할 것이다.

(a)와 (b), (c)가 함께 작용하면서, 독일로부터 독일 국경 밖에 있는 재산까지 몽땅 빼앗는 결과를 낳을 것이다. 독일의 해외 투자가 압수되고, 독일이 해외에 구축한 커넥션이 파괴될 뿐만 아니라, 독일의 인접국들과 옛 동맹국의 영토 안에서도 똑같은 몰수 과정이 적용된다.

(5) 혹시라도 소홀하여 앞의 조항들이 중요한 것을 놓치지 않도록 하기 위해, 이를 보완하기 위한 조항들이 조약에 들어 있다. 이 조항들은 아마 이미 묘사한 것들에는 실질적으로 별다른 효과를 발휘하지 못할 것이지만, 승리를 거둔 국가들이 패배한 적을 경제적으로 완전히 제압하겠다는 정신이 얼마나 철저했는지를 보여주는 대목으로 여기서 간단히 언급하고 지나갈 가치가 있다.

무엇보다 먼저, 금지와 포기에 관한 일반적인 규정이 하나 있다. "독일은 현재의 조약이 정한 국경 밖에 있는 영토에서 예전에 누렸던 모든 권리와 자격, 특권을 포기한다. 독일은 또 연합국과 관련국들의 뜻에 반하여 누렸던 모든 권리와 자격, 특권도 그 기원을 불문하고 포기한다."[23]

이어 보다 구체적인 조항들이 따른다. 독일은 중국에서 취득한 모든 권리와 특권을 포기한다. 샴(태국)과 라이베리아, 모로코, 이집트와 관련해서도 비슷한 조항이 있다. 이 중 이집트에서는 특권만 포기하는 것이 아니라 조항 150에 의해서 일상적인 자유까지 포기한다. 이집트 정부가 "독일 국적을 가진 사람들의 지위와 그들이 이집트에 정착할 수 있는 조건을 정할 자유를" 부여받고 있기 때문이다.

조항 258에 의해, 독일은 "연합국 혹은 관련국들 모두와 오스트리아, 헝가리, 불가리아, 터키, 그리고 이들 국가들의 속령 혹은 옛 러시

....
23 조항 118

아 제국 안에서" 국제적 성격을 띤 금융 및 경제 조직에 참여할 권리를 포기한다.

대체로 말하면, 전쟁 발발 전에 이뤄진 조약과 협정 중에서 연합국의 입맛에 맞는 것은 부활되고 독일에 유리한 것은 폐기될 것이다.[24]

그러나 앞에서 묘사한 조항과 비교하면 이 조항들 중 어느 것도 진정으로 중요하지 않은 것은 분명하다. 이 조항들은 독일의 추방을 논리적으로 마무리 짓고 독일 경제를 연합국에 종속시킨다는 의미를 지니지만, 독일을 실질적으로 더 무능화시지는 않는다.

II

최종적으로 독일의 국내 산업에 미치게 될 결과라는 측면에서 보면, 석탄과 철에 관한 조항들은 대단히 중요하다. 독일 제국은 무기와 군대보다는 철과 석탄 위에 건설되었다. 루르와 어퍼 실레지아(Upper Silesia), 자르의 훌륭한 탄전을 기술적으로 이용함에 따라 가능해진 철강과 화학, 전기 산업의 발달을 바탕으로, 독일은 유럽 대륙 제1의 산업 국가로 발돋움했다. 독일 인구의 3분의 1이 주민 2만 명 이상인 도시에 살고 있다. 산업이 집중된 이 도시들은 석탄과 철이라는 바탕이 있었기에 가능했다. 따라서 프랑스 정치인들은 독일의 석탄 공급에 철퇴를 가하면서 표적을 정확히 조준하고 있었다. 독

....
24 조항 289

일이 장기적으로 이 같은 곤경에서 벗어날 수 있는 방법은 오직 조약의 요구사항이 극단적일 만큼 과도하여 실행 불가능한 것으로 확인되는 길밖에 없다.

(1) 조약은 독일의 석탄 공급을 4가지 방법으로 분쇄하고 있다.

(a) "프랑스 북부의 탄광을 파괴한 데 대한 배상으로, 그리고 전쟁으로 야기된 피해에 대한 전체 배상의 부분적인 지급으로, 독일은 자르 분지에 위치한 탄광에 대한 소유권을 거기에 따른 부채와 부담을 제외한 상태에서 프랑스에 할양한다."[25] 이 지역의 관리가 15년 동안 국제연맹에 맡겨지는 동안에, 탄광은 프랑스에 완전히 할양될 것이다. 15년 후에 이 지역의 주민은 미래의 주권을 놓고 투표를 실시할 것이다. 그때 그곳의 주민들이 독일과의 합병을 원한다면, 독일은 금을 지급하고 탄광을 구입할 자격을 갖는다.[26]

세계는 이미 자르 지역의 처리를 약탈과 불성실한 행위로 판단했다. 프랑스 탄광의 파괴에 대한 보상에 관한 문제라면, 곧 확인하게 되겠지만 그것은 조약의 다른 곳에서 규정되고 있다. 이에 대해 독일의 대표들은 이렇게 말했다. 틀린 말이 아니다. "독일에서 자르 지역보다 인구의 특성이 더 영속적이고, 더 단일적인 산업 지역은 없다. 65만 명의 거주민 중에서, 1918년에 프랑스인은 100명도 채 되지 않았다. 자르 지역은 1,000년 이상 독일에 속했다. 전쟁의 결과로 프랑

....
25 조항 45
26 파트 4. 섹션 4. 부속서 3

스가 일시적으로 점령한 적은 있지만, 그 점령은 언제나 평화조약이 체결됨과 동시에 해결되었다. 1,048년의 기간에 프랑스는 이 지역을 총 68년 동안 차지하는 데 그쳤다. 1814년에 있었던 제1차 파리조약에 따라, 지금 프랑스가 탐을 내고 있는 영토 중 작은 일부를 프랑스가 계속 차지했을 때, 그곳의 주민들이 아주 강하게 저항하면서 '언어와 관습, 종교로 연결되어 있는' 조국 독일과의 재통합을 요구했다. 프랑스의 점령이 1년 3개월 정도 지난 뒤, 이 같은 주민들의 소망이 1815년 제2차 파리조약에서 받아들여졌다. 그 이후로 이 지역은 독일로부터 떨어진 적이 없으며 그곳의 경제 발전은 그 연결 덕에 이뤄지고 있다."

프랑스 사람들은 로렌의 철을 개발할 목적으로 자르의 석탄을 원했고 비스마르크와 똑같은 정신에서 그것을 수중에 넣었다. 선례가 없는 것은 아니지만, 연합국의 설명을 보면 설득력이 아주 약하다.

(b) 큰 도시는 없지만 독일 무연탄 생산량의 23%를 캐는 주요 탄전 중 하나가 있는 어퍼 실레지아는 폴란드로 할양되는 문제를 놓고 투표를 할 것이다. 어퍼 실레지아는 역사적으로 폴란드가 된 적이 한번도 없다. 그러나 인구는 폴란드인과 독일인, 체코슬로바키아인이 섞여 있다. 이들의 정확한 비율은 논쟁의 대상이 되고 있다. 경제적으로 보면 어퍼 실레지아는 대단히 독일적이다. 동부 독일의 산업은 석탄을 이 지역에 의존하고 있다. 이 지역의 상실은 독일 국가의 경제 구조에 엄청난 타격이 될 것이다.

(c) 독일의 영토 안에 남는 석탄 중에서도 일부를, 독일은 프랑스 북부 지역의 탄전이 전쟁으로 입은 피해에 대한 배상으로 매년 내놓을 의무를 진다. 배상 챕터의 부속서 5의 2항에는 이렇게 적혀 있다. "독일은 전쟁으로 파괴된 노르파드칼레 지방의 탄광이 전쟁 전에 생산했던 석탄의 양과, 조약이 정한 기간에 이 지방에서 생산한 석탄 양의 차이만큼 매년 프랑스에 석탄을 양도한다. 양도하는 양은 첫 5년 동안에는 매년 2,000만 톤을 넘지 않으며, 그 이후 5년 동안에는 매년 800만 톤을 넘지 않는다." 이 조항 하나만을 놓고 보면 합리적이다. 독일로서도 다른 자원을 자국 마음대로 처분할 수 있다면 충분히 충족시킬 수 있는 조항이다.

(d) 석탄에 관한 마지막 조항은 배상금을 부분적으로 현금 대신에 현물로 하게 한다는 배상 챕터의 전반적인 계획의 일부를 정하고 있다. 배상의 일부로, 독일은 연합국에 석탄을 다음과 같이 양도하게 되어 있다(프랑스로 양도하는 석탄은 자르의 할양이나 북부 프랑스의 파괴에 대한 배상과 별도이다).

1. 프랑스로 10년 동안 매년 700만 톤을 보낸다.

2. 벨기에로 10년 동안 매년 800만 톤을 보낸다.

3. 이탈리아로 1919-1920 회계 연도에는 450만 톤을 보내고 1923-1924 회계 연도부터 1928-1929 회계 연도까지 6년 동안은 매년 850만 톤씩 보낸다.

4. 룩셈부르크도 필요하다면 전쟁 전에 룩셈부르크에서 소비된
   독일산 석탄의 양만큼 보낸다.

이 수치를 모두 합하면 매년 평균 2,500만 톤이 된다.

* * * *

이 숫자를 독일의 생산 가능한 양과의 관계 속에서 검토해야 한다.
전쟁 전에 기록한 석탄의 최고 생산량은 1913년의 1억9,150만 톤이
었다. 이 중에서 1,900만 톤은 탄광에서 자체적으로 소비하고, 3,350
만 톤은 수출되었다. 그러면 국내 소비로 1억3,900만 톤이 남는다.
이 국내 소비는 다음과 같은 것으로 추산된다.

철도	18,000,000 톤
가스, 물, 전기	12,500,000 톤
벙커	6,500,000 톤
주택 연료, 소기업, 농업	24,000,000 톤
산업	78,000,000 톤
	139,000,000톤

영토의 상실로 인한 생산량의 감소는 다음과 같다.

알자스-로렌	3,800,000 톤
자르 분지	13,200,000 톤
어퍼 실레지아	43,800,000 톤
	60,800,000 톤

그렇다면 1913년 산출량을 기준으로 할 때 1억3,070만 톤이 남는다. 여기서 탄광에서 자체적으로 소비하는 것을 제외하면 1억1,170만 톤이 남는다. 몇 년 동안 이 공급량 중에서 프랑스 탄광에 가해진 피해에 대한 배상으로 프랑스에 2,000만 톤 이상 건너갈 것이고, 프랑스와 벨기에, 이탈리아, 룩셈부르크로 2,500만 톤이 나갈 것이다. 전자의 숫자가 최대 수치이고 후자의 숫자가 초기 몇 년 동안 그보다 낮을 것이기 때문에, 독일이 연합국으로 보내야 하는 석탄의 양은 약 4,000만 톤이 될 것이다. 그렇다면 독일이 자국 소비로 쓸 수 있는 석탄은 7,170만 톤이란 계산이 나온다. 이는 전쟁 전의 소비량 1억3,900만 톤에 비하면 크게 작은 양이다.

그러나 이 비교가 정확하려면 중요한 수정이 필요하다. 한편으로 보면, 전쟁 전의 생산량을 현재 생산량의 기준으로 봐서는 곤란한 것이 확실하다. 1918년의 석탄 생산량은 1억6,150만 톤이었다. 1913년의 1억9,150만 톤보다 적다. 그리고 1919년 상반기 동안의 생산량은 5,000만 톤에도 미달했다. 알자스-로렌과 자르 지방은 제외했지만 어퍼 실레지아 지방의 산출량은 포함한 수치이다. 그렇다면 1년 생산량은 1억 톤 정도 된다는 뜻이다.

생산량이 이처럼 크게 떨어진 부분적인 이유는 일시적이고 예외적이긴 하겠지만, 독일에 정통한 사람들은 그 같은 생산 저조가 당분간 계속될 것이라는 점에 동의하고 있다. 또 다른 부분적인 이유는 다른 곳의 이유들과 똑같다. 노동자들의 일일 근로 시간이 8.5시간에서 7시간으로 짧아졌다. 중앙 정부의 권력이 예전의 생산량 수준으로 끌어올리기에 적절하지 않을 수 있다. 게다가 광산의 시설도 (봉쇄 기간에 핵심 물자들이 부족했던 탓에) 낙후되어 있다. 근로자들의 체력도 영양실조로 인해 크게 훼손되었다(배상 요구를 충족시키려면 영양실조 문제는 절대로 해결되지 않을 것이다. 오히려 생활 수준은 더 떨어질 것이다). 또 전쟁에 많은 사람들이 희생되면서 광부의 숫자도 줄어들었다. 영국의 조건에 비춰보면, 독일에서 전쟁 전의 산출량을 기대할 수 없다는 사실이 분명해진다. 독일 문제 전문가들은 생산량의 상실을 대략 30% 선으로 보고 있다. 이 중 반은 근로 시간의 축소로, 나머지 반은 다른 경제적 영향으로 돌려진다. 이 숫자는 전반적으로 맞는 것 같다. 그러나 나는 그것을 인정하거나 비판할 지식을 갖추고 있지 않다.

따라서 앞에 제시한 요소들을 고려할 경우에 전쟁 전의 순(純)생산량 1억1,800만 톤은 1억 톤으로 떨어질 것 같다. 만약에 이 중에서 4,000만 톤이 연합국으로 수출된다면, 독일 국내의 수요에 충당할 석탄은 6,000만 톤이 될 것이다. 영토의 상실로 인해, 공급만 아니라 수요도 줄어들겠지만 수요 감소는 2,900만 톤을 넘지 않을 것이다. 따라서 대충 계산을 해봐도 전쟁 전의 철도와 산업의 효율성을 바탕으로 할 경우에 독일이 국내에서 필요로 하는 석탄의 양은 1억1,000만 톤이다. 산출량도 1억 톤을 넘지 않는데 거기서 4,000만 톤을 연합국으로 보내야 하는 상황이다.

이 주제가 아주 중요하기 때문에 여기서 다소 길게 통계적인 분석을 하지 않을 수 없다. 가설적이고 정확하지 않은 수치에 지나치게 큰 의미를 부여해서는 안 된다는 말은 맞는 말이다. 그러나 여러 사실들의 전반적인 성격이 너무도 분명하게 드러나고 있다. 영토의 상실과 효율성의 상실을 고려할 경우에, 독일은 산업 국가로서의 명맥을 이어가길 원한다면 가까운 미래에 석탄을 수출할 수 없다(독일은 오히려 어퍼 실레지아에서 석탄을 구입할 권리를 갖도록 한 조약 규정에 의존해야 할 것이다).

독일이 강제로 수출해야 하는 석탄은 독일 국내 산업의 폐쇄를 대가로 치르며 국외로 나가게 될 것이다. 훗날의 결과를 미리 고려한다면, 이 같은 조치는 어떤 한계 안에서만 가능하다. 그러나 독일이 연합국에 석탄을 4,000만 톤씩 공급하지 못하고 또 공급하지도 않을 게 분명하다. 자국 국민에게 독일이 석탄을 공급할 수 있다고 말한 연합국 장관들은 틀림없이 유럽 주민들이 자신들의 앞날에 대해 품고 있는 불안을 당분간 달래주기 위해 속임수를 썼을 것이다.

평화조약의 내용에 담긴 이런 엉터리 조항들은 특별히 미래의 위험을 안고 있다. 프랑스 장관들이 자국 대중을 속이기 위해 조성한, 배상금 수령에 대한 특별한 기대는 징세(徵稅) 시점과 예산 삭감을 연기하는 목적을 이루고 나면 더 이상 들리지 않을 것이다. 그러나 석탄 관련 조항들은 쉽사리 사라지지 않을 것이다. 왜냐하면 프랑스와 이탈리아의 이익에 결정적으로 중요하기 때문에 이 나라들이 약속을 이행시키기 위해 온갖 수단을 다 동원할 것이기 때문이다. 독일의 파괴로 인한 프랑스의 생산량 감소나 영국을 비롯한 다른 지역의 생산량 감소 같은 중요한 요인 외에, 운송 체계의 붕괴와 조직의 붕괴, 새로운 정부의 비효율성 같은 부차적인 원인들이 작용함에 따라, 모든 국가의 석탄 사정은 절망적이다.[27] 따라서 프랑스와 이탈리아는 조약이 정한 일부 권리를 내세우면서 독일 석탄에 대한 권리를 쉽게 포기하지 않을 것이다.

진정한 딜레마가 늘 그렇듯, 프랑스와 이탈리아가 처한 딜레마도 엄청난 힘을, 어떤 관점에서 보면 대처 불가능한 힘을 발휘할 것이다. 이 딜레마는 자국의 산업을 고려해야 하는 한편으로 독일 산업도 고려해야 하는 상황에서 비롯되고 있다. 석탄 양도는 독일 산업을 파괴할 것이라는 점은 충분히 짐작할 수 있다. 그러나 독일이 석탄을

----

27 1919년 7월, 허버트 후버(Herbert Hoover) 미국 식품국 국장은 러시아와 발칸 반도를 제외한 유럽의 석탄 산출량이 6억7,950만 톤에서 4억4,300만 톤으로 떨어졌다고 추산했다. 노동의 상실로 인한 감산도 있었지만, 주된 원인은 전쟁의 박탈과 고통에 따른 육체적 노력의 약화, 철도 차량과 운송 체계의 미비, 일부 탄광 지역의 정치적 운명의 미해결 등이었다.

양도하지 않을 경우에 프랑스와 이탈리아의 산업이 위험에 처한다는 것도 똑같이 짐작 가능하다. 그런 경우엔 평화조약이 정한 권리를 갖는 승자들이 자신들의 요구를 관철시키는 것이 당연하지 않는가? 피해의 상당 부분이 패한 국가들의 사악한 행위 때문에 일어난 경우엔 특히 더 그러해야 하는 것이 아닌가? 만약에 이런 감정과 권리가 지혜로운 선을 넘어서도록 내버려 둔다면, 그것이 중부 유럽의 사회적, 경제적 삶에서 엄청난 반발을 불러일으킬 것이기 때문에 결과적으로 이 지역의 세력을 제한하려던 당초의 목표를 이루지 못하게 될 것이다.

그러나 이것이 문제의 전부가 아니다. 프랑스와 이탈리아가 석탄 부족을 독일의 생산량으로 메우기로 한다면, 예전에 독일의 석탄 수출에 크게 기댔던 북유럽과 스위스, 오스트리아가 공급을 받지 못하게 된다. 전쟁 전에 독일의 석탄 수출량 중 1,360만 톤이 오스트리아-헝가리 제국으로 나갔다. 예전의 오스트리아-헝가리 제국의 탄전 거의 전부가 지금 독일계 오스트리아 공화국이 된 지역 밖에 있기 때문에, 독일계 오스트리아 공화국은 독일로부터 석탄을 얻지 못할 경우에 산업의 파멸을 피할 수 없을 것이다. 이전에 부분적으로 영국에서, 또 상당 부분을 독일에서 수입했던 독일 이웃의 중립국들의 상황도 결코 덜 심각하지 않다. 이 중립국들은 석탄을 받는 조건으로 독일이 필요로 하는 물품을 공급하는 쪽으로 크게 노력할 것이다. 이미 중립국들은 그렇게 하고 있다. 화폐 경제의 붕괴로, 국제적으로 구상 무역이 점점 더 보편화되고 있다.

오늘날 중부 유럽과 남동부 유럽에서 화폐는 교환의 진정한 척도가 되지 못하고 있으며 물품을 제대로 구입하지도 못할 것이다. 그결과, 다른 나라가 절실히 필요로 하는 물품을 가진 나라는 그것을 현금이 아니라 자기 나라에 필요한 물품을 받는 조건으로 팔고 있다. 이는 아주 간단했던 예전의 국제 무역에 비하면 터무니없이 복잡하다. 그러나 마찬가지로 복잡한 오늘날의 산업 조건에서 구상 무역도 생산을 자극하는 수단으로 장점이 없진 않다. 루르 지방의 '버터 시프트'(butter-shift)[28]는 현대 유럽이 구상 무역 쪽으로 얼마나 멀리 역행했는지를 보여주고 있다. 또 개인과 국가들 사이에 이뤄졌던 자유로운 교환과 통화의 붕괴가 경제 조직을 얼마나 빨리 저급하게 만들 수 있는지를 실감나게 보여준다. 그러나 '버터 시프트'는 다른 장치들이 해내지 못한 석탄 생산을 유도할 수 있다.

그럼에도 만약에 독일이 이웃 중립 국가들을 위해 석탄을 마련하게 되면, 프랑스와 이탈리아는 독일이 조약에 정한 의무를 이행할 수 있고 또 이행해야 한다고 목소리를 높일 것이다. 이 경우에 정의의 문제가 제기될 것이다. 프랑스와 이탈리아의 주장과 실현 가능한 사실들을 놓고 중요성의 경중을 따지기가 어려울 것이다. 절대로 무시할 수 없는 한 가지 사실을 보자. 독일 광부들은 버터를 위해 일할 것

....
28 루르 지방의 광부 약 6만 명은 덴마크로부터 버터를 수입하기 위한 석탄을 캘 목적으로 추가로 일을 더 한다는 데에 합의했다.

이지만, 그들이 석탄을 캐도록 강요할 수단은 그 외에는 전혀 없다. 석탄을 아무리 많이 캐봐야 그들에게 돌아오는 것은 아무것도 없기 때문이다. 만약에 독일이 이웃 국가로 보낼 석탄을 전혀 갖고 있지 않다면, 독일은 자국의 경제적 존립에 필요한 수입을 확보하지 못할 것이다.

만약에 유럽의 석탄 공급의 분배가 가장 먼저 프랑스가 만족하고 그 다음에 이탈리아가 만족하고 맨 마지막에 나머지 국가들이 기회를 갖는 식의 쟁탈전이 되어야 한다면, 유럽의 산업적 미래는 캄캄하고 혁명의 가능성은 매우 높아진다. 지금은 특별한 이해관계와 특별한 권리에 대한 주장이 감정의 면에서나 정의의 면에서 아무리 정당하다 할지라도 주권국의 편의를 우선적으로 돌봐야 할 때이다. 유럽의 석탄 생산량이 3분의 1 감소했다는 허버트 후버의 추산이 사실이라면, 석탄 분배가 필요에 따라 공명정대하게 이뤄져야 한다. 생산을 증대시키고 경제적인 운송 방법을 강구할 수 있는 유인책은 어떤 것도 간과되어서는 안 된다. 1919년 8월에 연합국 최고위원회가 영국과 프랑스, 이탈리아, 벨기에, 폴란드, 체코슬로바키아의 대표로 구성한 유럽 석탄위원회(European Coal Commission) 같은 조직은 제대로 확대해 활용한다면 큰 도움을 줄 것이다. 그러나 건설적인 제안에 대한 논의는 6장으로 미룰 것이다. 여기서는 조약을 문구 그대로 엄격히 실행에 옮길 경우에 예상되는 결과를 추적하는 데에만 관심을 둘 것이다.

철광석에 관한 조항들은 그 영향은 마찬가지로 파괴적일지라도 세부적인 관심을 덜 필요로 한다. 이유는 거기엔 꽤 불가피한 측면이 있기 때문이다. 1913년에 독일에서 캔 철광석의 75% 정도가 알자스-로렌에서 나왔다.[29] 바로 여기에 빼앗긴 지역의 중요성이 있다.

어쨌든 독일은 이 철광석 산지를 상실하게 되어 있다. 유일한 문제는 독일에게 이 지역의 산물을 구입하는 데 어느 정도의 편의를 허용할 것인가 하는 것이다. 독일 대표단은 자국이 프랑스에 석탄과 코크스를 공급하는 대가로 로렌에서 나는 미네트형 철광상의 광석을 받을 수 있게 하는 조항을 포함시키려고 많은 노력을 기울였다. 그러나 독일은 그런 약속을 전혀 확보하지 못했으며, 그 문제는 프랑스의 선택에 좌우되게 되었다.

프랑스의 최종 정책을 결정하고 있는 동기들은 서로 매끄럽게 조화를 이루지 못하고 있다. 로렌이 독일 철광석의 75%를 차지하는 한편, 로렌과 자르 분지에 위치한 용광로는 독일 전체의 25%에 지나지 않았다. 그래서 많은 광석이 독일 본토로 옮겨졌다. 독일 주조소의 25% 정도도 알자스-로렌 지방에 위치해 있었다. 그러므로 한동안 가장 경제적이고 수익성 높은 공정은 지금과 마찬가지로 분명히 광산물의 상당 부분을 독일로 수출하는 것이다.

그런 한편, 프랑스는 로렌의 매장물을 되찾았기에 독일이 그것을 바탕으로 일으켰던 산업을 자국 국경 안에서 키우려고 최대한 노력할 것

....
29 28,607,903 톤 중 21,136,265톤이 알자스-로렌 산이었다.

이다. 그러나 공장과 숙련된 노동이 프랑스 국내에서 확보될 때까지 많은 시간이 필요할 것이다. 심지어 프랑스는 독일로부터 석탄을 공급받지 못하는 상황에 처할 경우에 철광석을 처리조차 하지 못할 것이다. 자르 지역의 최종적 운명이 불확실하다는 점도 프랑스에 새로운 산업을 일으키는 문제를 놓고 고민하는 자본가의 계산을 어렵게 만들 것이다.

사실, 여기서도 다른 곳에서와 마찬가지로 불행하게도 정치적 고려가 경제적 고려를 방해하고 있다. 무역과 경제적 교류가 자유로이 이뤄지는 체계에서는 철이 정치적 국경의 이쪽에 있고 노동과 석탄, 용광로가 저쪽에 있다는 사실은 그다지 중요하지 않을 것이다. 그러나 진실을 말하자면, 인간은 스스로를 빈곤하게 만들고 서로를 빈곤하게 만들 방법을 고안해내고 개인적 행복보다 집단적 증오를 더 선호한다. 유럽 자본주의 사회가 현재 보이고 있는 열정과 충동에 따르면, 유럽의 철 생산은 (감정과 역사적 정의(正義)가 요구하는) 새로운 정치적 국경 때문에 감소할 것이 틀림없어 보인다. 왜냐하면 민족주의와 각국의 개인적 이해관계가 정치적 국경을 따라 새로운 경제적 국경을 형성할 것이기 때문이다. 유럽 대륙이 전쟁에 따른 파괴를 복구하고 또 보다 큰 보상을 요구하는 노동자들의 주장을 충족시키기 위해 대단히 효율적인 생산을 절대적으로 필요로 하는데도, 현재와 같은 유럽의 통치 상황에서는 새로운 정치적 국경과 새로운 경제적 국경에 대한 논의가 이런 필요성을 압도해 버릴 것이다.

이보다 규모가 작긴 하지만, 어퍼 실레지아를 폴란드로 이양하는 문제에도 똑같은 영향들이 나타날 확률이 높다. 어퍼 실레지아에는 철은 거의 없지만 석탄이 있기 때문에 용광로가 많이 건설되었다. 이 용광로들의 운명은 어떻게 될 것인가? 서쪽으로 광석을 공급할 길이 끊긴다면, 독일은 자국에 남는 얼마 안 되는 양 중 일부라도 국경 너머 동쪽으로 수출할까? 틀림없이, 산업의 효율성이 떨어지고 생산이 줄어들 것이다.

이런 식으로 평화조약은 그 동안 유럽을 떠받쳤던 경제 조직을 강타하고, 그 조직의 파괴를 통해 가뜩이나 축소된 유럽 전체 공동체의 부를 더욱 훼손하고 있다. 현대 산업주의의 바탕이 된 석탄과 철 그 사이로 형성될 경제적 국경들은 유익한 제품의 생산을 축소시킬 뿐만 아니라 정치적인 조약의 조항들을 충족시키기 위해 철이나 석탄을 불필요하게 먼 곳까지 이동시키는 데 막대한 양의 노동을 쏟게 만들 것이다.

III

조약엔 독일의 운송과 관세제도에 관한 조항들이 있다. 조약 중 이 부분은 지금까지 논한 조항만큼 중요성과 의미를 지니지는 않는다. 그 조항들은 핀으로 따끔하게 찌르는 정도의 간섭이고 낭패에 해당한다. 장래에 확실히 미칠 영향 때문에 반대할 그런 조항이기보다는 연합국 측이 평소 주장해온 입장에 비춰볼 때 연합국에 불명예스런 조항이다. 독일이 무기를 내려놓은 근거가 되었던 약속에 비춰가며 그 조항들을 보도록 하자.

(1) 잡다한 경제 관련 규정들은 호혜적이었다면 14개 조항 중 세 번째 조항의 정신과 일치할 그런 여러 항으로 시작한다. 관세와 규제, 금지와 관련해, 독일은 수입과 수출 모두에 대해 5년 동안 연합국과 관련국들에게 최혜국 대우를 해 줘야 한다.[30] 그러나 독일은 그런 대우를 받을 권리를 누리지 못한다.

알자스-로렌 지역은 5년 동안 1911년부터 1913년까지 독일로 수출한 평균 액수까지 관세 없이 독일로 수출할 것이다. 그러나 독일이 알자스-로렌으로 수출하는 데 대해서는 그와 비슷한 조항이 없다.

폴란드가 독일로 수출하는 것은 3년 동안, 룩셈부르크가 독일로 수출하는 것은 5년 동안 이와 비슷한 특권을 누릴 것이다. 그러나 독일이 폴란드나 룩셈부르크로 수출하는 것에는 아무런 특권이 없다. 여러 해 동안 독일 관세 동맹(German Customs Union)에 포함되어 혜택을 누렸던 룩셈부르크는 앞으로 그 동맹에서 영원히 배제된다.

조약이 발효되고 나서 6개월 동안, 독일은 연합국과 관련국으로부터의 수입에 대해 전쟁 전에 있었던 최혜국 관세율보다 높은 관세를 물리지 못하며, 이 조항은 그 다음 2년 6개월 동안에도 특정 품목에 계속 적용된다. 전쟁 전에 특별한 합의가 이뤄졌던 품목과 포도

··········
30 조항 264, 265, 266, 267. 이 조항들은 5년 후에 국제연맹 이사회에 의해 연장될 수 있다.

주, 식물성 기름, 인조견, 양모 등에도 적용된다. 이는 터무니없고 또 독일에 피해를 많이 입히는 조항이다. 이 조항 때문에 독일은 배상에 필요한 돈을 마련할 기회를 박탈당하게 된다. 독일 내의 기존의 부의 분배, 그리고 불확실성에 따른 주민들 사이의 경제적 무절제 등으로 인해, 독일은 외국으로부터 사치품이 홍수처럼 밀려오는 사태에 직면하고 있다. 몇 년 동안 충족시키지 못한 사치품에 대한 욕구가 봇물 터지듯 폭발할 터인데, 이런 현상이 나타난다면 그렇지 않아도 바닥을 드러낸 외환을 완전히 고갈시키고 말 것이다. 이 조항들은 그런 소비로부터 경제를 보호하고 결정적인 기간에 세금을 인상하려는 독일 정부의 노력에 치명타를 안길 것이다. 독일로부터 유동성 강한 부(富)를 몰수하고 또 가능하지도 않을 지급을 미래에 요구해놓고는, 독일이 번영을 위해 허리띠를 졸라 매야 하는 시점에 샴페인과 비단을 수입하게 하는 조항을 넣다니, 이보다 더 분별없는 탐욕의 예가 있을까?

독일 관세제도에 영향을 미칠 또 다른 조항은 그대로 적용될 경우에 아주 넓은 범위에 걸쳐 심각한 영향을 미칠 것이다. 연합국은 라인 강안(江岸)의 점령지에 "이 영토 안에 거주하는 주민의 경제적 이익을 지키기 위해 연합국이 필요한 조치라고 판단할 때" 특별한 관세제도를 적용할 권리를 가졌다.[31] 이 조항은 아마 프랑스가 그곳을 점령하고 있을 동안에 라인 강 좌안의 지역을 독일로부터 어느 정도

....
31 조항 270

떼어놓으려는 정책의 일환으로 나왔을 것이다. 완충국가의 역할을 함과 동시에 독일 본토를 라인 강 너머로 밀어내겠다는 프랑스의 야망을 실현시켜 줄 독립 공화국을 프랑스 성직자들의 후견 아래 탄생시킨다는 프로젝트도 아직 포기되지 않았다. 어떤 사람들은 프랑스가 15년 이상 협박과 뇌물, 회유 등을 통해 그 꿈을 어느 정도 실현시킬 것이라고 믿고 있다. 만약에 이 조항이 구현되고 라인 강 좌안의 경제 체계가 독일로부터 쉽게 단절된다면, 그 효과는 훨씬 더 커질 것이다. 그러나 남의 영토를 자신의 영토로 만들겠다는 꿈은 언제나 현실로 실현되지는 않는다. 그러니 우리는 미래를 믿어야 할 것이다.

(2) 최종 조약에 담긴 철도에 관한 규정들은 원래 독일에 제출되었던 것과 많이 달라졌으며 지금은 한 조항에 다 담겨 있다. 이 조항에 따라, 연합국 영토로부터 독일로 오거나 독일을 통과하는 재화는 철도 요금 등과 관련해 독일의 철도로 수송되는 같은 종류의 재화에 적용되는 최혜국 대우를 받을 것이다.[32] 비(非)상호적인 이 조항은 독일의 국내 계획을 간섭하는 것으로서 정당화되기 어렵다.

당분간 독일의 운송 체계는 철도 차량의 할양에 관한 조항 때문에 훨씬 더 심각한 무질서를 겪을 것이다. 휴전 조건의 7항에 따라, 독일은 기관차 5,000대와 화차 15만 대를 "필요한 부품이나 비품을 갖춘 가운데 꽤 잘 작동하는 상태에서" 넘기게 되어 있다. 조약에 따라, 독일은 이 양도와 관련해 목록을 제출하고 또 그것들에 대해 연합국의

....
32 조항 365. 5년 후 이 조항은 국제연맹 이사회에 의해 수정될 것이다.

소유를 인정해야 한다. 더 나아가 독일은 할양된 영토 내의 철도 체계의 경우에 철도 차량을 1918년 11월 11일 기준으로 가장 최근의 목록에 적힌 그대로 "정상적인 보존 상태에서" 넘겨야 한다. 말하자면, 할양된 영토 안의 철도 체계는 독일 철도 차량의 전반적인 소모와 노후화와는 아무런 상관이 없는 것으로 여겨지고 있다.

이것은 시간이 지나면 틀림없이 회복될 수 있는 상실이다. 그러나 윤활유 부족과 전쟁에 따른 막대한 손상 때문에 독일의 철도 체계는 이미 효율성이 크게 떨어진 상태이다. 조약에 따라 추가로 철도 차량을 잃게 될 경우에, 당분간 그런 상태가 계속될 것이다. 이는 석탄과 수출 산업의 문제를 더욱 악화시킬 것이다.

독일의 하천 체계에 관한 규정도 있다. 이 규정은 연합국의 목적에 비춰볼 때 불필요하거나 그 목적과 거의 아무런 관계가 없다. 그럼에도 이 조항들은 한 국가의 국내 계획을 간섭하는 것이며, 독일로부터 운송 체계에 대한 통제권을 빼앗을 수 있다. 현재의 형식 그대로는 정당화될 수 없는 규정이다. 그러나 약간의 변화만 줘도 이 규정들은 합리적인 도구로 바뀔 수 있을 것이다.

독일의 주요 강들을 보면, 수원(水源)과 강이 바다를 만나는 지점은 대부분 독일 영토 밖에 있다. 스위스에서 발원하는 라인 강은 지금 줄기 일부가 국경 역할을 하고 있으며, 네덜란드에서 바다와 합쳐진다. 도나우 강은 독일에서 시작하지만 대부분 다른 나라를 흐른다. 엘베 강은 지금 체코슬로바키아라 불리는 보헤미아의 산지에서 시작한다. 오데르 강은 로어 실레지아(Lower Silesia)를 가로질러 흐르고, 니멘 강은 지금 러시아에서 발원하여 동 프러시아와 경계를 이루고 있다. 이 강들 중에서 라인 강과 니멘 강은 국경 역할을 하는 강이고, 엘베 강은 주로 독일 영토를 흐르지만 상류는 보헤미아에 훨씬 더 중요하고, 독일 영토를 흐르는 도나우 강은 독일 외의 다른 나라에는 별로 중요하지 않은 것 같다. 오데르 강은 어퍼 실레지아가 투표 결과에 따라 분리되어 나가지 않는다면 거의 전부 독일의 강이다.

조약의 표현을 빌리면, "자연히 한 개 이상의 국가에 배를 갈아타거나 갈아타지 않고 바다에 접근할 길을 열어 주게 되어 있는" 강들은 차별을 배제할 수 있는 적절한 보증과 국제적 규정을 필요로 한다. 이 원칙은 라인 강과 도나우 강을 규제하는 국제위원회에서 오랫동안 인식되어 왔다. 그러나 관련 국가들은 이 위원회에서 어느 정도 자국의 이해관계와 비례해 대표권을 행사할 수 있어야 한다. 그러나 조약은 이런 강들의 국제적 성격을 독일의 하천 체계를 독일의 지배권 밖에 두는 구실로 이용했다.

운송의 자유에 대한 차별과 간섭에 반대한다는 내용의 조항들을 제시한 뒤에, 조약은 엘베 강과 오데르 강, 도나우 강, 라인 강을 국제위원회의 관리로 넘기고 있다. 이 위원회들의 최종적 권한은 "연합국과 관련국들이 작성하고 국제연맹의 승인을 받을 일반 협약"에 의해 결정될 것이다. 그 사이에 위원회들은 자체적으로 규약을 만들고,

"특히 하천 체계의 유지와 관리와 개선, 회계 체계, 운임의 책정과 징수, 항해 관련 규제 등에 관해" 아주 포괄적인 안을 다듬는 권한을 누릴 게 틀림없다.

이 대목에서도 조약에 대해 할 말이 아주 많다. 통행의 자유는 국제 관행의 중요한 부분이며, 어느 곳에서나 보장되어야 한다. 이 위원회의 특징 중에서 이론의 여지가 많은 부분은 회원의 구성이다. 어느 위원회든 표결권에서 독일이 분명히 소수파가 된다. 독일은 엘베 위원회의 경우에 10개의 표결권 중에서 4개를, 오데르 위원회의 경우에 9개의 표결권 중 3개를, 라인 위원회의 경우에 19개의 표결권 중 4개를 갖는다. 아직 구성이 확정되지 않은 도나우 위원회의 경우에도 틀림없이 독일의 표결권이 소수가 될 것이다. 이 모든 강의 관리는 프랑스와 영국에 좌우될 것이다. 엘베 강의 경우에는 불명확한 이유로 이탈리아와 벨기에도 대표권을 갖는다.

따라서 독일의 큰 수로는 폭넓은 권력을 가진 외국 조직의 관리로 넘어간다. 따라서 함부르크와 마그데부르크, 드레스덴, 슈체친, 프랑크푸르트, 브레슬란, 울름의 지역 산업 중 상당 부분이 외국 사법권의 지배를 받게 될 것이다. 그것은 마치 유럽 대륙의 강대국들이 테임스 강 관리단이나 런던 항 관리단에서 다수의 자리를 차지하는 것이나 마찬가지이다.

지금까지 조약을 분석하면서 확인한 방침들을 따르는 사소한 조항들도 있다. 배상 챕터의 부속서 3에 따르면, 독일은 자국의 내륙

항행선의 20%를 할양하게 되어 있다. 이와 별도로, 독일은 미국인 중재자가 최근에 건조된 선박을 중심으로 결정하는 바에 따라 엘베 강과 오데르 강, 니멘 강, 도나우 강의 소형 증기선 중 20%를 양도 해야 한다. 라인 강의 독일 선박과 예인선, 그리고 로테르담 항에 있 는 독일 재산에 대해서도 똑같은 조치가 취해질 것이다. 라인 강이 프랑스와 독일 사이를 흐르는 곳에서는 프랑스가 관개나 전력을 위 해 물을 이용할 권리를 모두 갖고 독일은 전혀 갖지 못한다. 또 그런 곳의 다리들은 전부 프랑스 소유가 될 것이다. 마지막으로, 라인 강 동안(東岸)에 위치한 독일 항구 켈에 대한 관리는 7년 동안 스트라 스부르 항의 관리와 통합되고 새로운 라인 위원회가 지명하는 프랑 스인에 의해 관리될 것이다.

지금까지 조약의 경제 관련 규정들을 두루 살펴보았으며, 현재 독 일을 빈곤하게 만들고 있거나 미래에 독일의 발달을 저해할 것들은 거의 놓치지 않고 언급했다. 독일은 이런 처지에서 돈을 지급하게 될 것이다. 이 배상금의 규모와 지급 방법에 대해선 다음 장에서 논할 것이다.

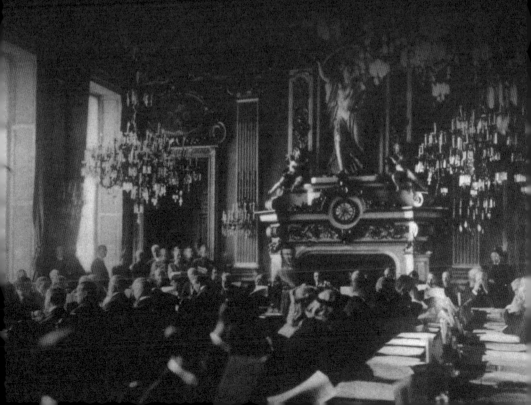

4장

배상

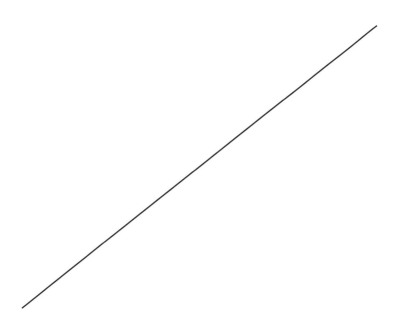

1. 평화 협상에 앞서 이뤄진 약속

연합국이 배상을 요구할 수 있는 피해의 범주는 1918년 1월 8일 발표된 윌슨 대통령의 14개 조항 속의 관련 구절이 정하고 있다. 연합국 정부가 윌슨의 제안을 지지한다는 뜻의 각서를 통해 수정을 가한 이 14개 조항을 윌슨 대통령은 1918년 11월 5일 평화 협상의 바탕으로 독일 정부에 공식적으로 전달했다. 이 14개 조항은 이 책 3장 첫 부분에서 상세하게 소개되었다. 말하자면 "독일은 육지와 바다, 하늘로 연합국을 공격하여 연합국 민간인들과 그들의 재산에 입힌 모든 피해에 대해 배상할 것"이라는 내용이다. 이 문장의 제한적인 성격은 윌슨 대통령이 1918년 2월 11일 미국 의회에서 한 연설(이 연설에서 제시한 조건들은 적과의 계약에 포함된다) 중에서 "어떠한 부과금도, 어떠한 징벌적 배상금"도 없을 것이라고 한 구절에 의해 더욱 강화되고 있다.

휴전 조항 19항의 전문 중에서 "연합국과 미국의 미래 주장과 요구는 영향을 받지 않는다."라는 대목이 앞서의 모든 조건을 일소해 버리기 때문에 연합국은 어떠한 요구든 할 수 있다는 주장이 이따금 제기되었다. 그러나 당시에 어느 누구도 특별한 중요성을 부여하지 않았던 이 방어적인 문구가 휴전에 앞서 평화 협상의 조건을 놓고 윌슨 대통령과 독일 정부 사이에 오간 형식적인 모든 커뮤니케이션을 일소하고, 14개 조항을 폐지하고, 또 재정 관련 규정에 관한 한, 독일이 휴전 조건을 받아들인 것을 무조건적 항복으로 바꿔놓는다고 주장하는 것은 터무니없다. 그 문구는 단지 입안자가 요구할 권리의 목록을 나열하면서 목록이 완벽해야 한다는 중압감에서 벗어나기 위해 일반적으로 쓰는 그런 문구에 지나지 않는다. 어쨌든, 이런 식의 주장은 독일이 조약 초안을 검토한 뒤 개진한 의견에 대해 연합국이 제시한 답변에 의해서도 일축되고 있다. 연합국 측의 답변은 배상금 챕터의 조건들은 11월 5일 발표된 윌슨 대통령의 각서에 좌우된다는 점을 인정하고 있다.

이 각서의 조건들이 구속력을 지닌다는 점을 고려한다면, "육지와 바다, 하늘로 연합국을 공격하여 연합국의 민간인들과 그들의 재산에 입힌 모든 피해"라는 문구의 참뜻을 명확히 밝혀야 한다. 이 장의 다음 섹션에서 보겠지만, 아주 단순하고 명백한 이 진술만큼 궤변가들과 법률가들을 골치 아프게 만든 문장은 아마 역사에 없을 것이다. 어떤 사람들은 양심도 없이 그 문구가 전쟁 비용 전체를 다 포함한다고 주장했다. 그들이 제시하는 이유는 전쟁 비용이 어쨌든 국민의 세금으로 충당되어야 하고, 그 세금이 곧 "민간인들에게 입힌 피해"라는 것이다. 그들도 그 구절이 까다롭고, 또 "모든 손실과 비용"이라고 했으면 더 간단했을 것이라는 점을 인정한다. 그들은 또 민간인의 생명과 재산의 피해를 명백히 강조한 것이 유감이라는 점을 인정하면서도 입안자의 실수 때문에 연합국이 승자의 권리를 포기할 수는 없다고 주장한다.

그러나 그 구절은 자연스런 의미에서도 어떤 한계를 지니고 있으며 또 일반적인 군사비 지출과 뚜렷이 구분되는 것으로서 민간인의 피해를 강조하고 있다. 또 이 조항의 맥락이 윌슨 대통령의 14개 조항에 나오는 "복구"라는 용어의 의미를 밝혀준다는 점도 기억해야 한다. 14개 조항은 침공 당한 영토, 즉 벨기에와 프랑스, 루마니아, 세르비아, 몬테네그로(이탈리아는 이해할 수 없는 이유로 제외되었다) 내의 피해를 염두에 두고 있지만, 잠수함에 의해 해상에서 이뤄진 피해나 바다로부터의 폭격(영국 스카버러의 예처럼) 또는 공습에 의한 피해는 언급하지 않고 있다. 파리의 연합국 최고위원회가 윌슨 대통령에게 수정을 제안한 것은 이 같은 누락을 바로잡기 위해서였다. 이 위원회가 제시한 누락 중에는 점령지에서 일어난 피해와 본질적으로 뚜렷이 구분되지 않는 민간인들의 생명과 재산에 가해진 피해가 포함되었다. 그 당시에, 그러니까 1918년 10월 말경에 책임 있는 정치인 어느 누구도 독일로부터 일반적인 전쟁 비용에 대한 배상을 받겠다는 생각을 품지 않았다고 나는 믿는다. 책임 있는 정치인들은 단지 비전투원과 그들의 재산에 가해진 피해에 대한 배상은 침공당한 영토에만 국한되지 않고 "육지와 바다와 하늘을 통해" 일어난 모든 피해에 똑같이 적용된다는 점을 분명히 해두려고 애를 썼을 뿐이다. 일반 대중 사이에 전쟁 비용 전체에 대한 배상을 요구하는 분위기가 형성되면서 정치인들이 그 문제에 불성실하게 나와도 정치적으로 문제가 없겠다고 판단하고 문구에 있지도 않은 내용을 찾으려 한 것은 한참 뒤의 일이다.

그렇다면 연합국 측의 약속을 엄격히 해석할 경우에 연합국이 적으로부터 배상을 청구할 수 있는 피해는 어떤 것일까? 영국의 경우 배상 청구에 다음과 같은 것이 포함될 것이다.

    (a) 적의 정부의 행위로 민간인이 생명과 재산에 입은 피해. 여기엔
        공습과 해상 폭격, 잠수함전과 기뢰에 의한 피해가 포함된다.
    (b) 억류된 민간인이 받은 부적절한 대우에 대한 배상.

배상 청구는 일반적인 전쟁 비용이나 무역의 상실로 인한 간접적 피해를 포함하지 않을 것이다.

프랑스인들은 앞에 해당하는 항목뿐만 아니라 다음과 같은 항목을 포함시킬 것이다.

(c) 전쟁 지역 안의 민간인들이 재산과 인명에 입은 피해와 적의 전선 뒤에서 벌어진 공중전으로 민간인들이 입은 재산과 인명 피해.

(d) 적의 정부들이나 적국 국적의 사람들이 점령지에서 약탈한 식량과 원료, 가축, 기계류, 가재(家財), 목재 등에 대한 배상.

(e) 적의 정부들이나 적국의 관리들이 프랑스 지방자치단체나 프랑스 국적자로부터 징수한 벌금과 징발한 물품에 대한 배상.

(f) 추방당했거나 강제 노동을 한 프랑스 국적자들에 대한 배상.

이 외에, 의문의 소지가 있는 항목이 하나 더 있다.

(g) 구호위원회가 적이 점령한 지역의 프랑스 민간인을 부양하기 위해 식량과 의복을 조달하는 데 쓴 비용.

벨기에의 청구도 이와 비슷한 항목들을 포함할 것이다. 벨기에의 경우에 일반적인 전쟁 비용에 대한 배상과 거의 비슷한 수준의 배상이 정당하다는 주장이 제기된다면, 이는 오직 벨기에의 침공이 국제법 위반이라는 점에 근거하고 있다. 그러나 앞에서 본 바와 같이, 14

개 조항에는 이를 근거로 한 특별한 주장이 포함되어 있지 않다. 벨기에의 일반 전쟁 비용 뿐만 아니라 앞에 열거한 항목 중 (g) 항에 따라 이뤄진 '벨기에 구호'의 비용이 영국과 프랑스, 미국 정부의 선불로 충당되었기 때문에, 벨기에는 아마 독일로부터 받는 배상을 부분적으로 이 정부들에 진 빚을 청산하는 데 쓸 것이다. 그렇기 때문에 그런 요구는 어떤 것이든 사실상 벨기에에 돈을 빌려준 3개국의 청구액을 더 키우는 결과를 낳을 것이다.

다른 연합국의 청구도 이와 비슷한 방침에 따라 제시될 것이다. 그러나 다른 연합국의 경우에는 독일이 독일 자국만 아니라 공동 참전국인 오스트리아-헝가리와 불가리아, 터키가 입힌 피해를 어느 정도 분담하는가 하는 심각한 문제가 제기된다. 이는 14개 조항이 명쾌한 대답을 내놓지 않고 있는 많은 문제들 중 하나이다. 한편으로 보면, 14개 조항은 열한 번째 조항에서 루마니아와 세르비아, 몬테네그로에 가해진 피해에 대해 명백히 언급하고 있다. 그러나 그런 피해를 가한 군대의 국적에 대해서는 아무런 명시가 없다. 또 다른 한편으로 보면, 연합국의 각서는 "독일과 그 동맹국"의 공격에 대해 말해야 할 대목에서 "독일"의 공격에 대해 말하고 있다. 문구 그대로 엄격히 해석한다면, 예를 들어서 터키 군대가 수에즈 운하에 입힌 피해나 오스트리아 잠수함이 아드리아 해에서 입힌 피해에 대해서도 독일에 청구할 수 있는지, 나로서는 의문이 든다. 그러나 그것은 연합국이 한계를 넘어서길 원할 경우에 자신들이 한 약속의 의도를 심각하게 훼손하지 않으면서도 독일에 부수적인 책임을 물을 수 있는 부분이다.

연합국 사이에서도 확인되듯, 나라마다 상황이 다 다르다. 만약에 프랑스와 영국이 독일로부터 배상을 챙기고 이탈리아와 세르비아가 오스트리아-헝가리로부터 배상을 챙기도록 한다면, 그것은 아주 불공평하고 불성실한 행위일 것이다. 독일이 내놓는 것을 다 모아서 전체 청구액에 비례하여 연합국 사이에 나눠야 하는 것이 분명하다.

이런 경우에, 조금 후에 제시하는 바와 같이, 독일의 지급 능력이 연합국의 직접적이고 합당한 청구를 충족시키는 것만으로도 고갈되고 말 것이라는 나의 추산이 받아들여진다면, 독일이 동맹국들이 입힌 피해에 대해서도 부수적 책임을 져야 하는가 하는 문제는 학문적인 연구의 대상이 될 것이다. 그러므로 판단력 있고 명예로운 정치가의 수완을 발휘한다면, 그 부분에 대해선 증거가 불충분하다는 이유로 독일에 '무죄'를 인정하고 독일이 직접 야기한 피해에 대해서만 책임을 지도록 하는 것이 현명할 것이다.

앞에 나열한 청구의 근거를 바탕으로 한다면, 전체 청구액은 얼마나 될까? 과학적 혹은 정확한 추산의 바탕으로 삼을 숫자는 어디에도 없다. 그럼에도 나는 다음과 같은 관찰을 전제로 나름대로 추산해 볼 생각이다.

침공 지역에서 일어난 물질적 피해의 액수는 자연히 엄청나게 과장될 수 있다. 프랑스의 황폐해진 지역을 둘러본 사람은 그 처참함에 할 말을 잃는다. 1918-1919년 겨울 동안에, 그러니까 자연이 그 현장에 새로운 생명의 온기를 살려내기 전에, 전쟁의 공포와 황폐는 규모 면에서 너무나 참혹했다. 모든 것이 완전히 초토화되었다. 몇 마일 거리 안에 남은 것이라곤 하나도 없었다. 사람들이 살 수 있는 건물도 하나도 없었고, 경작할 수 있는 땅도 하나도 남지 않았다. 어느 쪽으로 눈길을 돌려도 똑같을 수 있다는 사실이 정말 놀라웠다. 이쪽의 황폐한 지역과 저쪽의 황폐한 지역은 놀랄 정도로 똑같았다. 돌 부스러기들이 쌓여 있고, 포탄 구멍이 숭숭 나 있고, 전선이 뒤엉켜 있었다. 그런 곳을 복구하는 데 필요한 인간의 노동량은 계산이 불가능할 것 같았다. 현장을 둘러본 사람들의 마음에 각인된 파괴를 표현하는 데는 어떠한 숫자도 부적절했다. 몇몇 국가의 정부들은 여러 가지 명백한 이유로 이런 감정을 이용하면서도 그다지 수치스러워하지 않았다.

벨기에에 대해 느끼는 대중의 정서는 대부분 잘못되어 있다고 나는 생각한다. 여하튼 벨기에는 작은 나라이다. 벨기에의 경우 실제로 황폐화된 지역은 전체 중에서 작은 일부이다. 1914년에 있었던 독일군의 첫 돌격은 벨기에에 국지적으로 어느 정도 피해를 입혔다. 그 이후로 벨기에의 전선은 프랑스와 달리 나라 깊숙이 들어갔다가 물러나기를 반복하지 않았다. 전선은 사실상 고정되어 있었고, 적대 행위는 벨기에의 일부 작은 지역에 국한되었다. 최근에 이 지역 대부분은 경제적으로 뒤처지고, 빈곤하고, 활기가 없으며, 산업이 형성되지 않은 곳이다. 넓지 않은 침수지에 상흔이 남아 있고, 후퇴하는 독일군이 건물과 공장, 운송 체계에 의도적으로 가한 피해가 있고, 기계류와 가축과 다른 동산의 약탈이 있었다. 그러나 브뤼셀과 안트베르펜, 심지어 오스텐더까지도 기본적으로 온전하게 남아 있으며, 벨기에의 주요 부(富)를 이루는 토지의 상당 부분도 예전과 거의 비슷하게 잘 경작되고 있다. 방문객은 자동차를 이용할 수 있으며, 큰 타격을 받은 벨기에의 이쪽 끝에서 저쪽 끝까지 달려도 그곳이 전쟁의 상처를 입은 곳이라는 사실을 깨닫기 어렵다. 그러나 프랑스의 파괴는 규모 자체가 다르다. 벨기에에서도 산업적으로 약탈이 심각하게 자행되었으며, 벨기에의 산업은 한동안 마비 상태에 빠져 있다. 그러나 기계류를 대체할 돈이 서서히 모이고 있으며, 수천 만 달러면 벨기에가 소유했던 모든 기계의 가치를 커버할 수 있을 것이다.

이외에, 냉철한 통계학자라면 벨기에 국민의 자기 보호 본능이 꽤 잘 발달되어 있다는 사실을 간과해서는 안 된다. 그리고 휴전 당시에 벨기에가 갖고 있던 대량의 독일 은행권[33]은 벨기에 국민 중 일부 계층은 독일 통치의 과격함과 야만성에도 불구하고 침략자를 대상으로 이익을 남길 길을 발견했다는 사실을 보여주고 있다. 벨기에가 독일에 요구하고 있는 금액은 전쟁 전에 이 나라가 보유한 전체 부(富)를 넘어서는 규모인데, 이는 정말 무책임한 행위이다.

벨기에 재정부가 1913년에 공식적으로 발표한, 벨기에 부에 관한 통계를 보면, 실상을 이해하는 데 도움이 될 것이다.

....
33 60억 마르크 정도로 추산된다.

토지	1,320,000,000 달러
건물	1,175,000,000 달러
개인의 부	2,725,000,000 달러
현금	85,000,000 달러
가구 등	600,000,000 달러
	5,905,000,000 달러

이 수치라면 주민 일인당 평균 부가 780달러라는 계산이 나온다. 이 문제의 최고 권위자인 스탬프(J. C. Stamp) 박사는 이 수치에 대해 지나치게 낮다고 볼 것이다(그럼에도 그는 이보다 훨씬 더 높은 추산도 받아들이지 않는다). 벨기에의 가까운 이웃 국가들을 보면, 일인당 평균 재산은 네덜란드 835달러, 독일 1,220달러, 프랑스 1,515달러이다.[34] 그러나 벨기에 인구 일인당 재산이 약 1,000달러라는 계산이 나오는 총 75억 달러는 상당히 후한 계산일 것이다. 토지와 건물의 공식적인 추산은 나머지보다 더 정확할 것이다. 한편, 건축비의 상승분도 고려해야 할 것이다.

이 모든 것을 고려할 경우에, 나는 벨기에가 파괴나 약탈로 입은 재산상의 손실을 화폐로 환산하면 그 가치가 최고 7억5,000만 달러를 넘을 것이라고 생각하지 않는다. 일반적으로 받아들여지고 있는 수치와 크게 다른 추산을 제시하기가 망설여지긴 하지만, 7억5,000

....

34 "The Wealth and Income of the Chief Powers", by J. C. Stamp(Journal of the Royal Statistical Society, July, 1919)

만 달러를 뒷받침할 증거가 제시된다면 나는 크게 놀랄 것이다. 이외에 징세나 벌금, 징발 등으로 인한 청구가 아마 5억 달러 정도 될 것이다. 연합국이 전쟁 비용으로 벨기에에 지급한 금액까지 포함한다면, 여기에 12억5,000만 달러(구호 비용 포함)가 더해져야 할 것이다. 그러면 총액이 25억 달러가 된다.

프랑스의 파괴는 훨씬 더 심각하다. 전선이 길어서도 그럴 뿐만 아니라 전선이 프랑스 깊숙한 곳까지 들어갔다 나오기를 반복했기 때문이다. 벨기에가 전쟁의 최대 희생자라고 생각하는 것은 대중의 착각에 지나지 않는다. 사상자 수와 재산상의 손실, 미래 부채의 부담 등을 고려하면, 벨기에는 교전국 중에서 미국을 제외하고 상대적으로 희생을 가장 적게 입은 국가로 확인될 것이다. 연합국 중에서, 세르비아의 고통과 손실이 상대적으로 가장 컸다. 세르비아 다음으로는 프랑스이다. 프랑스는 기본적으로 독일의 야심에 벨기에 못지않게 중요한 표적이 되었으며, 따라서 프랑스의 참전은 불가피했다. 나의 판단에, 프랑스가 자국이 당한 고통을 근거로 이해할 만한 정책을 파리평화회의에서 제시했음에도 불구하고, 그 같은 요구는 지나친 것 같다.

일반 대중의 마음에 벨기에가 특별한 자리를 차지하게 된 것은 당연히 1914년에 벨기에가 연합국 중에서 가장 큰 희생을 당했다는 사실 때문이다. 그러나 1914년 이후 벨기에의 역할은 그다지 크지 않았다. 따라서 1918년 말에, 돈으로 환산 불가능한, 침공에 따른 고통을 제외한다면, 벨기에의 희생은 상대적으로 훨씬 떨어졌다. 어떤 측면에서 보면 벨기에의 희생은 오스트레일리아만큼도 되지 않을 수 있다. 내가 이런 말을 한다고 해서 벨기에에 대한 의무를 피하자는 뜻은 절대로 아니다. 벨기에에 대한 의무라면 이미 책임 있는 정치인들이 수시로 선언을 통해 명확히 밝히지 않았는가. 벨기에의 청구가 충분히 충족될 때까지, 영국은 독일로부터 어떠한 배상도 요구하지 말아야 한다. 그러나 이 점이 연합국이나 적국이 배상 청구액에 대한 진실을 말하지 말아야 하는 이유는 절대로 될 수 없다.

프랑스의 청구가 엄청나게 더 크지만, 책임 있는 프랑스 통계학자들이 스스로 지적했듯이 여기에도 틀림없이 과장이 있다. 적이 실질적으로 점령한 지역은 프랑스 전역의 10%를 넘지 않을 것이다. 황폐화된 지역은 4%를 넘지 않는다. 인구가 3만 5,000명이 넘는 프랑스의 도시 60개 중에서 두 곳, 즉 랭스(115,178명)와 생캉탱(55,571명)이 파괴되었다. 다른 세 곳, 즉 릴과 루베, 두에가 점령당하고 기계류와 다른 재산의 약탈로 고통을 겪었지만 다른 피해는 실질적으로 입지 않았다. 아미앵과 칼레, 불로뉴 등은 폭격으로 이차적인 피해를 입었지만, 칼레와 불로뉴의 피해액은 영국군이 이용할 목적으로 세운 다양한 종류의 새로운 시설로 인해 높아질 것임에 틀림없다.

'프랑스 연감'은 1917년에 프랑스 전체 주택 가격을 119억 달러(595억 프랑)로 보고 있다. 그러므로 프랑스에서 일어난 주택 재산의 파괴만을 40억 달러(200억 프랑)로 잡은 것은 분명히 실제 피해액에서 크게 벗어나 있다. 전쟁 전의 가격 6억 달러, 즉 현재 가격으로 12억5,000만 달러가 실제 액수에 훨씬 더 가깝다. 프랑스의 토지 가격에 대한 추산은 124억 달러에서 155억8,000만 달러까지 다양하게 나온다. 그래서 토지의 피해액을 5억 달러로 잡은 것도 과장일 것이다. 프랑스의 전체 농장 자본도 책임 있는 당국에 의해 21억 달러 이상으로 추산되지 않았다. 이 외에 가구와 기계류의 상실과 탄광 피해, 운송 체계 피해와 다른 사소한 항목들이 있다. 그러나 그 손실은 아무리 크다 해도 수억 달러를 넘지 않을 것이다.

요약하면, 프랑스 북부의 점령 지역과 황폐화된 지역의 육체적·물질적 피해에 대해 25억 달러 이상을 제시하기 어려울 것이다. 전쟁 전 프랑스의 부(富)에 대해 아주 포괄적이고 과학적인 추산을 제시한 르네 퓌팽(René Pupin)의 의견에 비춰봐도 이 같은 판단이 옳다. 나는 나 나름대로 이런 수치를 제시한 뒤에야 우연한 기회에 퓌팽의 추산을 접하게 되었다. 이 권위자는 침공당한 지역의 물질적 손실이 20억 달러에서 30억 달러(100억 프랑에서 150억 프랑) 선일 것이라고 추산하고 있다. 나의 추산은 그 중간에 해당한다.

그럼에도 불구하고, 뒤부아(M. Dubois)는 의회의 예산 위원회를 대표하여 말하는 자리에서 "징발과 해상의 손실, 도로 손실, 공공 기념물의 상실"을 고려하지 않은 상태에서 "최소한"의 청구액으로 130억 달러(650억 프랑)를 제시했다. 또 산업부흥부 장관 루이 루쉐르는 1919년 2월 17일 상원에서 폐허가 된 지역의 복구에 150억 달러(750억 프랑)가 들 것이라고 말했다. 이는 퓌펭이 제시한 프랑스 수민들의 전체 부보다 배 이상 큰 수치이다. 그러나 그 당시에 루쉐르는 파리평화회의 앞에서 프랑스의 청구를 옹호하는 일에 앞장서고 있었으며, 다른 사람들과 마찬가지로 정확성은 애국심과 어울리지 않는다고 생각하고 있었을 것이다.

그러나 지금까지 논의한 숫자가 프랑스가 청구한 금액의 전부가 아니다. 특히 점령 지역에서 일어난 징발과 징세, 독일 순양함과 잠수함의 공격에 따른 프랑스 상선의 손실이 남아 있다. 아마 10억 달러면 이런 항목들의 청구를 충분히 충족시킬 수 있을 것이지만, 프랑스의 주장을 받아들여 15억 달러로 계산하자. 그러면 프랑스가 입은 피해의 총액은 40억 달러가 된다.

뒤부아외 루쉐르의 진술은 1919년 초 봄에 나왔다. 그리고 6개월 뒤에 클로츠가 프랑스 의회에서 한 연설의 내용은 더욱 용납이 안 된다. 프랑스 재무 장관인 클로츠는 이 연설에서 재산에 가해진 피해에 대한 프랑스의 청구액(연금과 수당은 제외했지만 해상 손실 등은 포함시켰을 것으로 짐작된다)으로 268억 달러(1,340억 프랑), 다시 말해 나의 추산의 6배가 넘는 액수를 제시했다. 설령 나의 수치가 틀린 것으로 입증된다 하더라도, 클로츠의 수치는 절대로 정당화될 수 없다. 프랑스 장관들이 자국 국민들을 상대로 자행한 사기는 정말 심각하다. 그렇기 때문에 불가피하게 문제의 진실이 밝혀지게 될 때, 말하자면 프랑스의 청구액과 독일의 배상 능력에 관한 진실이 밝혀질 때, 그 영향은 클로츠에게만 미치는 것이 아니라 그가 대표하는 정부와 사회의 질서에도 미치게 될 것이다.

영국의 청구는 현재 기준에서 실질적으로 해상 손실에만, 말하자면 선체와 화물의 손실에만 국한될 것이다. 물론 공습이나 해상 포격으로 민간인이 입은 재산 피해에 대한 청구도 있지만, 그 수치는 지금 우리가 다루고 있는 것에 비하면 별로 중요하지 않을 것이다. 2,500만 달러면 그런 피해 모두를 배상할 것이다. 아마 5,000만 달러면 충분할 것이다.

적의 행위로 인해 잃은 영국 상선은 어선을 제외하고 2,479척이었다. 총 톤수는 7,759,090톤이다.[35] 이 피해를 배상하는 데 드는 비용을 놓고 의견이 크게 엇갈릴 가능성이 있다. 총톤 1톤 당 150달러로 책정하면, 조선술의 급성장을 고려할 경우에 지나치게 높을 수 있지만 권위자들이 주장하는 피해를 거의 다 배상할 수 있을 것이다. 그러면 청구액은 11억5,000만 달러라는 계산이 나온다. 여기에 화물 피해를 더해야 한다. 화물의 가치는 전적으로 짐작하는 수밖에 없다. 화물 1톤 당 200달러로 치면 꽤 관대한 수치일 것이다. 그러면 화물 손실은 15억5,000만 달러가 되고, 선박과 화물의 피해는 모두 27억 달러에 달한다.

여기서 공습과 포격, 억류당한 시민들의 피해, 그 외의 사소한 항목의 피해를 충당하기 위해 1억5,000만 달러를 더하면 아마 충분할

....
35 이 중 상당 부분이 연합국을 돕던 중에 입은 피해이다. 이중으로 계산되지 않도록 조심해야 한다.

것이다. 이렇게 계산할 경우에 영국의 청구액은 총 28억5,000만 달러가 된다. 영국이 청구한 항목의 화폐 가치가 프랑스에 비해 크게 작지 않고 또 벨기에를 초과하고 있다는 사실은 놀라운 일이다. 그러나 영국의 경제력에 끼친 금전적 손실이나 실질적 손실을 따진다면, 영국 상선이 입은 피해는 어마어마했다.

이 외에 이탈리아와 세르비아, 루마니아가 침공에 따른 피해에 대한 배상을 청구하고, 이 나라들과 예를 들어 그리스 같은 다른 나라들은 해상 피해에 대한 배상을 청구하고 있다. 나는 현재의 논의를 위해 독일이 아닌 독일의 동맹국들이 직접적으로 야기한 피해까지도 독일에 청구되었다고 생각할 것이지만, 러시아를 대신해 그런 청구를 했다고 생각하지는 않을 것이다.[36] 침공과 바다를 통한 이탈리아의 피해는 매우 클 수 없으며, 2억5,000만 달러에서 5억 달러면 그 피해를 적절히 커버할 것이다. 세르비아의 피해는 인간적인 관점에서 보면 모든 국가 중에서 가장 컸음에도 뒤처진 경제 상황 때문에 금전적으로는 그리 크지 않다. 스탬프는 세르비아의 전체 부를 24억 달러로, 다시 말해 일인당 부를 525달러로 제시하는 이탈리아 통계학자 마로이(Lanfranco Maroi)의 추산을 인용하고 있다. 그리고 이 수치 중 아주 큰 부분을 차지하는 것이 토지인데, 토지는 그 성격상 영원한 피해를 전혀 입지 않는다. 이 나

....
36 평화조약에 이 문제에 관한 유보조항이 있다. "연합국과 관련국들은 이 조약의 원칙에 근거해 독일의 변상과 배상으로부터 러시아가 받을 권리를 갖는다.

라들의 합당한 청구액을 추산하는 자료들이 매우 부적절하다는 점을 고려하여, 나는 여러 개의 추산보다는 하나의 추산을 제시하고 싶다. 나는 이 국가들의 전체 피해액을 12억5,000만 달러로 추산한다. 그러면 다음과 같은 계산이 나온다.

벨기에	2,500,000,000 달러[37]
프랑스	4,000,000,000 달러
영국	2,850,000,000 달러
기타 연합국	1,250,000,000 달러
합계	10,600,000,000 달러

앞에 제시한 수치들 중에서 짐작에 따른 것이 많다는 점은 독자 여러분에게 굳이 강조하지 않아도 될 것이다. 특히 프랑스의 수치가 비판의 대상이 될 가능성이 크다. 그러나 나는 정확한 수치는 아닐지라도 전반적인 규모는 절망스러울 만큼 엉터리라고 생각하지 않는다. 연합국이 휴전 전에 한 약속을 근거로 한 대(對)독일 청구액은 80억 달러는 넘고 150억 달러에는 미달할 것이다.

이는 우리가 적에게 요구할 수 있는 청구서의 금액이다. 앞으로 분명하게 제시될 이유들로 인해, 나는 구체적인 조사의 과정을 거치지 않고, 평화 협상에 나선 독일 정부가 최종 청구액으로 100억 달러를

....
37 12억5,000만 달러는 연합국이 벨기에에 제공한 융자로 연합국의 일반 전쟁 비용에 포함되었다.

받아들이도록 하는 것이 현명하고 정당한 처사일 것이라고 믿고 있다. 이만한 액수에서 출발했더라면 금방 명확한 해결책이 나왔을 것이며, 독일의 입장에서도 지급이 불가능하지 않았을 것이다. 이 금액은 필요와 형평성을 고려해 연합국 사이에 분배되었을 것이다.

그러나 그 문제는 문제의 본질을 바탕으로 해결되지 않았다.

2. 파리평화회의와 평화조약의 조건들

휴전이 이뤄질 즈음에 연합국의 책임 있는 정치인들이 독일로부터 연합국 영토의 침공과 잠수함전에 따른 직접적인 물질적 피해에 대한 배상 그 이상을 받아낼 것이라고 기대하고 있었다고는 나는 생각하지 않는다. 당시에 독일이 가혹할 게 뻔한 연합국의 조건을 받아들일 것인지 여부를 놓고 회의적인 시각이 지배적이었다. 연합국 측이 기대하지 않고 있던 배상을 요구함으로써 전쟁을 지속시킬 위험을 안는 것은 정치인답지 않은 행위로 여겨졌다. 그때엔 어쨌든 독일로부터 배상을 끌어낼 수 있을 것이란 확신조차 없었다. 프랑스인들은 이런 견해를 결코 받아들이지 않을 것이라고 나는 생각한다. 그러나 영국의 태도는 틀림없이 그랬다. 어쨌든 휴전 전의 분위기는 그랬다.

그러던 것이 1개월 만에 분위기가 완전히 바뀌었다. 독일의 처지가 실제로 아주 절망적이라는 사실이 확인된 것이다. 이는 모든 사람은 아니지만 일부 사람들이 예상한 것이었다. 그러나 그런 상황을 자신 있게 예상할 수 있었던 사람은 아무도 없었다. 그러나 지금은 그때 결심만 섰더라면 독일로부터 무조건적인 항복도 끌어낼 수 있었다는 사실이 분명해졌다.

그러나 그런 상황에서 국지적으로 대단히 중요한 새로운 요소가 하나 더 작용하고 있었다. 당시 로이드 조지 영국 총리는 전쟁이 종식될 경우에 자신의 개인적 출세의 바탕이 되고 있는 정치 연합(로이드 조지는 1916년 12월에 권력을 쥐었다. 앞서 전시 내각을 이끌던 허버트 애스퀴스는 지지부진한 전쟁 상황에 대해 책임을 지고 물러났다. 자유당 소속이던 로이드 조지는 보수당과 전시 내각을 꾸렸다/옮긴이)이 붕괴될 수 있다는 점을 감지하고 있었다. 또 그는 동원해제와 산업의 평화 체제 전환, 재정 상황, 남자들의 전반적인 심리적 반발 등이 초래할 국내 문제들이 정적들에게 막강한 무기를 안겨줄 것이라고 판단했다. 따라서 자신의 권력을 강화할 최고의 기회는 분명히 승리의 영광이 퇴색하기 전에 정적들과 적극적으로 싸움을 벌이는 데에 있었다.

당시 총리의 권력 강화는 개인적인 일이었으며, 당(黨)이나 원칙과 상관없이 영국 정치에 유례가 없을 만큼 폭넓게 이뤄지고 있었다. 그래서 휴전이 이뤄지고 얼마 지나지 않은 시점에, 그러니까 자신의 영향력과 권위가 최고조에 달한 시점에, 대중적 인기가 높던 승리자는 총선을 선언했다. 그 같은 조치는 당시에 정치적으로 비도덕적인 행위로 받아들여졌다. 새로운 시대의 이슈들이 어느 정도 윤곽을 드러낼 때까지, 그리고 유권자들이 마음을 정하고 새로운 대표에게 요구할 것을 생각해낼 때까지 시간을 갖는 것이 공익을 위해서도 바람직했을 것이다. 그러나 총리의 개인적인 야망이 그만 역사가 다른 방향으로 나아가도록 만들어 버렸다.

한 동안은 모든 것이 잘 돌아갔다. 그러나 선거운동이 본격적으로 펼쳐지기 전에, 여권의 후보자들은 자신들이 강력한 구호를 찾지 못해 불리한 입장에 처했다는 사실을 깨달았다. 당시 전시 내각은 전쟁에서 승리를 거뒀다는 사실을 근거로 권력을 더 연장할 것을 요구하고 있었다. 그러나 새로운 이슈들이 아직 명확하게 모습을 드러내지 않기 때문에, 또 다른 부분적인 이유로는 연합당의 미묘한 균형을 고려해야 했기 때문에, 총리의 미래 정책은 뜨거운 주제가 되지 못했다. 따라서 선거운동은 다소 맥이 빠지는 듯했다. 그 이후 전개된 사건들에 비춰보면, 연합당이 진짜 위험에 처했던 것 같지는 않다. 그러나 당의 관리자들은 쉽게 동요하게 되어 있다. 현실을 잘 몰랐던 총리의 보좌관들은 총리에게 정적의 기습 공격으로부터 결코 안전하지 않다고 일러주었다. 총리도 보좌관들의 말에 귀를 기울였다. 당의 관리자들은 더 강력한 "자극"을 요구했다. 그러자 총리는 무엇인가를 찾느라 고민했다.

총리가 권력을 다시 잡는 것이 최우선 과제였다고 가정한다면, 자연히 다음과 같은 논리가 가능하다. 그처럼 중대한 시기에, 어딘가

136

에서 영국 정부가 "독일놈들을 박살내지 않고 있다"는 비난의 소리가 터져 나왔다. 빌리 휴즈(Billy Hughes) 오스트레일리아 총리도 대단히 큰 배상금을 요구함으로써 많은 주목을 끌었고, 노스클리프 경(Lord Northcliffe: '더 타임스'를 포함한 다수의 신문을 경영하면서 신문왕으로 불렸으며, 전쟁 동안에 선전을 책임졌다/옮긴이)도 같은 명분을 강력하게 밀고 나가고 있었다. 이 같은 사실이 로이드 조지 총리에게 일석이조의 효과를 누릴 기회를 열어 주었다. 그는 휴즈 총리와 노스클리프 경의 정책을 채택함으로써 강력한 비판자들을 침묵시킴과 동시에 당의 관리자들에게 다른 영역에서 나오는 비판의 목소리를 잠재울 구호를 제공할 수 있었다.

이리하여 1918년 영국 총선은 안타깝게도 어떤 한 인물이 자신의 근본적인 약점을 극적으로 펼치는 방향으로 전개되고 있었다. 이 인물은 자신의 진정한 충동에서 영감을 끌어내지 못하고 일시적인 분위기에서 영감을 끌어내고 있었다. 총리의 타고난 본능은 종종 정확하고 합리적이었다. 총리 자신은 독일의 카이저를 극형에 처해야 한다고 판단하거나 거대한 배상금을 받아낼 가능성을 믿지 않았다. 11월 22일, 그와 전시 내각의 재무 장관 앤드류 보너 로(Andrew Bonar Law)는 선거 관련 성명을 발표했다. 거기엔 카이저에 대한 처벌이나 배상금에 관한 언급은 전혀 없었다. 그 선언은 단지 무장해제와 국제연맹에 대해 말하면서 "우리의 최우선 과제는 공정하고 지속적인 평화를 끌어내는 것이어야 하며, 따라서 새로운 유럽의 바탕이 전쟁을 추가로 부르는 쪽으로 확립되는 일을 막는 것"이라고 결론을 내렸다. 의회 해산 전야(11월 24일)에 울버햄프턴에서 행한 연설을 보면, 배상이나 보상에 관한 언급은 전혀 없다. 그 다음날 글래스고에서, 앤드류 보너 로는 아무것도 약속하지 않았다. 그는 이렇게 말했다. "영국은 파리평화회의에 다수 연합국의 일원으로 참가할 것이다. 여러분은 정부 관리가 평화회의에 참석하기 전에 구체적인 문제에 어떤 방침을 취할 것인지에 대해 공개적으로 언급할 것이라고 기대해서는 안 된다." 그러나 며칠 뒤(11월 29일) 뉴캐슬에서, 조지 총리는 자신의 구상을 되풀이하고 있었다. "옛날에 독일이 프랑스를 패배시켰을 때, 독일은 프랑스가 배상금을 지급하도록 했다. 배상금 지급은 독일이 스스로 세운 원칙이다. 그 원칙엔 어떠한 이의도 있을 수 없다. 연합국이 기준으로 삼아야 할 원칙은 바로 그것이다. 독일은 능력이 닿는 한도까지 전쟁 비용을 지급해야 한다." 그러나 그는 이 원칙과 함께 그것을 적용하는 데 따를 실질적 어려움에 대한 경고의 말도 잊지 않았다. "우리는 이 문제를 매우 세심하게 고려하고 또 조언을 얻기 위해, 다양한 의견을 대표하는 전문가들로 막강한 위원회를 구성했다. 그 같은 청구의 정당성에는 전혀 의문이 없다. 독일은 능력이 닿는 한도 안에서 배상금을 지급해야 한다. 그러나 연합국은 독일이 연합국의 산업을 파괴하는 방향으로 돈을 지급하도록 하지는 않을 것이다."

이 단계에서 총리는 실제로 돈을 받을 수 있다는 희망을 과도하게 키우지 않고, 또 파리평화회의에서 자신이 취할 행동 노선에 대해 구체적으로 밝히지 않은 가운데 독일을 엄하게 다룰 것임을 시사했다. 이때 시의 고위 당국자가 독일이 1,000억 달러를 지급할 수 있다는 의견을 제시했고, 또 이 당국자가 독일이 그보다 배나 많은 금액을 지급할 수 있다고 해도 자신은 개인적으로 믿을 것이라고 했다는 소문이 돌았다. 로이드 조지가 암시한 바와 같이, 재무부 관리들은 이와 다른 견해를 가졌다. 그래서 조지 총리는 다양한 보좌관들 사이에 광범위하게 나타난 의견 불일치 뒤로 숨을 수 있었으며 동시에 영국의 이익을 최대한 추구하는 쪽으로 독일의 배상 문제를 푸는 것을 과제로 여길 수 있었다. 연합국이 14개 조항을 통해 한 약속에 대해서는 그는 언제나 입을 꾹 다물었다.

11월 30일, 영국 전시 내각에서 노동당을 대표하던 조지 반스(George Barnes)는 연단에서 "독일 카이저를 교수대로 보내자."라고 외쳤다.

12월 6일, 총리는 자신의 정책과 목표에 관한 성명을 발표했다. 이성명에서 그는 유럽이라는 단어를 강조하면서 "모든 유럽 연합국은 중부 유럽 국가들이 전쟁 비용을 능력이 닿는 한도 안에서 최대한 많이 지급해야 한다는 원칙을 받아들였다."고 강조했다.

그러나 그때는 총선까지 일주일도 채 남겨두지 않은 시점이었다. 그는 당시에 대중의 욕구를 달랠 수 있을 만큼 강력하게 발언하지 않았다. 12월 8일, '더 타임스'는 언제나처럼 자신들이 지지하는 세력들의 자제력 부족을 덮을 구실을 제공하면서 '독일이 배상을 지급하게 하라'라는 제목으로 "대중의 마음은 총리의 다양한 성명에 여전히 당혹스러워 하고 있다."고 강조했다. 그러면서 '더 타임스'는 이렇게 덧붙였다. "독일인에 대한 처벌을 가볍게 하려는 것이 아닌가 하는 의심이 팽배하다. 그러나 독일의 지급 능력을 결정하는 유일한 동기는 연합국의 이익이 되어야 한다." '더 타임스'의 정치 담당 기자는 "청중이 아주 열렬하게 반응할 주제를 건드리는 사람은 바로 현재의 이슈를 다루고, 카이저를 교수형에 처하라는 반스의 구호를 채택하고, 독일의 전쟁 비용 배상을 지지하는 후보이다."라고 썼다.

12월 9일, 총리는 퀸스 홀에서는 그 주제를 피했다. 그러나 그때 이후로 정치인들의 생각과 말의 무절제는 시간이 갈수록 더 심해져갔다. 가장 꼴사나운 장면은 케임브리지 길드홀에서 에릭 게데스(Eric Geddes) 경에 의해 연출되었다. 독일로부터 전쟁 비용을 끌어낼 가능성에 회의를 표했던 그의 과거 연설은 심각한 의심의 대상이 되었다. 그런 상황에서 그는 평판을 되찾을 필요가 있었다. 이 고해자는 이렇게 외쳤다. "레몬을 짤 때보다 더 심하게 독일을 쥐어짜야 한다. 나는 여러분의 귀에 레몬 씨가 으깨어지는 소리가 들릴 때까지 독일을 쥐어짤 것이다." 그의 정책은 중립국과 연합국에 있는 독일인들의 재산과 독일의 금은보석, 그리고 화랑과 도서관의 소장품 등을 모조리 빼앗아 연합국에게 유리하게 처분하는 것이었다. 그는 "독일이 벨기에를 발가벗겼듯, 나는 독일을 발가벗기겠노라!"라고 외쳤다.

12월 11일 즈음, 총리는 이런 분위기에 굴복했다. 그가 그날 유권자들에게 최종적으로 제시한 6개 항은 3주 전에 나왔던 프로그램과 음침하게 대비를 이룬다. 6개 항을 소개하면 다음과 같다.

1. 카이저를 재판에 회부한다.
2. 잔혹 행위에 책임 있는 자들을 처벌한다.
3. 독일로부터 최대한의 배상금을 받아낸다.
4. 사회적으로나 산업적으로 영국인들을 위한 영국을 건설한다.
5. 전쟁에서 피해를 입은 사람들을 원상태로 회복시킨다.
6. 모든 사람에게 보다 행복한 국가를 건설한다.

여기에 사람들의 냉소를 부를 것들이 있다. 3주 전만 해도 비열하지 않은 모습을 보이며 무장해제와 국제연맹에 대해, 그리고 새로운 유럽의 바탕이 될 정당하고 지속적인 평화에 대해 열을 올리던 영국의 막강한 정치인들이 돌연 탐욕과 감상, 편견과 기만이 뒤섞인 이런 항목들을 제시하고 있으니 말이다.

그날 밤 총리는 브리스틀에서 앞서 제시했던 유보사항을 사실상 철회하고 자신의 배상 정책의 근간을 이룰 4가지 원칙을 제시했다. 중요한 내용을 보면 이렇다. 첫째, 영국은 전쟁 비용 전부를 요구할 절대적 권리를 갖는다. 둘째, 영국은 전쟁 비용 전부를 독일에 요구할 것을 제안한다. 셋째, 내각이 임명하는 위원회가 이 일을 처리한다.[38] 그리고 나흘 뒤, 총리는 투표소로 향했다.

총리는 독일이 전쟁 비용을 전부 지급할 수 있을 것이라고 믿는다는 말은 한 번도 하지 않았다. 그러나 그 같은 계획은 연설장에서 그의 지지자들에게 매우 구체적인 무엇인가로 다가왔다. 평범한 투표자는 독일이 전쟁 비용 전부는 아니더라도 상당한 몫을 분명히 지급할 수 있다고 믿기에 이르렀다. 미래에 배상을 받을 수 있을 것인지 불안해하던 사람들과 전쟁의 공포 때문에 정서적 불안을 느끼던 사람들은 총리의 연설에 솔깃해했다. 연정을 구성하고 있는 당의 후보에게 투표한다는 것은 곧 적(敵)그리스도를 십자가형에 처하고, 독일이 영국의 국가 부채를 떠안는다는 것을 의미했다.

이 두 가지는 대단히 매력적인 결합인 것으로 확인되었다. 로이드조지의 정치적 본능이 다시 한 번 적중했다. 어떤 후보도 이 계획을 마음 놓고 부정할 수 없었으며, 실제로 아무도 그렇게 하지 않았다. 역사 깊은 노동당은 유권자에게 그것과 견줄 만한 제안을 아무것도 내놓을 수 없었던 탓에 존립에 위협을 느낄 만큼 심하게 패배했다.

새로운 하원이 구성되었다. 하원 의원의 과반은 총리보다 더 많은 것을 약속했다. 새 의원들이 웨스트민스터에 도착한 직후, 나는 그 전의 하원에 대해 잘 알고 있던 보수당의 한 친구에게 새로 구성된 하원에 대한 의견을 물었다. 그는 "뻔뻔스러운 사람들이 너무 많다.

....

38 전체 전쟁 비용은 1,200억 달러 이상으로 추산되었다. 이는 곧 독일이 (감채기금과 별도로) 이자로만 60억 달러를 매년 지급해야 한다는 의미이다. 위원회의 어떤 전문가가 독일이 이 만한 금액을 지급해야 한다고 말할 수 있을까?

그들은 마치 자신들이 전쟁 동안에 아주 훌륭하게 처신한 것처럼 굴고 있다."고 대답했다.

총리가 파리로 떠날 때, 영국의 분위기는 그랬다. 그 같은 혼란스런 분위기는 총리 본인이 만들어낸 것이었다. 그는 자기 자신과 정부 앞에서 낙담한 적에게 많은 것을 요구하겠다고 약속했다. 이는 연합국 측이 독일에 제시한 약속과 일치하지 않는 처사였을 뿐만 아니라 적이 무기를 내려놓은 근거가 된 믿음과도 일치하지 않는 것이었다. 인류 역사에서 후손들이 눈감아 줄 명분이 이보다 더 약한 사건은 거의 없을 것이다. 원칙적으로 국제적 약속의 존엄을 지키기 위해 벌인 전쟁이 바로 그 이상을 지켜낸 승리자들이 그 약속 중에서도 가장 신성한 약속을 깨뜨리는 것으로 끝나고 말았으니 ….

그 협상의 다른 측면은 차치하더라도, 독일로부터 일반적인 전쟁 비용을 받아내겠다는 약속을 선거운동에 활용한 것은 영국 정치인들이 언젠가 반드시 책임져야 할, 정치적 무모함의 극치를 보여준 행위라고 나는 믿는다. 로이드 조지 총리나 윌슨 대통령 중에서 어느 한 사람이라도 자신이 관심을 쏟아야 할 문제 중에서 가장 중요한 문제는 정치적이거나 영토적인 것이 아니라 재정적인 문제와 경제적인 문제라는 사실을 제대로 이해했더라면, 또 미래의 위험은 국경이나 주권에 있는 것이 아니라 식량과 석탄, 운송에 있다는 것을 알았더라면, 유럽은 아마 아주 다른 미래를 기대할 수 있었을 것이다. 그런데 로이드 조지도, 윌슨도 파리평화회의의 어느 단계에서도 이런 문제들에 적절한 관심을 쏟지 않았다. 그러나 현명하고 합리적으로 그런 것들을 고려할 수 있는 분위기는 영국 대표단이 배상 문제에 느끼고 있던 책임감 때문에 애초부터 절망적일 만큼 흐려져 있었다. 총리는 자신이 불러일으킨 기대감에 떼밀려 독일과의 조약 체결에서 부당하고 실현 가능성이 없는 경제적 근거를 옹호해야 했을 뿐만 아니라 윌슨 대통령과도 의견이 일치하지 않는 모습을 보였다. 다른 한편으로 총리는 이해관계를 놓고 프랑스나 벨기에와 경쟁해야 했다. 독일로부터 바랄 수 있는 것이 작다는 사실이 분명해질수록, 애국적인 탐욕과 "신성한 이기심"을 발휘해야 할 필요성은 더욱더 커졌고 또 프랑스의 정당한 청구나 벨기에의 근거 있는 청구 중에서 더 많은 것을 빼앗아낼 필요성도 더욱더 커졌다. 그럼에도, 유럽은 조만간 제기될 재정 문제를 탐욕으로는 절대로 해결하지 못할 것이다. 유럽의 재정 문제를 해결할 길은 오직 관대함에 있다.

유럽이 난국에서 빠져나오려면, 미국이 아주 큰 아량을 베풀어야 할 것이다. 그런 상황에서 유럽은 스스로 먼저 아량을 베풀 수 있어야 한다. 독일만 아니라 서로를 벗기는 일에도 몰두하고 있는 연합국이 독일을 포함한 유럽 국가들이 다시 스스로 일어설 수 있도록 도와달라고 미국에 도움을 청하는 것은 부질없는 짓이다. 만약에 1918년 12월의 영국 총선이 탐욕이 아닌 관용의 정신에서 치러졌더라면, 유럽의 재정적 전망은 지금보다 훨씬 더 나아져 있을 것이다.

지금도 나는 파리평화회의가 열리기 전이나 평화회의 초반에 영국 대표들이 미국 대표들과 경제적 및 재정적 상황에 대해 폭넓은 대화를 깊이 해야 했다고 믿고 있다. 또 영국 대표단에게 전반적인 방향에 대해 구체적인 제안을 제시할 권한이 주어져야 했다고 믿고 있다. 그러면 구체적인 제안에 이런 내용이 포함될 수 있었을 것이다. (1)연합국 상호간의 부채는 즉시 탕감한다. (2)독일이 연합국 측에 지급할 액수를 100억 달러로 정한다. (3)영국은 이 액수에 대한 청구를 포기하고, 영국이 받을 몫은 파리평화회의가 새로 창설할 국가들의 재정을 돕는 목적에 쓰도록 넘긴다. (4)즉시적으로 사용할 신용의 바탕을 조성하기 위해, 독일이 배상금으로 지급할 총액 중 일정 부분에 대해 조약의 모든 당사국들이 보증을 선다. (5)옛 적국들도 자국의 경제 부흥을 위해 그와 비슷한 보증이 따르는 채권을 발행할 권한을 갖는다.

이 같은 제안들은 미국의 관용을 필요로 하는 것이었다. 그러나 그런 조치는 불가피했으며, 미국의 재정적 희생을 줄인다는 관점에서 보면, 그것은 미국에도 꽤 호소력을 지니는 조치였다. 그런 제안들은 실현 가능했을 것이다. 거기엔 공상적이거나 유토피아적인 요소가 하나도 담겨 있지 않다. 또 그 제안들은 유럽에 재정적 안정과 부흥의 가능성을 열어주었을 것이다.

그러나 이 아이디어들에 대한 구체적인 분석은 6장으로 넘길 것이다. 여기서 다시 파리로 돌아가야 한다. 나는 앞에서 로이드 조지가 스스로 일으킨 혼란에 대해 설명했다. 다른 연합국의 재무 장관들의 입장은 그보다 더 나빴다. 영국 사람들은 영국의 재정 계획을 독일로부터 받을 배상금을 바탕으로 짜지 않았다. 독일의 배상에서 나오는 돈은 어쩌면 뜻밖의 횡재 같은 성격을 지녔다. 그 이후의 사태 전개와 관계없이, 당시에 영국 예산은 정상적인 방법으로 균형을 맞출 것이라는 기대가 있었다.

그러나 프랑스나 이탈리아의 사정은 크게 달랐다. 프랑스와 이탈리아의 평화 예산은 기존 정책의 대폭적인 수정 없이는 균형을 맞출 길도 없었고 또 그렇게 할 수 있을 것이라는 희망도 보이지 않았다. 정말로, 이 나라들의 입장은 거의 절망적이었고 앞으로도 그럴 것이었다. 이 나라들은 국가 파산을 향해 나아가고 있었다. 이 같은 사실은 적국으로부터 받을 거액의 배상금에 대한 기대에 의해서만 숨겨질 수 있을 뿐이었다. 독일이 프랑스와 이탈리아의 전쟁 비용을 지급하는 것이 사실상 불가능하고, 또 적에게 자국의 부담을 떠넘기는 것이 현실성이 없다는 사실이 확인되자마자, 프랑스와 이탈리아 재무 장관들의 입장은 더 이상 떠받쳐질 수 없게 되었다.

따라서 독일의 지급 능력을 놓고 과학적으로 분석하는 것은 애초부터 논외였다. 정치적 필요에서 불러일으켜진 기대는 진실과 거리가 멀어도 너무 멀었다. 그래서 숫자를 조금 왜곡하는 것으로는 아무런 효과를 발휘할 수 없었으며, 아예 사실을 철저히 무시하는 길밖에 없었다. 이에 따른 거짓말은 정말로 근본적이었다. 그 같은 거짓 위에 실현 가능한, 건설적인 재정 정책을 수립하는 것은 불가능했다. 바로 이런 이유 때문에, 관대한 재정 정책이 근본적으로 필요했다. 프랑스와 이탈리아의 재정 상태는 너무나 열악했다. 그러기에 자국이 곤경에서 빠져나올 대안적인 정책이 제시되지 않는 한, 프랑스와 이탈리아가 독일의 배상 문제에 이성적으로 임하는 것은 불가능한 일이었다. 내가 판단하기엔 미국 대표들이 고통 받고 있는 유럽에 제시할 건설적인 제안을 갖고 있지 못했다는 사실이 큰 잘못이었다.

말이 나온 김에, 여기서 그 상황을 어렵게 만드는 한 가지 요소를 더 지적하는 것도 가치 있는 일일 것이다. 클레망소의 "짓밟아 뭉개는" 정책과 프랑스 재무 장관 클로즈의 재정적 필요 사이의 충돌이 바로 그 요소이다. 클레망소의 목표는 가능한 모든 방법을 동원해 독일을 무력화시키고 파괴하는 것이었으며, 그는 배상에 대해서는 언제나 약간 경멸적인 태도를 보였다는 것이 나의 판단이다. 그가 독일을 예전처럼 무역 활동을 거대하게 벌일 수 있는 상태로 남겨놓을 뜻을 전혀 품고 있지 않았기 때문이다. 그러나 그는 배상금이나 클로즈의 재정적 어려움을 이해하는 일로 골치 아파하려 하지 않았다. 만약에 조약에 거대한 배상금을 포함시키는 것이 재정 담당자들을 만족시키는 데서 끝난다면, 거기엔 아무런 해가 없을 것이다. 그러나 이 요구를 충족시키려다가 카르타고식 평화의 근본적인 조건들이 간섭을 받는 일이 벌어져서는 곤란했다. 비현실적인 이슈에 대한 클레망소의 "현실적인" 정책과 매우 현실적인 문제에 대한 클로즈의 겉치레 정책이 묘하게 결합하면서, 조약에 실현 불가능한 배상 조항 외에 그것과 양립 불가능한 조항들이 포함되기에 이르렀다.

　여기서 나는 연합국 사이에 끝없이 전개되었던 갈등과 음모에 대해 설명하고 있을 수 없다. 이 갈등과 음모는 몇 개월 뒤에 마침내 독일에 배상 챕터를 제시하는 것으로 끝났다. 그처럼 왜곡되고, 그처럼 비열했으면서도 모든 당사국에게 그처럼 불만족스런 결과를 낳은 협상은 인류 역사에 거의 없었다. 그 논쟁에 깊이 관여했던 사람들 중에서 그 문제를 되돌아보면서 수치심을 느끼지 않을 사람은 하나도 없을 것이다. 나는 세상에 알려진 최종적인 타협의 요소들을 분석하는 것으로 만족해야 한다.

　해결해야 할 중요한 사항은 당연히 독일에게 정당하게 배상을 요구할 아이템에 관한 것이었다. 로이드 조지의 선거 공약은 연합국이 독일에 전체 전쟁 비용을 요구할 자격을 갖는다는 것이었는데, 이 공약은 애초부터 지켜질 수 없는 것이었다. 보다 공평하게 표현한다면, 월슨 대통령에게 이 요구가 휴전 전의 약속과 일치한다는 점을 설득시키는 것이 불가능했다는 뜻이다. 최종적으로 마련된 타협은 세상에 공개된 조약의 문구에 다음과 같이 담겨 있다.

　231조는 이렇게 적고 있다. "연합국과 관련국의 정부들은 독일과 그 동맹국들의 침공으로 벌어진 전쟁이 연합국과 관련국 정부들과 국민에게 입힌 모든 상실과 피해는 독일과 그 동맹국들의 책임이라는 점을 확인하고, 독일은 그 책임을 받아들인다." 이는 아주 신중하게 다듬어진 조항이다. 왜냐하면 월슨 대통령은 이 조항을 독일이 전쟁을 일으킨 데 대해 도덕적 책임을 인정하는 진술로 읽을 수 있는 반면, 로이드 조지 총리는 그것을 일반적인 전쟁 비용에 대한 재정적 책임을 인정하는 것으로 해석할 수 있었기 때문이다.

232조를 보자. "연합국과 관련국 정부들은 이 조약의 다른 조항들에 의거해 독일의 자원이 영원히 축소된다는 점을 고려해 독일의 자원이 전쟁에 따른 모든 상실과 피해를 완전히 배상하기에는 적절하지 않다는 점을 인정한다." 윌슨 대통령은 이 조항에 대해 결코 확실한 어떤 사실에 대한 진술이 아니라고 생각하면서, 또 독일이 일부 청구에 대해 지급하지 못한다는 사실을 인정하는 것이 독일이 그 청구에 대해 책임을 지지 않는다는 점을 암시하는 것은 아니라는 식으로 풀이하면서 마음을 편안하게 먹을 수 있었을 것이다. 한편 로이드 조지 총리는 앞뒤 맥락을 살피면 이 조항은 독일이 그 앞의 조항에서 확인한 이론적인 책임을 재차 강조하고 있다는 식으로 주장할 수 있었다.

232조는 다음과 같이 이어진다. "그러나 연합국과 관련국의 정부들은 독일이 교전 기간에 육지와 바다와 하늘로 연합국들을 공격하여 연합국과 관련국의 민간인들과 그들의 재산에 입힌 모든 피해와 부속서 1에 나열된 모든 피해에 대해 배상할 것을 독일에 요구하고 독일은 이를 받아들인다." 이탤릭체로 된 부분은 사실상 휴전 전에 제시된 조건에서 따온 것이기 때문에, 이 부분은 윌슨 대통령의 도덕 관념을 충족시켰을 것이다. 반면에 "부속서 1에 나열된 모든 피해"

라는 문구를 더한 것은 로이드 조지 총리에게 기회로 작용했다.

그러나 지금까지는 모든 것이 표현의 문제, 말하자면 문안 작성에 따르는 기교의 문제에 지나지 않았다. 이 같은 표현은 어느 누구에게도 피해를 입히지 않으며 당시에는 지금보다 훨씬 더 중요한 것처럼 비쳤다. 표현의 문제가 아닌 본질을 보기 위해 우리는 부속서 1로 돌아가야 한다.

부속서 1의 상당 부분은 휴전 전에 제시된 조건들과 완전히 일치하거나 여하튼 그 조건들을 정당하다고 여길 수 있는 선 그 이상으로 왜곡하지 않는다. 1항은 민간인들에게 가한 부상에 대한 배상 혹은 전쟁 행위의 직접적 결과로 일어난 사망의 경우에 부양 가족에게 가한 피해에 대한 배상을 요구하고 있다. 2항은 적이 민간인 희생자들에게 한 잔혹 행위와 폭력 행위, 학대 행위에 대한 배상을 요구하고 있고, 3항은 적이 점령지나 침공지에서 민간인들의 건강이나 노동 능력, 존엄을 훼손시킨 행위에 대해 배상을 요구하고 있다. 이어 8항은 적이 시민들에게 강요한 강제 노동에 대해, 9항은 직접적인 적대 행위로 발생한, "해군 및 군사 시설 혹은 물자를 제외한" 다른 재산의 피해에 대해, 10항은 적이 민간인들에게 부과한 벌금과 세금에 대해 각각 배상을 요구하고 있다. 이 모든 요구는 정당하고 또 연합국의 권리와 부합한다.

"전쟁 포로에 대한 온갖 부당한 대우로 야기된 피해"에 대한 배상을 요구하는 4항은 자구 그대로를 보자면 다소 의미가 불확실하지만 헤이그 협약에 따라 정당화될 수 있고 또 금액으로 따지면 매우 작을 것이다.

그러나 5항과 6항, 7항에는 엄청난 중요성을 지니는 문제가 걸려 있다. 이 항들은 전쟁 동안에 연합국 정부들이 군대에 동원된 사람들의 가족에게 준 별거 수당이나 그와 비슷한 수당, 그리고 이들 정부들이 부상당하거나 사망한 군인에게 현재뿐만 아니라 앞으로 지급하게 될 보상이나 연금에 대해 청구할 수 있다고 확인하고 있다. 곧 살피게 되겠지만, 이는 재정적으로 엄청난 금액이 될 것이다. 아마 다른 모든 청구액을 다 합한 액수의 배가량 될 것이다.

감정적 차원이 아니라면, 이런 여러 항목들을 피해액에 포함시켜 얻을 게 뭐가 있을까? 무엇보다 먼저, 일반적인 정의의 관점에서 보면 남편을 전쟁터에서 잃은 여자에겐 그런 자격을 주지 않는데 집을 잃은 여자가 피해에 대한 청구를 적에게 직접 할 수 있는 권리를 갖는 것은 부조리하다. 혹은 농장을 빼앗긴 농부는 그런 청구를 할 수 있는데 반해 남편의 구매력을 상실한 여자는 그런 청구를 하지 못한다는 것도 마찬가지로 부조리하다.

사실 연금과 별거 수당을 청구 아이템에 포함시킨 것은 휴전 전의 조건에 제시된 기준의 모호한 성격을 악용하는 행위이다. 전쟁으로 야기된 모든 피해 중에서, 어떤 피해는 주로 개인들에게 가해졌고 또 어떤 피해는 공동체 전체에 가해졌다. 그러나 정부의 배상에 의해, 개인들에게 가해진 손실 중 많은 것이 사실 공동체에 가해진 손실로 바뀌었다. 전체 전쟁 비용이 아닌 제한적인 청구의 가장 논리적인 기준은 적의 행위가 전투에 관한 국제적 약속이나 관행에 반하는지 여부가 될 것이다. 그러나 이것도 적용하기가 어렵고 또 벨기에(독일은 벨기에의 중립을 보장했었다)와 영국(잠수함의 불법 행위의 주요 피해국이다)에 비해 프랑스에 지나치게 유리할 수 있다.

어쨌든 앞에서 대략적으로 묘사한 정서나 공정성에 호소하는 것은 공허하다. 왜냐하면 별거 수당이나 연금을 받는 사람에겐 자신들에게 돈을 지급하는 국가가 이 아이템으로 보상을 받든 저 아이템으로 보상을 받든 아무런 차이가 없기 때문이다. 또 국가가 배상금 수령을 통해 복구를 꾀하는 것도 전반적인 전쟁 비용에 대한 배상을 받는 만큼 납세자들의 부담을 덜어주기 때문이다.

그러나 중요하게 고려해야 할 사항은 휴전 전의 조건들이 신중했고 논리적이었는지 여부를 따지거나 그 조건을 수정하는 것은 시간적으로 너무 늦었다는 사실이다. 지금 이슈가 되고 있는 유일한 문제는 이 조건들이 부속서 1의 1항과 2항, 3항, 8항, 9항, 10항에 제시된 바와 같이 민간인들과 그들의 재산에 직접적으로 가해진 그런 피해에 국한되고 있는가 하는 점이다. 만약에 거기에 적힌 단어들이 어떠한 의미를 지니거나 약속이 어떠한 힘이라도 지닌다면, 연합국은 연금이나 별거 수당으로 인한 국가의 전쟁 비용에 대해서는 청구할 권리를 갖지 못한다. 이는 연합국이 다른 일반적인 전쟁 비용에 대해 청구할 권리를 갖지 못하는 것이나 마찬가지이다. 연합국이 일반적인 전쟁 비용에 대해 청구할 권리를 갖는다고 세세하게 주장할 준비가 되어 있는 사람이 과연 있을까?

실제로 벌어진 일은 로이드 조지 총리가 영국 유권자들을 향해 전쟁 비용 전부를 청구하겠다고 한 공약과 연합국이 휴전협정에서 독일에 제시한, 그와 반대되는 공약 사이의 타협이었다. 로이드 조지 총리는 자신이 전쟁 비용 전부를 보장받지 못했을지라도 상당한 몫을 확보했다고 주장할 수 있었다. 또 그는 독일의 제한적인 지급 능력 때문에 자신의 약속을 수정하지 않을 수 없었다고 주장하고 현재 제시된 청구서도 권위자들이 추산하는 독일의 지급 능력을 초과한다는 식으로 주장할 수 있었다.

한편 윌슨 대통령은 자신의 믿음과 크게 위배되지 않는 방식을 지켰고 또 정서와 감정에 호소할 경우에 자신에게 불리할 수 있는 문제에서 관련국들과의 갈등을 피할 수 있었다. 로이드 조지 총리의 총선 공약 때문에, 윌슨 대통령은 조지 총리가 투쟁하는 모습을 대중에게 보이지 않고 그 공약들을 전부 포기하도록 할 수 있을 것이라는 희망을 품을 수 없었다.

연금에 관한 구호는 모든 나라에서 대중적 호소력을 발휘할 것이다. 한 번 더, 로이드 조지 총리는 노련한 정치 책략가의 모습을 유감없이 보여주었다.

대단히 어려운 또 다른 사항은 조약의 행간에서 쉽게 읽힐 것이다. 조약은 독일이 책임져야 할 명확한 금액을 전혀 제시하지 않고 있다.

조약의 이 같은 특성은 많은 비판을 받았다. 독일이 지급해야 할 돈의 액수를 정확히 모르고 있고 또 연합국도 받아야 할 돈의 액수를 정확히 모르고 있다는 사실은 독일에나 연합국에나 똑같이 불편한 일이다. 조약이 고려하고 있던 방법, 즉 수많은 개인들이 토지나 농가 건물, 가축 등에 입은 피해를 몇 개월에 걸쳐 취합한 뒤 최종 금액을 결정한다는 방법은 틀림없이 실현 불가능하다. 합리적인 과정은 양측이 세부사항을 조사하지 않고 배상액 총액에 합의하는 것이다. 만약에 이 총액이 조약에 명시되었더라면, 해결은 보다 실무적인 바탕에서 진행되었을 것이다.

그러나 이것은 두 가지 이유로 불가능했다. 당시 연합국 사이엔 두 가지 종류의 엉터리 주장이 널리 퍼져 있었다. 하나는 독일의 상환 능력에 관한 주장이고, 다른 하나는 연합국의 정당한 청구액에 관한 주장이었다. 두 숫자를 확정하는 것은 대단히 큰 딜레마였다. 독일의 미래 상환 능력은 정보에 밝고 진실한 권위자들이 제시한 수치를 크게 넘어서지 않을 것이 확실하지만, 그 수치는 영국과 프랑스의 대중이 품고 있는 기대에 비하면 절망적일 만큼 낮았다. 한편, 연합국의 피해를 확정하는 숫자는 프랑스와 벨기에 국내에 팽배한 기대를 크게 벗어나지 않을 것이지만, 그 수치를 입증하기가 어렵고 또 독일 측으로부터 강한 비판을 받게 될 터였다. 당시에 독일인들은 자신들이 저지른 비행(非行)의 범위에 대해 상당히 많은 증거를 확보해놓을 만큼 신중했던 것으로 믿어지고 있었다.

그래서 정치인들에게 가장 안전한 길은 숫자를 전혀 언급하지 않는 것이었다. 바로 이런 필요에서 배상 챕터가 엄청나게 복잡하게 꼬이고 말았다.

그러나 독자 여러분은 배상 챕터의 부속서 1에 따라 구체적으로 입증할 수 있는 청구액을 앞에서 내가 제시했다는 사실을 기억하고 있을 것이다. 이 장의 첫 섹션에서 나는 이미 연금과 별거 수당을 제외한 다른 청구액을 150억 달러(나의 추산으로는 최고액이다)로 추산한 바 있다. 부속서 1에 나오는 연금과 별거 수당에 대한 청구는 관련된 정부들이 이런 보상으로 지급한 실질적 비용을 근거로 한 것이 아니고 조약이 발효되는 날 프랑스에 있던 병력의 규모를 근거로 짐작한 것이다. 이 같은 방법은 미국인이나 영국인의 생명의 값을 프랑스인이나 이탈리아인보다 높이 책정하는 불쾌한 과정을 피할 수 있게 한다. 프랑스의 연금과 수당은 중간 정도로, 미국이나 영국만큼 높지 않지만 이탈리아와 벨기에, 세르비아보다는 높다. 계산에 필요한 유일한 자료는 프랑스의 연금 및 수당의 실제 지급률과 다양한 연합국 군대의 참전 군인과 사상자의 숫자이다. 이 숫자들 중 어느 것도 상세하게 제시되지 않고 있지만, 전반적인 수당의 수준과 참전 군인의 수와 희생자의 수에 대한 추산은 실제에서 크게 벗어나지 않을 것이다. 연금과 수당 항목으로 더해야 할 배상액은 나의 짐작엔 다음과 같다.

영국	7,000,000,000 달러
프랑스	12,000,000,000 달러[39]
이탈리아	2,500,000,000 달러
기타(미국 포함)	3,500,000,000 달러
합계	25,000,000,000 달러

나는 국가별로 구분한 액수보다 전체 액수가 더 정확할 것이라고 생각한다. 독자 여러분도 어쨌든 연금과 수당을 더할 경우에 총액이 거의 3배로 늘어나는 것을 확인할 것이다. 이 숫자를 다른 항목들의 숫자에 더하면, 독일에 대한 연합국의 청구액은 400억 달러에 달한다.[40] 나는 이 정도 수치라면 충분하다고 믿는다. 실사를 거치면 아마 이보다 다소 낮게 나올 수 있다.[41] 이 장의 다음 섹션에서, 이 수치와 독일의 지급 능력의 관계를 분석할 것이다. 여기서는 독자 여러분에게 조항의 다른 구체적인 사항을 상기시키기만 하면 된다.

1. 최종적으로 얼마로 확정되든, 전체 청구액 중에서 50억 달러는 1921년 5월 1일 이전에 지급되어야 한다. 이 같은 지급이 이뤄질 가

....

39 클로츠는 프랑스가 이 항목으로 청구할 금액을 150억 달러(수당 130억 프랑, 연금 600억 프랑, 미망인을 위한 수당 20억 프랑 등 총 750억 프랑)로 추산했다. 이 숫자가 정확하다면, 다른 나라들도 비슷하게 올라가야 할 것이다.

40 클로츠는 1919년 9월 5일 프랑스 의회에서 행한 연설에서 조약에 의거해 연합국이 독일에 청구할 금액이 750억 달러가 될 것이라고 추산했다. 1921년까지 이자가 누적될 것이고, 그 이후로 독일은 매년 50억 달러를 상환하게 될 것이다. 이 중 프랑스가 받는 금액은 매년 27억5,000만 달러가 될 예정이었다.

41 실사를 거치면 청구액은 320억 달러에서 440억 달러 선이 될 것으로 짐작된다.

능성에 대해서는 뒤에서 논할 것이다. 그러나 조약 자체가 감액을 제시하고 있다. 우선, 이 액수는 휴전 이후 점령군의 비용(조약의 또 다른 조항, 즉 249조에 따르면 10억 달러에 달하는 엄청난 비용을 독일이 부담하는 것으로 되어 있다)을 포함할 것이다. 이런 내용도 있다. "주요 연합국과 관련국들의 정부들이 독일이 배상 의무를 완수하도록 하는 데 필요하다고 판단하는 식량과 원료의 공급에 대한 대금도 앞에 제시한 금액에서 지급될 것이다". 이것은 매우 중요한 사항이다. 이 조항 때문에 연합국의 재무 장관들은 자국 유권자들에게 독일의 실질적 지급이 조기에 이뤄질 것이라는 희망을 안겨줄 수 있었다. 동시에 이 조항은 배상위원회에 독일의 경제적 생존에 필요한 돈을 독일에 되돌려 줄 수 있는 재량권을 부여하고 있다. 이 재량권이 50억 달러 지급에 따를 피해를 다소 줄여줄 것이다. 그럼에도 불구하고, 50억 달러 지급에 따르는 피해가 없어지는 것은 아니다.

이 장의 다음 섹션에서 내리게 될 나의 결론은 조약이 정한 기간 안에 그만한 돈을 마련하는 것은 불가능하다는 점을 암시하고 있다. 그 금액 중에서 큰 몫이 독일이 수입 대금을 지급하도록 사실상 독일로 돌아간다 하더라도, 그 같은 결론에는 달라질 게 없다. 배상위원회는 오직 독일의 외국 무역을 관리하고 동시에 거기서 생겨나는 외환을 관리함으로써만 그 같은 재량권을 행사할 수 있다. 이런 일은 아마 그 조직의 능력 밖일 것이다. 만약에 배상위원회가 50억 달러를 모아서 그 중 일부를 독일에 돌려주는 일을 관리하려고 진지하게 시도한다면, 중부 유럽의 무역은 대단히 비효율적인 관료주의적 규제 때문에 질식하고 말 것이다.

2. 현금이나 현물로 50억 달러를 조기에 지급하는 외에, 독일은 추가로 100억 달러에 달하는 무기명 채권을 양도해야 한다. 따라서 독일이 1921년 5월 1일까지 지급해야 하는 현금과 현물과 무기명 채권은 총 150억 달러에 달한다. 이 무기명 채권은 1921년부터 1925년까지는 이자가 연 2.5%이고 그 이후에는 이자 연 5%에 원금 상환 1%를 더해 6%를 부담한다. 따라서 독일이 1921년 이전에 배상금으로 상당한 금액을 내놓지 않는다고 가정하면, 독일은 이자로만 1921년부터 1925년까지 매년 3억7,500만 달러를, 그 다음에는 매년 9억 달러를 내놓아야 할 것이다.

3. 배상위원회가 독일이 그 이상의 돈을 감당할 수 있다고 확인할 때, 독일은 이자 5%짜리 무기명 채권을 추가로 100억 달러 발행할 것이다. 이 채권의 경우 원금 상환율은 위원회에 의해 추후에 결정될 것이다. 이렇게 될 경우에 그 전의 100억 달러를 상환하지 않는 상태에서도 독일이 매년 지급해야 하는 금액은 14억 달러가 될 것이다.

4. 그러나 독일의 부담은 250억 달러에 그치지 않는다. 배상위원회는 부속서 1이 정한 바에 따라 적이 부담해야 할 전체 배상에 대한 상환이 이뤄질 때까지 무기명 채권의 추가 발행을 요구할 것이다. 틀림없이 지나치게 낮다는 비판을 부를, 전체 배상액에 대한 나의 추산 400억 달러를 기준으로 할 경우에, 추가로 발행해야 할 무기명 채권

은 150억 달러가 될 것이다. 이자를 연 5%로 친다면, 독일이 매년 지급해야 할 돈은 21억5,000만 달러로 높아진다.

5. 그러나 이것이 전부가 아니다. 엄청난 파괴력을 지니는 조항이 하나 더 있다. 배상위원회가 독일이 채권에 대한 이자를 감당할 수 있다고 확신하기 전까지, 150억 달러를 초과하는 지급액에 해당하는 채권은 발행되지 않을 것이다. 그렇다고 채권이 발행되지 않는 동안에 이자가 면제된다는 뜻은 아니다. 1921년 5월 1일부터, 현금이나 채권으로 갚지 못한 독일의 배상 지급액에 이자가 더해질 것이며, "배상위원회가 이자율을 바꿀 상황이라고 결정하지 않는 한 그 이자율은 연 5%가 될 것이다". 말하자면 독일이 지급해야 할 배상금 총액은 언제나 복리로 늘어난다는 뜻이다.

독일이 초반에 아주 큰 금액을 지급하지 못할 것이라는 점을 고려한다면, 이 조항이 독일의 지급금에 미치는 영향은 어마어마하다. 5% 복리일 경우에 배상액은 15년 후에 배로 늘어난다. 독일이 1936년까지 매년 7억5,000만 달러(150억 달러에 대한 5%의 이자에 해당하는 액수) 이상을 지급하지 못한다고 가정하면, 250억 달러는 500억 달러가 될 것이며 이 금액에 대한 1년 이자만 25억 달러가 될 것이다. 말하자면 설령 독일이 1936년까지 매년 7억5,000만 달러를 지급한다 하더라도, 독일은 그때 지금보다 반 이상 더 많은 빚을 연합국에게 지게 될 것이다(현재 400억 달러인 것이 1936년에는 650억 달러로 커져 있을 것이다). 1936년 이후로 독일은 이자만으로 연합국에 매년 32억5,000만 달러를 지급해야 할 것이다. 이 금액만큼 지급하지 못하는 해의 연말엔, 독일이 배상해야 할 금액은 연초보다 더 커질 것이다. 만약에 독일이 1930년부터 30년 동안, 말하자면 휴전으로부터 48년 만에 배상에 따른 금액을 다 청산하려면, 독일은 매년 6억5,000만 달러를 더해 모두 39억 달러를 지불해야 한다.

나의 판단에, 독일이 이에 가까운 금액을 지급할 수 없는 것은 조금 후에 설명할 이유들로 너무나 분명하다. 따라서 조약이 변경될 때까지 독일은 사실상 자국의 잉여 생산 전부를 영원히 연합국으로 넘겨야 할 것이다.

6. 배상위원회가 이자율을 바꾸고 중요한 지급액에 대한 상환을 연기하거나 심지어 상환을 면제해줄 재량권을 부여받았다고 해서 이 문제가 덜 심각해지는 것은 아니다. 우선, 이 권력 중 일부는 배상위원회나 위원회에 참여하고 있는 정부들이 만장일치를 보일 경우에만 행사될 수 있다.[42] 그러나 이보다 더 중요한 것은 조약이 반영하고 있는 정책에 획기적인 변화가 일어나지 않는 한, 독일로부터 매년 최고 액수를 끌어내는 것이 배상위원회의 의무가 될 것이라는 점이다. 비록 규모가 클지라도 독일의 지급 능력 범위 안으로 배상액을 명확히 고정시켜 놓고 독일이 약간의 돈을 보유하도록 허용하는 것과, 독일의 능력보다 훨씬 더 큰 금액을 제시해 놓고 독일로부터 최

....

42 부속서 2의 13항에 따르면, 1921년부터 1926년까지의 할부액을 1930년 이후로 연기할 경우엔 만장일치가 필요하다. 또 1926년 이후에 지급해야 할 할부액을 3년 이상 연기하는 경우에도 만장일치가 필요하다.

대한 많은 돈을 끌어낸다는 목표를 추구하면서 매년 사정을 봐가며 배상위원회의 재량에 따라 금액을 줄여주는 것 사이에는 엄청난 차이가 있다. 전자의 경우에는 독일에 모험심과 에너지, 희망을 추구할 약간의 인센티브를 남겨 놓는다. 그러나 후자의 경우에는 독일을 매년 조금씩 영원히 산 채로 가죽을 벗기는 결과를 낳을 것이다. 아무리 신중하게 실행되더라도, 그것은 문명의 역사에서 잔혹한 승자가 더없이 난폭하게 군 행위의 하나로 확인될 것이다.

조약에는 배상위원회에 허용하고 있는 다른 중요한 기능과 권력도 있다. 그러나 이 기능과 권력은 별도의 섹션에서 다루는 것이 적절할 것이다.

3. 독일의 지급 능력

독일이 배상금을 지급하는 형식은 3가지이다.

1. 금이나 선박, 외국 증권 등 즉시 양도 가능한 부(富)가 있다.
2. 휴전협정에 따라 할양했거나 양도한 영토에 있는 재산의 가치가 있다.
3. 정해진 기간 동안 매년 상환하는 금액이 있다. 이 금액 중 일부는 현금일 것이고 또 다른 일부는 석탄이나 탄산칼륨, 염료 등

자원일 것이다.

(1) 즉시 양도 가능한 부

(a) 금 : 러시아로 돌려줘야 할 금을 제외한다면, 독일제국은행(라이히스방크)의 1918년 11월 30일자 보고서를 바탕으로 할 경우에 이 은행이 보유한 금은 577,089,500달러어치이다. 이는 이 은행이 전쟁 전에 보유한 양보다 아주 많은 양인데, 전쟁 동안에 금화만 아니라 온갖 종류의 금 장식품까지 이 은행으로 넘기자는 운동이 대대적으로 벌어진 결과였다. 개인들이 가진 금도 틀림없이 있겠지만, 이미 금 모으기 운동이 활발히 전개되었다는 사실을 감안한다면 독일 정부나 연합국 정부가 금을 추가로 찾아낼 것이라고 기대하기는 어려울 것이다. 따라서 독일제국은행의 보고를 독일 정부가 자국 국민들로부터 끌어낼 수 있는 금의 최대 양으로 보아도 무방할 것이다. 금 외에, 이 은행에는 은이 500만 달러어치 있었다. 그러나 은은 상당한 양이 유통되고 있을 것임에 틀림없다. 왜냐하면 독일제국은행의 은 보유고가 1917년 12월 31일에 4,550만 달러였으며, 1918년 10월 하반기에는 3,000만 달러였기 때문이다. 그렇다면 휴전 당시에 연합국이 금과 은으로 챙길 수 있었던 금액은 6억2,500만 달러였을 것이다.

그러나 이 보유액이 그대로 있는 것은 아니다. 휴전협정과 평화협정 사이의 오랜 시간 동안에, 연합국은 독일이 외국으로부터 식량 공급을 용이하게 받도록 할 필요가 있었다. 당시 독일의 정치적 조건과 스파르타쿠스단(고대 로마의 전설적인 검투사 스파르타쿠스의 이름을 딴 독일의 혁명 단체를 일컫는다. 1914년부터 활동을 시작한 이 단체는 훗날 독일 공산당으로 이름을 바꿨다. 1919년 반란을 일으켰다가 실패했으며, 이 일로 카를 리프크네히트(Karl Liebknech)와 로자 룩셈부르크(Rosa Luxemburg)가 처형당했다/옮긴이)의 심각한 위협 때문에 연합국의 이익을 위해서도 그런 조치가 필요했다. 그렇게 해야만 독일에 안정적인 정부가 지속될 터였다.

그러나 식량 공급에 대한 대금을 어떤 식으로 지급할 것인가 하는 문제는 아주 큰 어려움을 제기했다. 연합국 대표들과 독일 대표들은 미래에 있을 배상금 지급을 가능한 한 훼손하지 않는 범위 안에서 식량 대금을 치르는 방법을 찾기 위해 트레베와 스파, 브뤼셀에 이어 샤토 빌레트와 베르사유에서 회의를 열었다. 독일 대표들은 처음부터 자국의 재정적 고갈이 너무나 심각하기 때문에 한동안은 연합국들의 일시적 융자가 유일한 해법이라고 고집했다.

연합국으로서는 독일의 주장을 받아들일 수 없었다. 연합국이 독일에 엄청나게 큰 액수를 즉시 지급하라고 요구할 준비를 하고 있던 때였기 때문이다. 그러나 이와 별도로, 독일의 금을 건드리지 않고 또 외국 증권을 매각하지 않는 한, 독일의 주장은 정확한 것으로 여겨질 수 없었다. 어쨌든 1919년 봄에 연합국과 미국의 여론이 독일에 상당한 액수의 융자를 허용했을 것이라고 짐작하는 것은 터무니없다. 한편, 연합국은 당연히 배상의 확실한 자원이 될 금을 독일에 식량을 공급하는 일로 써버리길 꺼렸다. 가능한 대안을 찾는 일에 많은 시간이 투입되었다. 그러나 독일의 수출과 매각 가능한 외국 증권이 상당히 많다 하더라도, 그것을 제때에 처리할 수 없고 또 독일의 재정 고갈이 극심하기 때문에, 지금 당장 활용할 수 있는 것은 독일제국은행에 있는 금밖에 없다는 사실이 분명해졌다. 따라서 독일제국은행에 있던 금 중에서 2억5,000만 달러어치 이상의 금이 1919년 상반기에 식량 대금으로 독일로부터 연합국(주로 영국과 미국)으로 옮겨졌다.

그러나 이것이 전부가 아니었다. 독일이 처음 연장된 휴전 기간에 연합국의 허락 없이는 금을 수출하지 않기로 합의했을지라도, 연합국이 이 허락을 언제까지나 보류하고 있을 수는 없었을 것이다. 독일제국은행이 이웃 중립국들에게 지급해야 할 부채도 쌓여가고 있었다. 이 부채는 금이 아닌 다른 방법으로는 상환될 수 없었다. 독일제국은행이 이웃 국가들에게 상환을 제대로 하지 못할 경우에 마르크화의 가치에 심각한 영향을 미칠 것이며, 이는 미래의 배상에도 악영향을 끼칠 것이다. 그래서 연합국의 최고경제위원회는 경우에 따라 독일제국은행에 금의 수출을 허용했다.

이 같은 다양한 조치들로 인해 독일제국은행의 금 보유는 반 이상 줄어들어, 당초 5억7,500만 달러어치이던 것이 1919년 9월에는 2억 7,500만 달러로 떨어졌다.

조약에 따라 남은 금 전부를 배상에 쓰는 것도 가능할 것이다. 그러나 남은 금의 양은 독일제국은행이 발행한 화폐량의 4%에도 못미치는 액수였다. 그런 상황에서 그 금을 전부 몰수할 경우에 그 심리적 효과 때문에 마르크화의 교환 가치가 완전히 파괴될 수도 있었다. 2,500만 달러, 5,000만 달러, 아니 1억 달러까지도 특별한 목적을 위해 몰수할 수 있었을 것이다. 그러나 배상위원회는 미래의 배상금 지급을 고려할 경우에 독일의 통화 체계를 완전히 파괴하는 것은 사려 깊지 않다고 판단했을 것이다. 특히 점령되거나 할양된 영토 안에서 유통되던 마르크화를 많이 보유하고 있는 프랑스 정부와 벨기에 정부가 마르크화의 교환 가치를 유지하는 일에 지대한 관심을 갖고 있었기 때문에, 독일의 통화 체계를 파괴하는 것은 배상의 전망을 떠나서도 있을 수 없는 일이었다. 그래서 금과 은으로는 1921년에 독일이 지급해야 할 50억 달러에 언급할 가치가 있을 만큼의 금액을 보탤 수 없다는 결론이 나온다.

(b) 선박: 앞에서 본 바와 같이, 독일은 연합국에 거의 모든 상선을 양도하기로 약속했다. 정말로, 독일 상선의 상당 부분은 파리평화회의가 끝나기 전에 이미 연합국의 항구에 억류되었거나 식량 공급에 관한 브뤼셀 합의에 따라 이미 연합국의 수중에 있었다.[43]조약에 따라 연합국으로 넘어간 선박은 총 400만 톤으로 추산되며, 톤 당 가격을 150달러로 치면 전체 금액은 6억 달러가 된다.

....
43 연합국들은 휴전 기간에 독일 상선의 상당 부분을 잠정적으로 연합국에 넘긴다는 조건으로 독일에 식량을 공급했다.

(c) 외국 증권: 독일 정부가 1916년 9월[44] 외국 증권에 대한 조사를 실시하기 전까지, 독일에서 그런 투자에 관한 공식적인 보고는 한 번도 이뤄지지 않았다. 다양한 비공식적인 추산은 틀림없이 독일 주식시장에서 유통되는 외국 증권과 인지세, 영사 보고 등 불확실한 자료를 바탕으로 하고 있다. 전쟁 발발 전에 독일 내에서 받아들여지고 있던 추산은 각주와 같다.[45] 이는 독일의 순 해외 투자가 최고 62억 5,000만 달러라는 것이 독일 문제 권위자들의 대체적인 의견이라는 점을 보여주고 있다. 다소 과장이 있을 것으로 믿어지지만, 나는 이 수치를 계산의 기준으로 삼을 것이다. 50억 달러가 사실에 더 가까운 수치일 것이다.

이 수치에서 다음 각 항목에 해당하는 금액을 빼야 한다.

（ⅰ） 연합국과 미국에 대한 독일의 투자는 공공 수탁자(Public Trustees)나 적(敵)재산 관리자(Custodians of Enemy Property) 혹은 이와 비슷한 관리자들에 의해 압수되었으며, 연합국과 미국 시민들의 다양한 청구를 넘어서지 않는 한 배상에 쓰이지 못한다. 챕터 4에

....
44 이 조사는 1916년 8월 23일자 칙령에 의해 실시되었다. 1917년 3월 22일, 독일 정부는 자국민이 소유한 외국 증권에 대한 통제권을 확보했다. 이어 1917년 5월에 독일은 스웨덴과 덴마크, 스위스의 증권에 대해 전시 징집 권리를 발동하기 시작했다.

45 1892년 Schmoller 25억 달러. 1892년 Christians 32억5,000만 달러. 1893-4 Koch 30억 달러. 1905년 von Halle 40억 달러. 1913년 Helfferich 50억 달러. 1914년 Ballod 62억5,000만 달러. 1914년 Pistorius 62억5,000만 달러. 1919년 Hans David 52억5,000만 달러.

명시된 적의 부채 처리에 따라, 이 재산으로 가장 먼저 충당할 항목은 연합국의 민간인들이 독일 국적 시민들에게 청구하는 채권이다. 미국을 제외한다면, 그 외의 다른 목적에 쓰일 만큼 큰 돈이 남을 가능성은 거의 없다.

(ii) 전쟁 전에 독일의 가장 중요한 외국 투자처는 해외가 아니라 러시아와 오스트리아-헝가리, 터키, 루마니아, 불가리아였다. 이 지역의 투자 대부분은 지금 거의 가치가 없다. 어쨌든 당분간은 그렇다. 그 중에서도 러시아와 오스트리아-헝가리에 대한 투자가 특히 더 그러하다. 현재의 시장 가치를 기준으로 한다면, 이 투자 중에서 지금 명목 가격 이상으로 팔릴 수 있는 것은 하나도 없다. 연합국들이 정상적인 시장 가격보다 훨씬 더 높은 가격에 이 증권들을 인수해 미래에 현금화하기 위해 보유할 준비가 되어 있지 않다면, 독일이 이들 국가에 한 투자에서 배상금 지급에 쓸 돈을 끌어내는 것은 사실상 불가능하다.

(iii) 독일은 전쟁 동안에 자국의 외국 투자를 현금화할 위치에 있지 않았다. 그럼에도 독일은 일부 국가에서 투자를 최대한 회수했다. 미국이 전쟁에 참전하기 전에, 독일은 미국 증권에 대한 투자 중 상당 부분을 매각한 것으로 믿어진다. 처분한 투자액(3억 달러로 언급되고 있다)은 다소 과장되었을 것이지만 말이다. 그러나 전쟁 내내, 특히 마르크화의 교환 가치가 떨어지고 있었고 또 이웃 중립국에서 독일의 신용이 매우 낮았던 전쟁 막바지에 독일은 네덜란드와 스위

스 같은 나라들의 증권을 매각하고 있었고 스칸디나비아는 그것을 사거나 담보로 받아들이고 있었다. 1919년 6월 즈음, 독일이 이 나라들에 하고 있던 투자는 무시해도 좋을 만큼 줄어들었거나 독일의 부채가 더 컸다고 보는 것이 합리적이다. 독일은 또한 아르헨티나 국고 증권 같은, 시장을 찾을 수 있었던 해외 증권을 최대한 팔았다.

(iv) 휴전 이후 독일 주민들의 손에 남아 있던 외국 증권들이 외국으로 많이 흘러나간 것이 확실하다. 이런 도피를 막기는 대단히 어렵다. 독일의 해외 투자는 대체로 무기명 증권이었기 때문에 등록되지 않았다. 그런 투자는 국경을 아주 쉽게 넘을 수 있으며, 평화 협상이 마무리되기 전 몇 개월 동안엔 연합국 정부들이 독일의 외국 증권을 차지할 방법을 찾기만 하면 외국에 투자한 독일인들은 모든 것을 잃을 게 확실해 보였다. 이런 요소들이 작용해 독일인들의 창의력을 발동시켰을 것이며, 국외 유출을 효과적으로 막으려던 연합국과 독일 정부의 노력은 거의 아무런 효과를 발휘하지 못했을 것이다.

이런 여러 가지 사항을 고려한다면, 배상에 쓰일 돈이 많이 남아 있는 것이 오히려 기적일 것이다. 연합국과 미국, 독일의 동맹국, 독일 이웃의 중립국들을 모두 합하면 문명화된 세계의 거의 전부를 차지한다. 앞에서 본 바와 같이, 연합국은 이 지역에 대한 독일의 투자 중에서 배상에 쓸 만한 돈을 크게 기대할 수 없다. 정말이지, 앞에 말한 지역을 제외한다면 투자할 만한 중요성을 지니는 곳으로는 남미 국가들밖에 없다.

앞의 여러 항과 관련해 전체 금액에서 차감해야 할 금액을 계산하는 것은 당연히 짐작에 크게 의존한다. 나는 이 문제를 확보 가능한 통계와 다른 관련 자료에 비춰가면서 분석한 다음에 나름대로 최선의 추산을 제시할 생각이다.

나는 앞의 (i)항에 따른 차감액을 15억 달러로 잡는다. 이중에서 개인의 부채를 다 상환하고 나면 최종적으로 5억 달러 정도가 남을 것이다.

(ii)항에 대해 말하자면, 오스트리아 재무부가 1912년 12월 31일자로 실시한 조사는 독일인이 소유한 오스트리아-헝가리 증권의 명목 가치는 9억8,650만 달러였음을 보여주고 있다. 독일이 러시아에서 정부 채권 이외에 투자한 금액은 4억7,500만 달러로 추산된다. 이는 예상보다 크게 낮은 수치이며, 독일 경제학자 발터스하우젠(Sartorius von Waltershausen)은 1906년에 러시아 공채에 대한 독일의 투자를 7억5,000만 달러로 추산했다. 그러면 독일의 러시아 투자는 총 12억2,500만 달러라는 계산이 나온다. 루마니아가 참전할 당시에 루마니아에서 나온 한 추산에 따르면, 독일이 루마니아에 투자한 액수는 2,000만 달러 내지 2,200만 달러이다. 이 중 1,400만 달러 내지 1,600만 달러가 루마니아 정부의 공채에 투자되었다. 프랑스 신문 '르 탕'의 보도(1919년 9월 8일)에 따르면, 터키 내의 프랑스 이권을 지키는 한 협회는 터키에 투자된 독일 자본의 총액을 2억9,500만 달러로 추산하고 있다. 불가리아 내 독일의 투자에 대한 자료는

나에게 없다. 이 국가들 전체에 대한 투자와 관련해서 차감해야 할 금액을 나는 대략 25억 달러로 잡는다.

(iii)항에서 밝힌 바와 같이, 독일이 전쟁 기간에 담보로 넣거나 매각한 증권의 액수를 나는 5억 달러 내지 7억 달러로 추산한다. 독일이 보유하고 있던 증권 중에서, 스칸디나비아와 네덜란드와 스위스의 증권 거의 전부와 남미 증권의 일부, 그리고 미국이 참전하기 전에 매각한 북미 증권의 상당 부분이 이에 포함된다.

(iv)항에 따른 차감이라면, 물론 활용 가능한 통계는 전혀 없다. 지난 몇 개월 동안 유럽의 언론은 독일인이 소유한 외국 증권의 유출을 막는 방법에 관한 흥미진진한 기사를 많이 실었다. 그러나 이미 독일을 떠났거나 독일 내에 꼭꼭 숨은 외국 채권의 가치를 5억 달러로 추산하면 적절할 것이다.

그렇다면 다양한 항목별로 차감해야 할 돈을 전부 다 더하면 대략 50억 달러가 되고, 독일이 연합국에 대한 배상에 쓸 수 있는 액수는 이론적으로 12억5,000만 달러가 된다.[46] 일부 독자들에겐 이 수치가 작아보일지 모르지만, 이 수치는 독일 정부가 공공의 목적을 위해 처분할 수 있는 외국 증권을 의미한다는 점을 기억해주길 바란다. 나의 의견에는 이 수치도 지나치게 높다. 나는 이 문제에 다양한 방향으로 접근하면서 가급적 낮은 수치를 제시하고 있다. 몰수된 연합국의 증

....
46 알자스-로렌 지역과 더 이상 독일이 아닌 지역의 거주자들이 가진 외국 증권은 감안하지 않았다.

권과 오스트리아와 러시아 등에 대한 투자 등을 제외한다면, 독일이 어떤 외국 증권으로 12억5,000만 달러를 회수할 수 있을까? 이 질문 앞에서 대답이 궁해진다. 독일은 몰수되지 않은 약간의 중국 정부 증권과 일본 증권, 이보다 많은 남미의 재산을 갖고 있다. 그러나 지금도 독일의 수중에 있는 기업은 극소수이며, 그 가치는 5,000만 달러 내지 1억 달러가 아니라 1,000만 달러 내지 2,000만 달러에 그칠 것이다. 내가 볼 때, 독일의 해외 투자 중 남은 것을 현금으로 5억 달러에 구입하겠다고 나서는 신디케이트가 있다고 가정할 경우에 거기에 투자하는 사람은 아마 무모한 사람일 것이다. 배상위원회가 이처럼 낮은 수치를 현금화하길 원한다면, 위원회가 인수하길 원하는 자산을 지금 처분할 것이 아니라 몇 년 동안 갖고 있어야 할 것이다.

따라서 독일의 해외 증권으로 거둬들일 수 있는 돈은 5억 달러에서 최고 12억5,000만 달러에 그친다. 그렇다면 독일이 즉시 양도할 수 있는 부(富)의 내역은 다음과 같다.

(a) 금과 은 3억 달러.

(b) 선박 6억 달러.

(c) 외국 증권 5억 달러 내지 12억5,000만 달러.

금과 은의 경우에는 상당한 양을 빼내면 반드시 독일의 통화 체계에 큰 피해를 안기게 된다. 이는 연합국의 이익에도 반한다. 따라서 배상위원회가 이런 것들을 통해서 1921년 5월까지 확보할 것으로 예상할 수 있는 금액은 12억5,000만 달러에서 최고 17억5,000만 달러가 될 것이다.

(2) 휴전협정에 따라 할양된 영토에 소재한 재산

조약에 따라, 독일은 할양된 영토 안에 있는 자국 재산에 대해서도 배상에 쓸 만큼 큰 액수를 인정받지 못할 것이다.

할양된 영토 대부분에 소재한 사유재산은 독일인들이 연합국 국적의 시민들에게 진 빚을 상환하는 데 쓰이고, 그러고도 남는 것이 있다면 이 초과분만 배상에 쓰일 것이다. 폴란드와 다른 신생 국가들에 있는 사유재산의 가치는 소유자에게 직접 지급될 수 있다.

알자스-로렌 지방과 벨기에에 할양된 영토, 위임 통치국으로 넘어간 독일의 과거 식민지에 있는 독일 정부의 재산은 무상으로 몰수될 것이다. 과거 폴란드 왕국에 속했던 건물과 산림, 다른 국유 재산도 무상으로 양도될 것이다. 그러면 폴란드로 넘어간 독일 정부 재산과 덴마크로 양도된 슐레스비히에 있는 독일 정부 재산, '항구와 수로, 철도에 관한 챕터'에 따라 양도될 자르 탄전의 가치와 강의 선박들의 가치, 그리고 배상 챕터 부속서 7에 따라 양도될 독일 해저 케이블의 가치 등이 남는다.

조약에 어떤 식으로 명시되든, 배상위원회는 폴란드로부터는 어떤 현금 지급도 확보하지 못할 것이다. 나는 자르 탄전의 가치가

7,500만 달러에서 1억 달러 정도 될 것이라고 믿는다. 사유재산을 제외하고, 앞에 열거한 항목으로 챙길 수 있는 돈은 크게 잡아 1억 5,000만 달러 정도 될 것이다.

그러면 휴전협정에 따라 양도된 물자의 가치가 남는다. 평화조약 250조는 배상위원회가 휴전협정에 따라 양도된 철도 차량뿐만 아니라 "비군사적 가치를 지니는" 다른 물자에 대해서도 평가를 해 배상액에 반영할 것이라고 정하고 있다. 큰 가치가 나가는 아이템으로는 철도 차량(15만 대의 화차와 5,000대의 기관차)이 유일하다. 휴전협정에 따라 양도한 것들의 총 가치를 2억5,000만 달러로 본다면, 이 수치 역시 크게 잡은 추산일 것이다.

따라서 그 앞의 아이템에서 나온 숫자 12억5,000만 달러 내지 17억5,000만 달러에다가 이 항목의 4억 달러를 더해야 한다. 이 아이템의 숫자가 그 전 아이템의 숫자와 다른 점이 한 가지 있다. 이 아이템의 숫자는 연합국들의 재정 상황에 보탬이 될 수 있는 현금을 뜻하지 않고 연합국 상호간 혹은 연합국과 독일 사이의 장부상 채권 채무에 지나지 않는다는 점이다.

그러나 지금까지의 총계인 16억5,000만 달러에서 21억5,000만 달러 사이의 금액 전부가 배상에 쓰일 수 있는 것도 아니다. 조약의 251조에 따라 그 돈으로 가장 먼저 충당하는 것은 휴전 동안이나 평화협정 조인 후 들어가는 점령군의 비용이다. 1921년 5월까지의 비용이 얼마나 될지, 아직 계산하지 못한다. 먼저 병력 철수 계획이 확정되어야 하기 때문이다. 그 비용은 1919년 초반에는 매달 1억 달러 이상 들다가 나중에는 500만 달러 선으로 떨어질 것이다. 그러나 나는 이 비용을 10억 달러 정도로 추산한다. 이 비용까지 반영하면, 5억 달러에서 10억 달러가 남는다는 계산이 나온다.

이 금액과 상품 수출 대금, 그리고 조약에 따른 현물 지급 중에서, 연합국은 1921년 5월 전에 독일에 식량과 원료의 구입에 쓸 돈을 돌려줄 수 있을 것이라는 뜻을 표현했다. 지금으로선 독일이 경제를 복구하기 위해 외국에서 구입해야 할 재화의 화폐 가치를 정확히 평가하지 못한다. 또 연합국이 이 문제에 어느 정도 관용을 베풀 것인지도 확실하지 않다. 독일의 식량과 원료의 비축이 1921년 5월까지 정상적인 수준에 가깝도록 복구되려면, 독일은 아마 현재의 수출 가치 외에 5억 달러에서 10억 달러 사이의 외국 구매력을 필요로 할 것이다. 이만한 규모의 구매력은 허용되지 않을 것 같지만, 나는 독일의 사회적 및 경제적 조건을 고려할 때 1921년 5월까지 수출 초과를 이루는 것은 불가능하다고 확신한다. 또 독일이 조약에 따라 석탄과 염료, 목재 혹은 다른 자원을 동원하는 현물 지급의 가치는 독일의 생존에 근본적으로 필요한 수입 대금으로 쓰이도록 독일로 돌아가야 한다고 나는 생각한다.

따라서 배상위원회는 즉시 양도 가능한 독일의 부를 처분하고, 조약에 따라 독일에 지급되어야 할 금액을 계산하고, 또 점령군의 비용을 지급한다고 가정한 다음에 독일에 남을 5억 달러 내지 10억 달러에 더 추가할 돈을 다른 원천에서 기대하기 어렵다. 벨기에는 조약과 상관없이 프랑스와 미국, 영국과 별도의 합의를 통해 배상액으로 처음 나올 5억 달러를 받기로 했다. 그렇기 때문에 이 문제의 결론을 말하자면, 벨기에는 1921년 5월까지 5억 달러를 받겠지만 다른 연합국은 그때까지 언급할 가치가 있을 만큼 큰 돈을 전혀 받지 못한다는 뜻이다. 여하튼 연합국 재무 장관들이 이외의 다른 가설을 바탕으로 계획을 입안하는 것은 매우 경솔한 처사일 것이다.

(3) 장기간에 걸쳐 매년 지급할 금액

독일이 전쟁 발발 전에 누렸던 지급 능력은 다음과 같은 여러 요인으로 인해 큰 타격을 입은 것이 분명하다. 거의 모든 식민지와 해외 커넥션, 상선과 외국 재산의 상실, 영토와 인구의 10% 할양, 석탄의 3분의 1과 철광석의 4분의 3 할양, 젊은 남자 200만 명의 희생, 4년에 걸친 국민들의 굶주림, 엄청난 전쟁 부채의 부담, 예전의 7분의 1에도 못 미치는 통화 가치, 동맹국들의 영토의 붕괴, 국내의 혁명과 인근 국가의 볼셰비즘, 4년에 걸친 전쟁과 패배에 따른 힘과 희망의 상실 등을 겪은 독일의 지급 능력은 절대로 옛날과 같을 수 없다.

이 모든 것은 너무나 명백하다고 모든 사람이 판단할 것이다. 그럼에도 독일로부터 거액의 배상금을 끌어낸다는 추산의 대부분은 독일이 미래에 무역을 옛날보다 엄청나게 더 활발하게 할 위치에 있다는 전제를 깔고 있다.

어떤 숫자를 제시하기 위해서라면, 조약이 생각하는 바와 달리, 그 지급이 현금(혹은 외환)으로 이뤄지는가 아니면 부분적으로 현물 (석탄, 염료, 목재 등)로 이뤄지는가 하는 문제는 전혀 중요하지 않다. 어쨌든, 독일의 지급은 구체적인 상품의 수출을 통해서만 이뤄질 수 있다. 이 수출의 가치를 배상을 위한 계좌로 돌리는 것은 비교적 사소한 문제이다.

가능할 때마다 통계로 돌아가지 않으면, 우리는 가설의 늪에 빠져 길을 잃고 말 것이다. 독일은 여러 해에 걸쳐 수입을 줄이고 수출을 늘려 외환 보유를 확대할 수 있어야만 배상금을 지급할 수 있는 것이 분명하다. 결국 독일은 재화로, 오직 재화로만 배상금을 지급할 수 있다. 이 재화가 직접 연합국에게 공급되든 아니면 중립국에 팔리든, 독일의 배상금 지급은 재화로만 이뤄질 수 있는 것이다. 독일이 재화를 중립국에 팔 경우에는 그 가치만큼의 돈이 연합국으로 양도될 것이다. 재화를 통한 지급이 어느 정도 될 것인지를 평가하는 가장 확실한 바탕은 전쟁 전 독일의 교역을 분석하면 나온다. 그런 분석에다가 부(富)를 생산하는 능력에 관한 전반적인 통계 자료를 참고할 경우에 독일의 수출이 수입을 초과할 수 있는 최대의 폭에 대한 합리적 추측이 가능해진다.

1913년에 독일의 수입은 26억9,000만 달러였고 수출은 25억2,500만 달러였다. 이는 통과무역과 금괴를 제외한 수치이다. 말하자면 수입이 수출보다 1억6,500만 달러가 더 많았다는 뜻이다. 그러나 1913년까지 그전 5년 동안의 평균을 보면, 독일의 수입은 수출보다 3억 7,000만 달러나 더 많았다. 그렇다면 독일이 전쟁 전에 한 신규 외국 투자는 기존의 외국 증권에서 나온 이자나 해운, 외국 금융 등에서 얻은 수익으로 이뤄졌다는 뜻이다. 지금은 독일이 외국 재산과 상선을 빼앗기고 외국 금융과 외국에서 얻던 다른 작은 수입원들마저 다 파괴되었기 때문에, 전쟁 전의 수출과 수입을 바탕으로 판단하면 독일은 무역으로 외국에 지급할 잉여를 창출하기는커녕 자립조차 제대로 하지 못할 것이다. 그렇기 때문에 독일의 첫 과제는 이 적자를 메우기 위해 소비와 생산을 재조정하는 일이 되어야 한다. 독일은 수입 물자를 제대로 이용할 수 있어야만 경제를 활성화시킬 수 있을 것이다. 또 그래야만 수출이 자극을 받게 될 것이고, 따라서 연합국에 대한 배상도 가능해질 것이다.

독일의 수입과 수출의 3분의 2가 다음 도표에 항목별로 분류되고 있다. 비교적 중요성이 떨어지는 상품들이 차지하는 나머지 3분의 1에도 이 항목들에 대한 분석을 그대로 적용해도 별 문제가 없을 것으로 보인다.

1913년 독일의 수출	금액(백만 달러)	비율
철 제품(강철판 등 포함)	330.65	13.2
기계류 및 부품(자동차 포함)	187.75	7.5
석탄, 코크스, 연탄	176.70	7.0
양모 제품(천연 및 소모(梳毛) 양모와 의류 포함)	147.00	5.9
면 제품(천연 면화, 실 포함)	140.75	5.6
	982.85	39.2
곡물 등(호밀, 귀리,밀, 호프 포함)	105.90	4.1
가죽 및 가죽 제품	77.35	3.0
설탕	66.00	2.6
종이 등	65.50	2.6
모피	58.75	2.2
전기 제품(설비, 기계류, 램프, 케이블)	54.40	2.2
실크 제품	50.50	2.0
염료	48.80	1.9
구리 제품	32.50	1.3
장난감	25.75	1.0
고무 및 고무 제품	21.35	0.9
서적, 지도, 악보	18.55	0.8
탄산칼륨	15.90	0.6
유리	15.70	0.6
염화칼륨	14.55	0.6
피아노, 오르간 및 부품	13.85	0.6
천연 아연	13.70	0.5
자기 제품	12.65	0.5
	711.70	28.0
기타 제품	829.69	32.8
총계	2,524.24	100.0

1913년 독일 수입	금액(백만 달러)	비율
Ⅰ. 원료		
면화	151.75	5.6
가죽	124.30	4.6
양모	118.35	4.4
구리	83.75	3.1
석탄	68.30	2.5
목재	58.00	2.2
철광석	56.75	2.1
양모	46.75	1.7
아마 및 아마씨	46.65	1.7
질산칼륨	42.75	1.6
실크	39.50	1.5
고무	36.50	1.4
황마	23.50	0.9
석유	17.45	0.7
주석	14.55	0.5
인(燐) 가루	11.60	0.4
윤활유	11.45	0.4
	951.90	35.3
Ⅱ. 식품, 담배 등		
식량 등(밀, 보리, 왕겨, 쌀, 옥수수, 귀리, 호밀, 클로버)	327.55	12.2
오일시드, 케이크 등(팜핵, 야자유 원료, 카카오 열매 포함)	102.65	3.8
소, 양(羊)지방, 방광	73.10	2.7
커피	54.75	2.0
달걀	48.50	1.8
담배	33.50	1.2
버터	29.65	1.1
말	29.05	1.1

과일	18.25	0.7
생선	14.95	0.6
가금류	14.00	0.6
포도주	13.35	0.5
	759.30	28.3

III. 제조품

면직과 실, 면제품	47.05	1.8
모직과 양모 제품	37.85	1.4
기계류	20.10	0.7
	105.00	3.9
IV. 미분류	876.40	32.5
합계	2,692.60	100.0

이 도표는 독일의 가장 중요한 수출은 다음과 같은 품목으로 이뤄져 있다는 사실을 보여준다.

1. 강철판을 포함한 철 제품(13.2%).

2. 기계류 등(7.5%).

3. 석탄, 코크스, 연탄(7%).

4. 천연 양모와 소모 양모를 포함한 양모 제품(5.9%).

5. 모직과 실, 천연 면을 포함한 면 제품(5.6%).

이 다섯 가지 항목이 전체 수출의 39.2%를 차지하고 있다. 이 제품들 모두가 전쟁 전에 독일과 영국이 경쟁을 치열하게 벌였던 종목이라는 사실이 확인될 것이다. 그러므로 해외나 유럽으로 나가는 그런 수출품의 물량이 크게 증대된다면, 당연히 영국의 수출 무역도 상당한 타격을 피할 수 없을 것이다.

이 항목 중 2가지, 즉 면제품과 양모 제품에 대해 말하자면, 수출 무역의 증대는 천연 원료의 수입에 크게 좌우된다. 왜냐하면 독일에는 면화가 전혀 나지 않고 양모도 거의 나지 않는 것이나 다름없기 때문이다. 따라서 독일에 전쟁 전의 소비 수준 이상으로 이 원료들을 확보할 기회를 주지 않는다면(이는 연합국의 희생을 통해서만 가능하다), 이 품목의 무역은 확장될 수 없다. 이 품목의 무역이 크게 높아진다 하더라도, 그 증가분이 고스란히 수출 가치의 증대로 이어지는 것은 물론 아니다. 수출한 제조품의 가치에서 수입한 원료의 가치를 뺀 만큼만 가치가 증대될 뿐이다.

다른 3가지 카테고리, 즉 기계류와 철강 제품, 석탄을 보면, 독일의 수출 능력이 폴란드와 어퍼 실레지아, 알자스-로렌 지방의 할양으로 인해 크게 약화될 것이다. 이미 지적한 바와 같이, 이 지역들은 독일 석탄 생산의 거의 3분의 1을 차지했다. 그것만이 아니다. 이 지역들은 또한 독일의 철광석 생산의 4분의 3을, 용광로의 38%를, 주조소의 9.5%를 차지했다. 그러므로 만약에 알자스-로렌과 어퍼 실레지아가 독일 본토로 철광석을 보내지 않는다면, 물론 이에 대한 대금을 지급할 길도 찾아야 하겠지만, 독일은 수출 무역의 증대를 이루기는커녕 수출 감소가 불가피할 것이다.

그 다음에 나타나는 수출품 품목은 곡물과 가죽 제품, 설탕, 종이, 모피, 전기 제품, 실크 제품, 염료 등이다. 곡물은 수출 초과 품목이 아니며, 수입이 월등히 더 많다. 설탕의 경우 독일이 전쟁 전에 수출한 양의 거의 90%가 영국으로 갔다. 영국에서 독일 설탕을 선호하는 취향이 되살아나거나, 석탄이나 염료처럼 설탕을 현물 배상으로 받아들이면, 설탕의 수출은 증대될 것이다. 종이 수출도 약간의 증가를 이룰 것이다. 가죽 제품과 모피, 실크는 같은 품목의 수입에 크게 좌우될 것이다. 실크 제품의 경우 독일은 프랑스나 이탈리아와 경쟁을 벌이고 있다. 나머지 품목들은 규모가 작은 편이다. 배상금을 탄산칼륨 등으로 지급할 수 있다는 말도 돌았다. 그러나 전쟁 전에 탄산칼륨 수출은 전체의 0.6%를 차지하는 데 그쳤다. 금액으로 치면 총 1,500만 달러에 지나지 않았다. 게다가, 프랑스는 자국에 할양된 영토에 탄산칼륨 매장지가 포함되어 있기 때문에 독일이 이 품목을 수출하도록 적극적으로 돕지 않을 것이다.

수입품 목록을 보면 전체의 63.6%가 천연 원료와 식량인 것으로 확인되고 있다. 원료 카테고리의 주요 품목들, 말하자면 면화와 양모, 구리, 가죽, 철광석, 모피, 실크, 고무, 주석 등을 줄일 경우에 수출 무역에 반드시 그 영향이 나타나게 되어 있다. 수출 무역을 증대시키려면, 이 항목의 수입을 늘려야 할 것이다. 식량 수입, 즉 밀과 보리,

커피, 달걀, 쌀, 옥수수 등의 수입은 이와 다른 문제를 제기한다. 독일 노동 계급이 전쟁 전에 소비했던 식량의 양이 노동 능력을 최대한 발휘하는 데 필요한 양을 넘어섰을 가능성은 작을 것이다. 어쩌면 적정한 양보다 미달했을 것이다. 그러므로 식량 수입을 크게 줄일 경우에 산업 분야 노동 인구의 능률에 영향을 미치고, 따라서 그들이 이룰 무역 흑자의 규모에도 영향을 미칠 것이다. 노동자들이 영양 섭취를 제대로 하지 못하는 상황에서 독일 산업의 생산성을 크게 증대시켜야 한다는 주장은 다소 공허하게 들린다.

그러나 보리나 커피, 달걀, 담배의 경우에는 사정이 다를 수 있다. 독일인들이 미래를 위해서 맥주나 커피를 마시지 않고 담배를 피우지 않을 수 있다면, 상당한 저축이 가능할 것이다. 그렇게 하지 않는다면, 여기서도 상당한 절약을 이룰 여지는 별로 없을 것 같다.

독일의 수출과 수입을 상대 국가별로 분석하면 많은 이야기가 가능하다. 이 분석을 보면, 1913년 독일의 수출 중 18%가 영국 제국으로, 17%가 프랑스와 이탈리아, 벨기에로, 7%가 미국으로 건너갔다. 말하자면 수출의 반 이상이 협상국들에서 시장을 찾았다는 뜻이다. 전체 수출액 중에서 12%가 오스트리아-헝가리와 터키, 불가리아로, 35%가 기타 지역으로 수출되었다. 그렇기 때문에 연합국이 독일 제품의 수입을 촉진할 준비가 되어 있지 않다면, 독일 수출액의 증가는 중립국들의 시장에서만 기대할 수밖에 없는 실정이다.

상대 국가별로 본 독일의 무역(1913년)

	수출		수입	
	금액(백만 달러)	비율	금액(백만 달러)	비율
영국	359.65	14.2	219.00	8.1
인도	37.65	1.5	135.20	5.0
이집트	10.85	0.4	29.60	1.1
캐나다	15.10	0.6	16.00	0.6
오스트레일리아	22.10	0.9	74.00	2.8
남아프리카 공화국	11.70	0.5	17.40	0.6
영국 제국 합계	457.05	18.1	491.20	18.2
프랑스	197.45	7.8	146.65	5.4
벨기에	137.75	5.5	86.15	3.2
이탈리아	98.35	3.9	79.40	3.0
미국	178.30	7.1	427.80	15.9
러시아	220.00	8.7	356.15	13.2
루마니아	35.00	1.4	19.95	0.7
오스트리아-헝가리	276.20	10.9	206.80	7.7
터키	24.60	1.0	18.40	0.7
불가리아	7.55	0.3	2.00	...
기타 국가들	800.20	35.3	858.70	32.0
	2,432.45	100.0	2,693.20	100.0

앞의 분석은 평화조약이 체결된 뒤에 독일의 무역 수지가 어떤 식으로 변화할 것인지를 예측하게 한다. (1)연합국이 면화와 양모 같은 원료의 공급에서 자국보다 독일에 특별히 호의를 베풀지 않고(세계가 이 원료를 공급할 수 있는 양은 제한되어 있다), (2)철광석 매장

량을 갖게 된 프랑스가 용광로 확보를 위해 노력하며 강철 무역에 열을 올리고, (3)독일이 철을 비롯한 다른 품목의 무역에서 연합국의 몫을 잠식하지 못하고, (4)영국 제국 안에서 독일 제품에 대한 선호가 두드러지게 일어나지 않을 것이라고 가정한다면, 몇 가지 품목만을 구체적으로 조사해 보아도 전망이 그리 밝지 않다는 것이 분명히 드러난다.

여기서 주요 품목들을 다시 살펴보자. (1)철 제품: 독일의 자원 상실을 감안하면, 수출 순증가는 불가능하고 오히려 수출이 감소할 가능성이 있다. (2)기계류: 약간의 증가가 가능하다. (3)석탄과 코크스: 전쟁 전에 독일의 순수출은 1억1,000만 달러였다. 연합국은 한동안 석탄과 코크스를 최고 2,000만 톤 수출로 묶고 미래에 4,000만 톤까지 수출을 늘린다는 데 합의했다. 아마 이 수치까지 수출량을 늘리는 것은 불가능할 것이다. 석탄과 코크스를 2,000만 톤 수출할 경우에 전쟁 전의 가격을 기준으로 환산하면 가치의 증가는 사실상 전혀 없다. 만약에 이 양이 강요된다면, 생산에 석탄이 요구되는 제품의 수출 액수가 크게 떨어질 것이다. (4)양모 제품: 천연 양모가 없으면 수출 증대는 불가능하다. 다른 국가들의 천연 양모 수요를 고려하면, 양모 제품의 수출이 감소할 확률이 높다. (5)면 제품: 양모 제품과 똑같은 상황에 처할 것이다. (6)곡물: 순수출은 한 번도 없었고, 앞으로도 절대로 있을 수 없다. (7)가죽 제품: 양모 제품과 비슷한 상황일 것이다.

지금까지 전쟁 전 독일 수출액 중 거의 반을 돌아보았다. 예전에 수출 비중이 3% 이상을 차지한 품목 중에서 언급되지 않은 품목은 없다. 독일이 이 외의 다른 어떤 제품으로 배상금을 지급한단 말인가? 염료로? 1913년에 염료의 총 가치는 5,000만 달러였다. 장난감? 탄산칼륨? 1913년에 탄산칼륨의 수출 총액은 1,500만 달러였다. 설령 그런 제품을 갖고 배상금을 지급하려 노력한들 그것을 어느 시장에 판단 말인가? 그것도 수천 만 달러가 아니라 수억 달러씩 팔아야만 한다는 사실을 기억해야 할 것이다.

수입 쪽을 보면, 차라리 수출보다 가능성이 조금 더 있어 보인다. 생활 수준을 낮추면, 수입 제품에 대한 지출을 상당히 줄일 수 있을 것이다. 그러나 앞에서 이미 보았듯이, 중요한 품목들 중 많은 것은 규모를 줄일 경우에 반드시 수출에 그 영향이 나타나게 되어 있다.

터무니없을 만큼 엉터리가 아닌 범위 안에서 최대한 높게 추산해보자. 독일이 자원과 설비, 시장, 생산력의 축소에도 불구하고 어느 정도 시간이 지나면 수출을 늘리는 한편 수입을 축소해 무역수지를 전쟁 전 가격 기준으로 매년 5억 달러 정도 개선시킨다고 가정하자. 이 같은 액수는 먼저 전쟁 전 5년 동안 평균 3억7,000만 달러에 달하던 무역적자를 해소하는 데 필요하다. 그러나 그런 열악한 환경에서도 무역흑자를 매년 2억5,000만 달러를 이룬다고 가정하자. 여기에 제품 가격이 전쟁 전에 비해 2배 높아졌다고 가정하면, 5억 달러라는 숫자가 가능해진다. 순수하게 경제적인 요소들만 아니라 정치적,

사회적, 인간적인 요소들까지 고려한다면, 나는 독일이 앞으로 30년 동안 이 금액을 매년 지급할 수 있을 것이라고 믿지 않는다. 그래도 독일이 그렇게 할 수 있다고 단언하거나 희망하는 것은 그렇게 바보짓처럼 보이지는 않을 것이다.

이자율을 5%로 보고 원금 상환을 1%로 잡는다면, 매년 5억 달러씩 30년 동안 지급하는 조건은 곧 현재 가치 85억 달러 정도의 원금을 갖고 있는 것이나 마찬가지이다.[47]

따라서 나는 최종적으로 독일이 배상금을 지급할 수 있는 능력의 상한선은 100억 달러라는 결론에 닿는다. 지급 방법에는 즉시 양도 가능한 부와 할양된 재산, 매년 지급하는 공물 등 모든 것이 포함된다. 나는 독일이 실제로 그만한 돈을 지급할 수 있다고 믿지 않는다. 이 수치가 매우 낮다고 생각하는 사람들에게 다음의 예와 비교해볼 것을 권한다. 1871년에 프랑스의 부(富)는 1913년 당시 독일 부의 반보다 약간 낮은 것으로 추산된다. 그러므로 화폐 가치의 변화를 제쳐놓는다면, 독일의 배상금을 25억 달러로 잡으면 1871년에 프랑스가 지급한 금액과 비슷해질 것이다. 배상금의 진짜 부담은 금액의 크기 그 이상으로 증가하기 때문에, 내가 제시하는 적정 배상금 100억 달러는 1871년 프랑스가 지급한 10억 달러보다 훨씬 더 심각한 결과

....
47 감채기금의 액수가 줄어들고 해마다 지급하는 금액이 상당히 오랫동안 이어진다면, 복리의 힘이 아주 막강하기 때문에 현재의 가치는 절대로 높을 수 없다. 이자율을 옛날처럼 5%로 가정할 경우에 매년 5억 달러씩 영원히 지급한다 해도 지급 총액의 현재 가치는 100억 달러밖에 되지 않는다.

를 낳을 것이다.

앞에서 내가 제시한 숫자에 보탬이 될 가능성이 커 보이는 분야는 오직 하나뿐이다. 말하자면 독일의 노동력이 폐허가 된 지역으로 옮겨가 거기서 재건 사업에 종사하는 것이다. 이런 계획이 제한적이나마 실제로 논의되고 있다는 소리가 들렸다. 이런 계획으로 얻을 수 있는 수입은 독일 정부가 이 방향으로 돌릴 노동자들의 숫자와 벨기에와 프랑스의 주민들이 오랜 기간 받아주려 하는 숫자에 좌우된다. 어쨌든 재건 현장에 상당히 긴 기간 동안 수입 노동력을 투입하는 것은 매우 어려울 것이며, 그에 따를 순가치를 따지면 12억5,000만 달러를 넘지 않을 것이다. 이 수치조차도 실제로 배상금에 보탬이 될지는 미지수이다.

따라서 400억 달러, 아니 250억 달러는 합리적으로 가능하지 않은 수치이다. 구체적인 품목을 제시하거나 시장을 열거하며 그 만한 배상금을 받아낼 수 있다고 말하는 것은 독일이 매년 수억 달러를 지급할 수 있다고 믿는 사람들을 위한 기만일 뿐이다. 그런 주장을 펴는 사람들이 어느 정도 세부적으로 파고들면서 자신들의 결론을 뒷받침할 실질적인 증거를 제시할 때까지, 그들을 믿어서는 곤란하다.

여기서 나는 세 가지 단서를 붙일 것이다. 이 단서 중 어느 것도 지금 당장 나의 논거에 영향을 미치지 않는다.

첫째, 연합국이 5년 내지 10년 동안 독일의 무역과 산업을 "보호 육성"한다면, 말하자면 독일에 대규모 융자를 제공하고, 그 기간에 해운과 식량, 원료 등을 공급하고, 독일을 위해 시장을 형성하고, 또 독일을 전 세계는 아니더라도 유럽에서 가장 큰 산업 국가로 만드는 일에 연합국의 자원을 투입한다면, 그 이후로 상당히 큰 금액을 독일로부터 받아낼 수 있을 것이다. 독일의 경우 매우 높은 생산성을 발휘할 수 있기 때문이다.

둘째, 화폐로 추산하면서 가치 단위의 구매력에 혁명적인 변화가 일어나지 않을 것이라고 전제하고 있다. 만약에 금의 가치가 현재 가치의 반이나 10분의 1로 떨어진다면, 금으로 고정된 지급의 실제 부담은 그에 비례하여 줄어들 것이다. 만약에 1파운드 금화가 현재의 실링 가치로 떨어지면, 그럴 경우엔 당연히 독일은 내가 지금 추산한 것보다 훨씬 더 큰 금액을 지급할 수 있을 것이다.

셋째, 자연과 원료가 인간의 노동에 안기는 결실에 획기적인 변화가 없을 것이라고 전제하고 있다. 과학 발달이 삶의 전체 수준을 상상을 초월할 정도로 높일 수 있는 방법과 장치를 찾아내는 것도 불가능하지 않다. 그런 상황이 벌어진다면, 사람은 지금의 노동량보다 훨씬 적은 노동으로도 많은 제품을 생산할 수 있을 것이다. 그러면 모든 분야에서 "능력"의 수준이 변할 것이다. 그러나 모든 것이 가능해진다는 사실조차도 바보 같은 생각의 구실이 될 수는 없다.

1870년에 어느 누구도 1910년의 독일의 능력을 예측하지 못한 것이 사실이다. 우리는 한 세대 이상 동안 세상을 통제할 수 있을 것이라고 기대하지 못한다. 인간의 경제적 조건에 나타나는 세속적 변화와 인간의 예측이 엉터리일 수 있는 가능성이 언제나 인류를 이쪽 아니면 저쪽 길로 잘못 이끌 수 있다. 이성적인 인간으로서 우리는 정책의 바탕을 확보 가능한 증거에 둬야 한다. 그것이 최선의 방법이다. 그러면서 그 정책을 우리의 예측이 어느 정도 통하는 5년 내지 10년의 기간에 맞춰 조정해야 한다. 독일이 장기간에 걸쳐 지급할 수 있는 능력이 어느 정도일지에 대한 지식을 전혀 갖추지 않았다고 해서, 독일이 500억 달러를 지급할 수 있다는 터무니없는 주장을 펴는 것이 정당화되지는 않는다.

그렇다면 세계가 진실하지 못한 정치인들의 말을 그처럼 쉽게 믿어버리는 이유는 무엇일까? 이에 대한 설명이 필요하다면, 나는 과거에 있었던 다음과 같은 영향들에서 그 답을 찾을 것이다.

우선, 유럽인 모두가 전쟁 비용의 엄청난 지출과 물가의 인플레이션, 가치 단위의 불안정을 낳은 통화 가치 하락 등을 지켜보면서 그만 재정 문제에서 숫자와 규모에 대한 감각을 상실했다는 점이다. 모든 영역이 가능성의 한계로 믿어왔던 범위를 크게 벗어났다. 따라서 예상의 근거를 과거에 두었던 사람들은 종종 틀린 것으로 확인되었다. 그렇게 되자 아주 평범한 사람들조차도 이젠 권위 있는 것처럼 위장한 것이면 무엇이든 믿을 준비가 되어 있다. 숫자의 경우엔 클수록 사람들에게 더 쉽게 받아들여지는 것 같다.

그러나 문제를 깊이 들여다보는 사람들도 가끔 합리적인 것처럼 보이는 오류에 휘둘리게 된다. 그런 사람은 독일의 수출 초과와는 완전히 다른 생산성 초과를 근거로 결론을 내린다. 카를 헬페리히(Karl Helfferich)가 추산한 1913년도 독일 부의 증가는 20억 달러에서 21억2,500만 달러 사이였다(기존의 토지와 재산의 화폐 가치 상승분은 제외한 추산이다). 전쟁 전에 독일이 군비에 2억5,000만 달러에서 5억 달러 사이의 예산을 지출했는데, 그 돈을 지금은 다른 곳에 지출할 수 있다. 그런데 독일이 매년 25억 달러를 연합국 측에 지급하지 못할 이유가 뭘까? 이 같은 주장은 설득력이 상당해 보인다.

그러나 거기엔 두 가지 실수가 있다. 무엇보다 먼저, 독일의 저축은 전쟁을 겪은 터라 옛날보다 크게 떨어질 것이다. 또 조약에 따라 미래에 매년 배상금을 지급한다면, 독일의 저축은 다시는 예전 수준으로 올라가지 못한다. 알자스-로렌과 폴란드, 어퍼 실레지아의 상실은 잉여 생산성으로 따지면 그 피해가 매년 2억5,000만 달러에 이를 것이다. 독일은 선박과 외국 투자, 외국 금융과 외국 커넥션으로 매년 5억 달러의 이익을 챙긴 것으로 짐작되는데, 지금은 이 모든 것을 다 빼앗긴 상태이다. 군비에서 아낀 돈은 지금 12억5,000만 달러로 추산되는 연금을 충당하기에도 부족한데, 이 연금이야말로 생산력의 진정한 상실을 상징하는 것이 아닌가. 또 현재 240억 마르크에 달하는 대내 채무 부담을 생산성보다 내부 분배의 문제로 여겨 옆으로 밀어놓는다 하더라도, 독일이 전쟁 기간에 진 외채와 비축 원료의 고갈, 가축의 격감, 비료와 노동력의 부족으로 인한 토지 생산성 훼손, 그리고 거의 5년 동안 수리를 하지 않은 데 따른 부의 감소 등은 고려되어야 한다. 독일은 지금 전쟁 전만큼 부유하지 않으며, 이런 이유들 때문에 미래의 저축률은 10%에도 미달할 것이다. 말하자면 저축액이 연 2억 달러에도 미치지 못할 것이라는 뜻이다.

이런 요소들 때문에 독일의 연(年) 흑자는 연합국이 다른 근거에서 독일의 최대 지급 능력으로 잡은 5억 달러 밑으로 이미 떨어졌다. 그러나 전쟁에서 패배한 독일이 마땅히 감수해야 할 생활 수준의 하락이 고려되지 않았다는 반론이 제기되더라도, 그래도 계산 방법에 여전히 근본적인 오류가 하나 더 있다. 국내 투자에 쓰일 수 있는 잉여가 수출 가능한 잉여로 전환되려면 일의 종류에 근본적인 변화가 일어나야만 한다. 노동력은 독일 국내의 일에 능률적일지라도 아직 외국 무역에서는 전혀 출구를 찾지 못할 수 있다. 여기서 우리는 수출 무역을 분석할 때 직면했던 문제에 봉착하게 된다. 독일의 노동력은 어떤 수출 무역에서 그 길을 찾을 수 있을까? 노동이 새로운 경로를 찾을 때에는 반드시 능률의 상실이 따르고 자본 지출의 확대가 수반되기 마련이다. 독일의 노동이 국내의 자본 증대를 통해 이룰 수 있는 잉여는 이론적으로나 실질적으로나 독일이 해외에 지급할 수 있는 배상금의 수단은 절대로 되지 못한다.

(4) 배상위원회

이 조직은 매우 특별하고 또 활동을 시작하면 유럽의 삶에 아주 폭넓게 영향력을 행사할 것이다. 그러기에 이 위원회의 특성은 하나하나 별도로 조사할 필요가 있다.

평화조약에 따라 독일에 강요된 배상과 비슷한 예는 인류 역사에 지금까지 한 번도 없었다. 예전에 전쟁이 끝난 뒤에 승전국이 패전국 으로부터 배상을 강제로 받던 방법은 이번의 배상과 두 가지 점에서 근본적으로 달랐다. 지금까지 승전국은 배상금 총액만 제시했으며, 패배한 측이 매년 현금을 약속대로 지급하는 한, 중대한 간섭은 전혀 필요하지 않았다.

그러나 이미 밝힌 여러 가지 이유 때문에, 이번에는 독일이 지급해 야 할 배상액이 아직 결정되지 않았으며, 최종 확정될 때 그 금액은 독일이 현금으로, 아니 어떤 방법으로든 지급할 수 있는 범위를 넘 어설 것이 확실하다. 따라서 청구할 금액을 정하고, 지급 방식을 결 정하고, 필요한 감액과 지급 연기를 승인할 조직이 필요하게 되었다. 이 조직은 맡은 임무를 매년 완수하기 위해서 반드시 적국의 국내 경 제에 폭넓은 권력을 행사할 수 있는 권한을 가져야 했다. 그러면 적 국은 파산한 국가 취급을 당하며 채권자에 의해 채권자들의 이익을 추구하는 방향으로 관리될 것이다. 그러나 실제로 보면 배상위원회 의 권력과 기능은 이 목적 완수에 필요한 범위를 훨씬 넘어서고 있 다. 이렇듯, 배상위원회는 조약에서 다루기 성가신 수많은 경제적 및 재정적 이슈를 최종적으로 정리할 목적으로 설립되었다.

배상위원회의 권력과 구성은 주로 독일과 맺은 조약의 배상 챕터 중 조항 233-241에, 그리고 부속서 2에 규정되어 있다. 그러나 배상위원회는 별도의 평화조약이 체결될 때 오스트리아와 불가리아, 아마 헝가리와 터키에도 권력을 행사하게 될 것이다. 따라서 오스트리아와의 조약[48]과 불가리아와의 조약[49]에도 비슷한 조항들이 있다.

주요 연합국은 이 위원회에 수석대표를 한 사람씩 참석시키게 되어 있다. 미국과 영국, 프랑스, 이탈리아의 대표는 모든 일에 관여하고, 벨기에 대표는 일본이나 세르비아-크로아티아-슬로베니아 국가(Serb-Croat-Slovene State)가 참석하는 일을 제외한 모든 일에 관여한다. 일본 대표는 해상 혹은 특별히 일본의 이익이 걸린 모든 문제에 참여한다. 세르비아-크로아티아-슬로베니아 국가의 대표는 오스트리아와 헝가리 혹은 불가리아와 관계있는 문제가 논의될 때 참여한다. 다른 연합국은 자국의 주장과 이해관계가 검토될 때 대표를 파견하지만 표결권은 갖지 않는다.

배상위원회는 만장일치가 요구되는 특별한 경우를 제외하곤 대체로 과반 찬성으로 결정한다. 만장일치가 필요한 예 중에서 가장 중요한 것은 독일의 배상 지급액에 대한 삭감이나 지급의 장기 연기, 독일 채권의 판매 등이다. 배상위원회는 결정을 집행할 권한도 갖고 있다. 위원회는 집행을 담당할 기구를 만들고 그 관리들에게 권한을 위임할 것이다. 위원회와 그 직원들은 외교 특권을 누리고, 그들의 임

<hr>

48 오스트리아가 지급해야 할 배상액은 전적으로 배상위원회의 조사에 맡겨졌다.

49 불가리아는 1920년부터 6개월마다 지급하는 방식으로 4억5,000만 달러를 배상금으로 지급하게 되어 있다.

금은 독일이 지급할 것이다. 그럼에도 독일은 그 임금 결정에 어떠한 의견도 제시하지 못한다. 배상위원회가 수많은 기능을 제대로 수행하려면, 수백 명의 직원이 서로 다른 언어를 쓰는 거대한 관료 조직이 필요할 것이다. 본부가 파리에 세워질 이 조직에 중부 유럽의 경제적 운명이 맡겨질 것이다.

배상위원회의 주요 기능을 보면 다음과 같다.

1. 배상위원회는 연합국이 배상 챕터의 부속서 1에 따라 제시한 청구를 세밀하게 검토한 뒤 적국에게 청구할 금액을 최종적으로 결정할 것이다. 이 임무는 1921년 5월까지 마무리될 것이다. 배상위원회는 독일 정부와 독일의 동맹국들에게 "위원회의 결정에 앞서 의견을 발표할 공정한 기회를 부여하지만" 독일과 그 동맹국들은 배상위원회의 결정에는 참여하지 못한다. 말하자면 배상위원회는 당사자가 됨과 동시에 심판자가 된다는 뜻이다.

2. 청구액을 결정하고 나면, 배상위원회는 전체 금액을 30년 안에 다 갚을 수 있도록 지급 계획을 마련할 것이다. 배상위원회는 일정한 범위 안에서 스케줄을 조정하기 위해 수시로 "독일 대표에게 의견을 개진할 기회를 주고 … 독일의 자원과 능력을 고려할" 것이다. "정기적으로 독일의 지급 능력을 평가하면서, 배상위원회는 독일의 과세 제도를 점검할 것이다. 그 목적은 첫째, 독일이 지급할 배상금이 세입에서 나오는지를 확인하는 것이고 … 둘째, 독일의 세율을 배상위원회에 참여하고 있는 여러 연합국의 세율만큼 높게 유지하는 것이다."

3. 1921년 5월까지, 배상위원회는 50억 달러의 지급을 확보하기 위해 소재지와 종류를 불문하고 독일 재산을 내놓을 것을 요구할 권한을 갖는다. 말하자면, "독일은 금이나 상품, 선박, 증권 혹은 다른 어떤 것으로든 배상위원회가 정하는 방식에 따라 할부금을 지급해야 할 것이다".

4. 배상위원회는 독일 국적의 사람들이 러시아와 중국, 터키, 오스트리아, 헝가리와 불가리아 혹은 독일의 옛 영토나 옛 동맹국들에서 맡고 있는 공공사업의 권리와 이권 중에서 어느 것을 수용해서 위원회로 양도할 것인지를 결정할 것이다. 배상위원회는 양도된 이권의 가치를 평가하고, 그 전리품을 나눌 것이다.

5. 배상위원회는 또 그런 식으로 독일로부터 빼앗은 자원 중에서 독일 경제가 제대로 굴러가도록 해 미래에도 배상금을 계속 받기 위해 독일로 되돌려줄 금액을 결정할 것이다.

6. 배상위원회는 휴전협정과 평화조약에 따라 할양된 재산이나 권리의 가치를 평가할 것이다. 배상금 지급에 포함될 것으로는, 철도 차량과 상선, 강의 선박, 가축, 자르 탄전, 할양된 영토 안의 재산 등이 있다.

7. 배상위원회는 독일이 배상 챕터의 다양한 부속서에 따라 매년 현물로 갚을 배상의 가치와 금액을 결정할 것이다.

8. 배상위원회는 전쟁 피해를 입은 것이 확인되는 재산에 대해 독일이 배상하게 할 규정을 마련할 것이다.

9. 배상위원회는 독일로부터 현금 또는 현물로 받는 모든 것을 관

리하고 분배할 것이다. 위원회는 또한 독일 채권을 발행하고 판매할 것이다.

10. 배상위원회는 슐레스비히와 폴란드, 단치히, 어퍼 실레지아 등 할양된 지역이 전쟁 전의 독일 공채 중에서 넘겨받아야 할 몫을 할당할 것이다. 위원회는 또 옛 오스트리아-헝가리 제국의 공채도 제국이 해체되고 새로 탄생하는 국가들 사이에 나눌 것이다.

11. 배상위원회는 오스트리아-헝가리 은행을 청산하고, 옛 오스트리아-헝가리 제국의 통화 체계를 바꾸는 작업을 감독할 것이다.

12. 배상위원회는 독일이 의무를 제대로 이행하지 않는 것으로 판단되면 그 같은 사실을 보고하고 이행을 강제할 방법을 조언할 것이다.

13. 대체로, 배상위원회는 하부 조직을 통해서 오스트리아와 불가리아를 상대로도 독일에게 하는 것과 똑같은 기능을 수행할 것이다. 아마 헝가리와 터키에도 그렇게 하게 될 것이다.[50]

이 외에 배상위원회가 맡은, 상대적으로 사소한 임무도 많다. 그러나 앞에 요약한 의무들만으로도 배상위원회가 행사할 권력의 범위와 중요성을 충분히 파악할 수 있다. 이 권력은 조약의 요구사항이 전반적으로 독일의 능력을 능가하고 있다는 사실 때문에 엄청나게 더 중요해진다. 따라서 배상위원회가 자체 판단에 따라 독일의 경제적 조

··········
50 이 글은 쓰는 시점엔 이 국가들과의 조약안은 아직 마련되지 않았다. 터키는 별도의 위원회에서 다룰 가능성이 있다.

건 때문에 필요하다고 판단되면 지급 부담을 경감해주도록 한 조항은 이 위원회를 독일 경제의 중재자로 만들 것이다. 배상위원회는 독일의 전반적인 지급 능력을 조사할 뿐만 아니라 어떤 식량 혹은 원료가 필요한지를 결정하게 되어 있다. 배상위원회는 독일의 과세제도(부속서 2. 12(b)항)와 독일의 대내(對內) 지출에 압력을 행사할 권리도 갖는다. 이는 독일의 전체 자원에서 배상이 가장 먼저 이뤄지도록 하기 위한 조치이다.

평화조약 240조에 따라, 독일은 배상위원회의 그런 권력을 "연합국과 관련국 정부들이 부여한 것으로" 확실히 인정하고 "배상위원회가 조약이 부여한 권력과 권위를 행사하는 데 동의한다". 독일은 배상위원회에 관련 정보를 모두 제공할 의무를 진다. 최종적으로, 241조는 이렇게 규정하고 있다. "독일은 이 조항들을 실현시키는 데 필요한 모든 법률과 명령, 포고를 통과시키고, 공표하고, 준수할 임무를 진다."

독일 재정 위원회가 베르사유에서 이 조항에 대해 한 논평은 절대로 과장이 아니다. "이제 독일 민주주의는 독일 국민이 험난한 투쟁을 끝내고 막 세우려는 바로 그 순간에 무참히 짓밟혀 버리고 말았다. 그것도 전쟁 동안 내내 독일 국민에게 민주주의를 안겨주겠다는 말을 입이 닳도록 한 바로 그 사람들에 의해 완전히 짓이겨지고 말았다. … 독일은 더 이상 국민도 아니고 나라도 아니며 채권자들의 이권 쟁탈의 장에 지나지 않게 되었다. 독일에겐 스스로의 힘으로 의무를 완수할 의지를 입증해보일 기회조차 주어지지 않고 있다. 독일 밖에 본부를 두게 될 배상위원회는 독일 안에서 독일 황제가 지금까지 누린 것과 비교도 안 될 정도로 큰 권력을 누릴 것이다. 배상위원회의 관리 아래, 독일 국민은 앞으로 몇 십 년 동안 모든 권리를 빼앗긴 채 살아가야 할 것이다. 아마 독일 국민은 행동의 자유를 절대왕정 시대보다도 더 심하게 박탈당할 것이다. 또한 경제적 혹은 윤리적 발전을 꾀할 기회까지도 박탈당할 것이다."

이 같은 논평에 대한 답변에서, 연합국은 독일 대표의 그런 관찰에 대해 전혀 근거 없는 것이라고 일축했다. 연합국은 이런 식으로 주장했다. "독일 대표는 배상위원회를 제대로 관찰하지 않았을 뿐만 아니라 심하게 왜곡하고 있다. 독일 대표가 평화조약의 조항들을 차분하게 분석했는지조차 의심스럽다. 배상위원회는 독일 주민을 억압하거나 독일 주권을 간섭하는 기관이 아니다. 배상위원회는 권력을 전혀 갖고 있지 않으며, 독일 영토 안에서 어떠한 집행권도 갖고 있지 않다. 배상위원회는 독일이 주장하는 바와 달리 독일의 교육이나 다른 제도를 통제하지 못한다. 위원회의 임무는 독일 측에 배상금을 무엇으로 지급할 것인지를 묻고, 독일이 지급할 능력을 갖추고 있는지를 확인하고, 독일이 지급을 이행하지 않을 경우에 연합국에 보고하는 것이다. 독일이 스스로 필요한 돈을 마련한다면, 배상위원회는 다른 방식으로 돈을 마련하라는 식으로 명령하지 않는다. 독일이 현물로 내놓으면, 위원회는 그 지급을 받을 수 있지만 조약에서 정한 경우를 제외하고는 그런 식의 지급을 요구하지 않는다."

이것은 배상위원회의 권한과 범위를 솔직하게 밝히는 진술이 아니다. 배상위원회의 의견과 앞에서 요약한 내용이나 조약과 비교해 보면, 이 진술이 진실과 거리가 멀다는 사실이 명백해진다. 예를 들어, 위원회가 권력을 전혀 갖고 있지 않다는 진술은 조약의 430조에 비춰보면 정당화되기 어렵지 않을까? 430조는 이렇게 적고 있다. "점령 동안이나 앞에서 언급한 15년 만기가 끝난 뒤, 배상위원회가 독일이 조약 중 배상과 관련한 의무의 전부 혹은 일부를 지키길 거부한다는 사실을 발견하는 경우에, 429조에 명시된 지역의 전부 혹은 일부를 즉시 연합국과 관련국들이 점령한다." 독일이 약속을 지키고 있는지, 그리고 독일이 약속을 지키는 것이 가능한지에 대한 결정권이 국제연맹이 아니라 배상위원회에 주어지고 있다. 그리고 배상위원회가 독일이 배상 의무를 제대로 지키지 않고 있다고 판단하면, 그 즉시 무장 병력이 동원될 수 있다. 더욱이, 연합국이 독일 측 논평에 대한 답변에서 배상위원회의 권력을 낮춰보는 그 바탕에는 독일이 "필요한 돈을 스스로 마련할" 능력을 갖추고 있다는 인식이 깔려 있다. 독일이 배상에 필요한 돈을 스스로 마련하는 경우엔 배상위원회의 권력 중 많은 것이 실행되지 않을 것이기 때문이다. 하지만 배상위원회가 구성된 중요한 이유 하나가 바로 독일이 자국에 강요된 부담을 제대로 이행하지 못할지도 모른다는 예상이 아닌가.

* * * *

빈의 시민들이 배상위원회의 한 부서가 자신들을 방문할 것이라는 소식을 듣고 거기에 희망을 걸고 있다는 보도가 있다. 재정 문제를 다루는 조직은 그 시민들로부터 아무것도 끌어내지 못한다. 그들에겐 남은 것이 하나도 없기 때문이다. 그러기에 배상위원회의 목적은 시민들을 돕고 위로하는 것이 되어야 한다. 빈의 시민들도 역경 속에서 다소 경솔해진 탓인지 그런 식으로 말한다. 그러나 아마 빈 시민들의 말이 맞을 것이다. 배상위원회는 유럽의 문제들을 아주 가까이서 보게 될 것이며, 또 권력에 걸맞은 책임도 져야 할 것이다. 그런 식으로 접근한다면, 배상위원회는 애초에 창설자들이 의도한 것과 매우 다른 역할을 수행하게 될 것이다. 배상위원회가 이해관계가 아닌 정의를 추구할 국제연맹으로 넘어간다면, 배상위원회의 정신과 목적에 변화가 일어날 것이다. 그러면 배상위원회가 압제와 강탈의 도구에서 유럽의 한 경제위원회로, 말하자면 적국에서도 삶과 행복을 복구시킨다는 목적을 가진 그런 위원회로 바뀌지 않을까?

5. 독일의 역제안

독일의 역(逆)제안은 다소 불분명하고 또 음흉했다. 배상 챕터 중에서 독일의 공채 발행을 다룬 조항이 대중의 마음에 배상액은 250억 달러로 확정되었거나 어쨌든 이 금액이 최소액이라는 인상을 남겼다는 사실이 기억날 것이다. 그래서 독일 대표단은 연합국의 여론이 외견상 250억 달러에 미달하는 금액에는 만족하지 않을 것이라고 단정하고, 이 수치를 바탕으로 답변을 구상했다.

독일 대표단은 그 만큼 큰 수치를 제시할 마음의 준비가 되어 있지 않았다. 그러다 보니 그들은 꼼수를 썼다. 실제로는 훨씬 더 작은 금액을 부담하면서도 연합국 측의 눈에는 그 액수에 버금가는 부담을 떠안는 것으로 비칠 수 있는 어떤 원칙을 찾아낸 것이다. 그런데 이 원칙은 주의 깊게 읽고 또 관련 사실을 잘 알고 있는 사람들에겐 너무나 분명하게 보였다. 연합국 측 협상자들을 속일 수 있을 것이라고 기대하기 어려운 원칙이었다.

그렇다면 독일의 전술은 이랬다고 볼 수 있다. 연합국 협상 당사자들도 사실에 입각한 해결책을 끌어내기를 독일 측 협상 당사자들만큼이나 은밀히 바라고 있을 것이고, 따라서 연합국 대표들은 자국의 대중을 의식하여 조약 초안을 작성하면서 약간의 충돌을 일으키는 모습을 보여주려 할 것이라는 것이 독일 대표단의 짐작이었다. 이 같은 판단은 다른 상황이었다면 꽤 그럴 듯했을 것이다. 그러나 이런 꼼수는 실제로 독일에 전혀 도움이 되지 않았다. 그보다는 차라리 독일이 책임져야 할 부분을 솔직하게 계산해서 제시하는 한편으로 자국의 지급능력에 대해서도 솔직했더라면 독일에게 훨씬 더 유리했을 것이다.

독일 측이 제시한 배상금 250억 달러는 다음과 같은 계산 방식에서 나왔다.

첫째, 조약에서 정한 할양은 조건부였다. "독일은 휴전협정[51]에 따라 영토를 보전할 것이고, 자국의 식민지와 대형 선박을 포함한 상선을 지킬 것이고, 국내는 물론이고 세계에서도 다른 모든 국민들과 똑같은 행동의 자유를 누릴 것이며, 전쟁 동안에 독일의 경제적 권리와 사유재산에 가해진 모든 간섭은 호혜주의 원칙에 따라 처리되어야 한다." 말하자면, 250억 달러라는 제안은 평화조약에 포기하는 것으로 되어 있는 많은 것들과 연결된다는 뜻이다.

둘째, 연합국의 청구액은 250억 달러를 넘지 않을 것이며, 이 중 50억 달러는 1926년 5월 1일까지 지급한다. 또 이 금액 중 어느 것에도 지급 기한을 넘기지 않는 한 이자를 물리지 않는다.

셋째, 이 금액에서 다음에 해당하는 가치만큼 제한다. (a)군사 물자(예를 들면 독일 해군)를 포함하여, 휴전에 따라 이뤄진 모든 양도물의 가치, (b)할양된 영토 안에 있는 모든 철도와 국유 재산의 가치, (c)할양된 모든 영토가 독일의 공채(전쟁 부채 포함) 중에서 비례해서 떠안아야 할 몫과 할양된 영토가 독일의 일부로 남았을 경우에 떠안았을 배상 지급액, (d)독일이 전쟁 중에 동맹국에 빌려준 금액 중에서 연합국에 넘긴 금액.

··········
51 'Armistice Convention'이라는 표현이 애매하지만 무엇을 의미하든 별로 중요하지 않다.

(d)항이 정하는 액수를 계산하는 것은 거의 불가능하지만, (a)와 (b), (c), (d)에 따라 감해줘야 할 금액은 대충 계산해도 실제 조약이 배상액에 반영하기로 허용한 금액보다 100억 달러 이상 초과하는 것 같다.

따라서 독일이 제안한 250억 달러의 진정한 가치를 평화조약을 바탕으로 평가하려면, 먼저 평화조약이 허용하지 않는 100억 달러를 빼야 한다. 그런 다음에 남는 것을 다시 반으로 나눠야 한다. 이자가 붙지 않는 배상 지급액의 현재 가치를 구하려면 그렇게 해야 한다. 그러면 독일이 제안한 250억 달러의 현재 가치는 75억 달러에 지나지 않는다. 이 수치는 나의 대략적 짐작에도 400억 달러가 되는, 평화조약이 독일에 요구하고 있는 금액과 비교할 때 천지 차이가 난다.

독일의 이 같은 제안 자체도 상당한 것이었다. 정말이지, 이 제안은 독일 국내에서 엄청난 비판을 불러일으켰다. 그럼에도 조약의 나머지 중 상당 부분이 조건적이었다는 사실을 고려한다면, 독일의 제안은 진지한 제안으로 여겨지기 어렵다. 그러나 독일 대표단이 상환 능력에 대해 덜 모호한 언어로 언급했더라면 효과가 훨씬 더 나았을 것이다.

독일의 이 같은 역제안에 대한 연합국의 최종 답변을 보면, 거기에 중요한 조항이 하나 있다. 나도 지금까지 관심을 크게 두지 않았지만 이 대목에서 다루면 적절할 그런 조항이다. 대략적으로 말하면, 어떤 할양도 배상 챕터에 원래의 초안대로 담기지 않았지만, 연합국은 독일이 짊어질 부담이 최종적으로 결정되지 않은 데 따를 불편을 인정하고 1921년 5월 1일 이전에 최종 청구액을 확정짓겠다고 제안했다. 이에 따라 연합국은 조약 서명 후 4개월 이내에(즉 1919년 10월 말까지) 독일 측에 조약이 정한 바에 따라 자국이 책임져야 할 금액을 제시할 자유를 부여하겠다고 약속했다. 그러면 연합국은 그로부터 2개월 안에(즉 1919년이 다 가기 전에) 독일의 "제안에 대해 가능한 답변을 제시하겠다"는 뜻이었다.

연합국의 제안에 3가지 조건이 붙었다. "첫째, 독일 당국은 자국 측 제안을 내놓기 전에 관계 당사국들의 대표와 협의를 한다. 둘째, 제안은 모호하지 않아야 하고 명료하고 명확해야 한다. 셋째, 독일 당국은 배상 조항을 확정된 문제로 받아들여야 한다."

연합국 측의 제안은 독일의 지급 능력이라는 문제를 직시하려는 노력에서 나온 것 같지는 않다. 연합국의 제안은 오직 조약이 정한 바에 따라 총 청구액을 350억 달러로 할 것인가 400억 달러로 할 것인가 아니면 500억 달러로 할 것인가 하는 문제에만 관심을 두고 있다. 연합국 측의 제안은 "독일이 법적으로 지급해야 하는 돈의 액수가 문제이다. 이 금액은 어디까지나 사실에 근거해야 한다. 배상금 문제는 반드시 사실에 입각해 처리되어야 한다."고 덧붙이고 있다.

만약에 약속된 협상이 진정으로 이런 방침에서 행해진다면, 협상에서 결실을 거둘 가능성은 낮다. 1919년이 가기 전에 배상액에 합의를 이루기가 쉽지 않을 것이다. 독일로서는 어떤 계산법으로도 엄청날 수밖에 없는 배상액을 확실히 아는 것이 자국의 재정 상황에 별로 도움이 되지 않을 것이다. 그러나 이 협상은 배상금 지급이라는 문제를 다시 찬찬히 들여다볼 기회를 제공할 것이다. 그래도 그처럼 빠른 시간 안에 연합국의 국내 여론의 방향이 바뀔 것이라고 기대하긴 어려울 것이다.

* * * *

독일의 배상금이라는 주제에 대해 논하면서, 나는 마치 배상금이 연합국 측의 공약이나 경제적 사실만을 근거로 하면 정당하다는 식으로 접근할 수 없었다. 독일을 한 세대 동안 예속의 지위로 전락시키거나, 수백 만 명의 인간에게 모욕을 안기거나, 독일이라는 국가 전체의 행복을 몽땅 박탈하는 정책은 혐오스럽기도 하고 가증스럽기도 하다. 설령 그런 정책이 실행 가능하고, 또 연합국 주민들을 부유하게 만들고, 유럽 전체 문명을 쇠퇴시킬 씨앗을 뿌리지 않는다 하더라도, 그래도 그것이 혐오스런 정책인 것은 마찬가지이다. 어떤 사람들은 그런 정책을 정의의 이름으로 설교한다. 인류 역사의 중대한 사건들 속에서, 그리고 국가들의 뒤엉킨 운명의 전개 속에서, 정의는 절대로 그렇게 간단한 것이 아니다. 정의가 간단한 것이라면, 국가들은 부모들이나 통치자들의 비행(非行)을 이유로 적의 자식들까지 괴롭힐 권리를 갖지 못할 것이다.

5장

평화조약 이후의 유럽

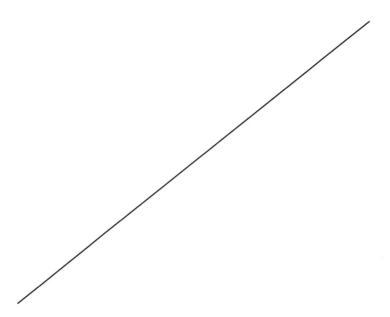

이 장은 비관적인 분위기를 풍길 수밖에 없다. 조약에 유럽 경제의 재건에 관한 조항은 하나도 없다. 패배한 중부 유럽을 좋은 이웃으로 만들 조항도 전혀 없고, 유럽의 신생 국가들을 안정시킬 조항도 전혀 없고, 러시아를 교화시킬 조항도 전혀 없다. 또 연합국 사이에 경제적 연대를 촉진시킬 조항도 전혀 없다. 프랑스와 이탈리아의 피폐한 재정을 복구할 계획도 평화회의에서 전혀 마련되지 않았다. 혹은 구세계와 신세계의 체계를 조정할 계획도 전혀 마련되지 않았다.

4인위원회는 이런 문제에 전혀 관심을 두지 않았다. 모두가 다른 문제에 몰두하고 있었기 때문이다. 클레망소는 적국의 경제를 짓밟아 뭉개는 일에, 로이드 조지는 협상을 통해 국내에서 일 주일 정도 무난하게 넘어갈 무엇인가를 갖고 가는 일에 각각 빠져 있었다. 월슨 대통령은 정당하고 옳지 않은 일이면 아무것도 하지 않으려 들었다. 자신들의 눈앞에서 유럽이 굶주리고 붕괴하고 있는데도 유럽이 안고 있는 근본적인 경제적 문제들이 이 정치 지도자들의 관심을 끌지 못했다는 사실은 그저 놀라울 따름이다. 이 4명에게 배상은 잠시 경제 분야로 산책을 나서는 것에 지나지 않았다. 그들은 배상을 신학의 문제로, 정치 조직체의 문제로, 선거를 위한 속임수의 문제로 풀어나갔다. 어느 누구도 자신이 운명을 쥐고 있는 국가의 경제적 미래라는 관점에서 그 문제에 접근하지 않았다.

나는 유럽의 경제적 미래라는 관점을 가진 가운데 파리와 평화회의, 평화조약을 떠났다. 전쟁과 평화가 엮어내고 있던 유럽의 상황을 잠시 고려하기 위해서였다. 이젠 전쟁의 불가피한 결과와 평화의 피할 수 있는 불행을 구분하는 것은 더 이상 나의 목적이 되지 않을 것이다.

유럽이 처한 상황의 근본적인 사실들은 내가 보는 바와 같이 아주 명확하다. 유럽은 세계 역사에서 인구 밀도가 가장 높은 국가들로 이뤄져 있다. 유럽 사람들은 상대적으로 높은 생활 수준에 익숙하며, 유럽의 일부는 지금 같은 현실에서조차도 생활의 악화보다 향상을 기대하고 있다. 다른 대륙들과의 관계 속에서 보면, 유럽은 자급자족을 이루지 못하고 있다. 구체적으로, 유럽은 스스로를 먹여 살리지 못하고 있다.

유럽의 안을 들여다보면, 인구 분포가 고르지 않다. 그러나 유럽의 많은 지역은 인구 밀도가 높은 산업 중심 지역으로 변했다. 유럽 주민들은 전쟁 전에 대단히 복잡한 경제 조직을 통해서 여유롭진 않아도 그런대로 생계를 해결할 수 있었으며, 이 조직의 바탕은 석탄과 철, 운송, 그리고 다른 대륙으로부터 안정적으로 공급되는 식량과 원료에 의해 지탱되었다.

이 조직이 파괴되고 공급의 흐름이 방해를 받음에 따라, 이 인구 중 일부는 생계 수단을 빼앗기고 있다. 그렇다고 과잉 인구에게 이민이 열려 있는 것도 아니다. 왜냐하면 이민을 받아들일 준비가 되어 있는 국가가 발견된다 하더라도, 과잉 인구를 외국으로 수송하는 데 몇 년의 시간이 걸릴 것이기 때문이다. 그러므로 유럽인들이 봉착하고 있는 위험은 유럽 인구의 생활 수준이 실제로 기아 상태가 일어날 만큼 급속도로 악화될 수 있다는 점이다(러시아는 이미 이런 상태로 악화되었고, 오스트리아도 그런 불행에 가까이 다가서고 있다).

인간은 언제나 가만히 죽지 않는다. 무력감과 절망감을 낳을 게 틀림없는 기아가 사람들의 기질을 광적인 상태로 몰아붙일 것이기 때문이다. 그러면 절망에 빠진 사람들은 그 조직의 나머지마저 뒤엎으며 자신의 절망적인 욕구를 충족시키기 위해 문명 자체를 파괴해버릴 것이다. 이것은 지금 유럽의 모든 자원과 용기, 이상주의가 서로 힘을 합해 맞서야 할 위험이다.

1919년 5월 13일, 독일 대표 브로크도르프 란차우 백작이 연합국과 관련국들이 모인 평화회의에서 독일경제위원회의 보고서를 바탕으로 연설을 했다. 보고서는 평화조약의 조건들이 독일 시민에게 미칠 영향에 관한 것이었다.

"지난 두 세대 동안 독일은 농업국가에서 산업국가로 변했다. 농업국가였을 때, 독일은 4,000만 명인 주민들을 먹여 살릴 수 있었다. 산업국가가 된 이후로도 6,700만 명 주민에게 생계 수단을 보장할 수 있었다. 1913년에 독일의 식량 수입은 대략 1,200만 톤에 달했다. 전쟁 전에, 독일 주민 중 1,500만 명이 외국 무역이나 항해, 외국산 원료의 가공을 통해서 생계를 꾸렸다."

보고서는 평화조약의 주요 조항들을 나열한 뒤 다음과 같이 이어갔다.

"독일의 생산품이 감소하게 되면, 또 식민지와 상선, 외국 투자의 상실로 인해 경제 불황이 닥치게 되면, 독일은 외국에서 적절한 양의 원료를 수입하지 못할 것이다. 따라서 독일 산업 중 아주 큰 부분이 파괴를 면하지 못할 것이다. 식량 수요를 자체적으로 충족시킬 가능성이 크게 떨어지는 만큼 식량 수입의 필요성은 더 커질 것이다. 그래서 곧 독일은 해운이나 무역으로 생계를 유지하지 못하게 된 수백만 명의 주민에게 빵과 일자리를 주지 못하는 상황에 처하게 될 것이다. 이런 주민들은 이민을 나가야 하지만, 이민도 거의 불가능하다. 많은 국가들, 특히 가장 중요한 나라들이 독일인의 이민에 반대하기 때문에, 이민은 더욱더 어려울 것이다. 따라서 평화조약의 조건들을 이행한다는 것은 곧 논리적으로 독일에서 수백 만 명의 희생을 부른다는 뜻이다. 독일 주민들의 건강이 전쟁 동안에 봉쇄 때문에, 또 휴전 동안에 굶주림 때문에 심각할 만큼 악화되어 있다는 사실을 고려한다면, 그런 재앙은 그리 멀지 않다. 대단히 큰 규모의 지원이 아주 오랫동안 이어진다 할지라도, 평화조약의 조건들이 이행되는 상황에서는 집단 죽음을 면하지 못할 것이다."

그러면서 이 보고서는 이렇게 결론을 내리고 있다. "인구 밀도가 매우 높은 산업국가인 독일은 세계의 경제 체계와 밀접히 연결되어 있고 또 막대한 양의 원료와 식량을 수입에 의존하고 있다. 그런 독일이 경제적 조건이나 인구 규모가 50년 전의 수준에나 어울리는 그런 단계로 되돌아가야 할 경우에 상황이 어떤 결과를 부를 것인지에 대해 연합국과 관련국 대표들이 알고 있는지 의심스럽다. 독일은 연합국과 관련국 대표들의 생각이 거기까지 미치지 못했을 것이라고 생각한다. 이 조약에 서명하는 사람들은 독일의 남녀, 어린이 수백만 명에게 사형 선고를 내리는 것이나 마찬가지일 것이다."

나는 독일 측 주장에 대해 어떻게 대답해야 옳은지 잘 모르겠다. 이 같은 비난의 소리는 적어도 독일의 평화 협상과 오스트리아의 평화 협상에서는 충분히 나올 만하다. 이것이 바로 유럽인들이 직면하고 있는 근본적인 문제이다. 이 문제 앞에서 영토 조정과 유럽의 세력균형 같은 문제는 의미를 잃는다. 과거 몇 세기 동안에 인간의 진보가 뒷걸음질 치게 만든 재앙이 여러 차례 있었다. 그 재앙들을 보면 인구가 부양 능력 이상으로 늘어나게 만든 호의적인 조건이 자연의 재앙이나 인간 행위에 의해 갑작스레 중단된 데에 대한 반작용으로 일어난 것이었다.

현 상황의 두드러진 특징은 3가지이다. 첫째, 유럽 내의 생산성이 당분간 반드시 떨어지게 되어 있다는 점이다. 둘째, 상품을 필요한 곳으로 옮기는 데 꼭 필요한 운송 수단과 교환 수단이 붕괴되었다는 점이다. 셋째, 유럽이 해외에서 필요한 물자를 구입할 능력을 갖추고 있지 않다는 점이다.

생산성의 저하는 쉽게 평가할 수 있는 것이 아니며, 따라서 과장이 있을 수 있다. 그러나 생산성 저하를 보여주는 증거가 너무나 명백하며, 후버의 사려 깊은 경고의 말에도 생산성 저하에 대한 우려가 담겨 있다.

생산성을 떨어뜨리는 요소는 다양하다. 러시아와 헝가리에서 오랫동안 이어지고 있는 폭력적인 무질서, 폴란드와 체코-슬로바키아 같은 곳에서 새로 탄생한 정부들이 경제적 관계의 재조정에서 드러내고 있는 무능력, 유럽 대륙 전반에 걸쳐 전쟁에 따른 희생이나 동원 때문에 일어난 노동력의 상실, 중부 유럽에서 지속되고 있는 영양실조에 따른 효율성의 저하, 전쟁 기간에 비료를 쓰지 않은 데 따른 토양의 고갈 등이 그런 요소로 꼽힌다. 그것만이 아니다. 노동 계급의 마음이 안정되지 않은 것도 중요한 요소이다.

이에 대한 후버 박사의 의견을 그대로 옮겨보자. "노동자들의 삶에 근본적으로 중요한 경제적인 문제들이 있다. 그러나 인구 중 큰 비중을 차지하는 노동자들이 궁핍이나 전쟁에 따른 정신적 및 육체적 긴장으로 인해 육체적으로 최선을 다하기 어려운 상태라는 점이 가장 큰 문제이다." 많은 사람들이 이런저런 이유로 실업 상태이다. 후버에 따르면, 1919년 7월 현재 유럽의 1,500만 가족이 다양한 형태의 실업 수당을 받고 있으며 그 돈은 통화 발행으로 충당되고 있다. 독일에는 이 외에 노동이나 자본을 투입하길 꺼리는 분위기마저 있다. 생계 수준 이상을 생산한다 하더라도 앞으로 몇 년 동안은 다 빼앗기게 될 것이라는 생각 때문이다.

현재 확보 가능한 구체적인 자료들은 아마 유럽의 쇠퇴를 그린 일반적인 그림에 특별한 것을 별로 보태지 못할 것이다. 그래도 나는 독자 여러분에게 그 자료 중 한 두 가지를 상기시키고 싶다. 유럽 전체의 석탄 생산은 30% 격감한 것으로 추산되고 있는데, 유럽 산업 중 상당 부분과 유럽의 운송 체계 전부는 석탄에 의존하고 있다. 전쟁 전에 독일은 주민들이 소비한 식량의 85%를 국내에서 생산했다. 그러나 지금 토지 생산성은 40% 감소했으며, 가축의 실제 질(質)은 55% 떨어졌다.[52] 예전에 수출 가능한 잉여 농산물을 많이 가졌던 유럽 국가들 중에서, 러시아는 생산 감소뿐만 아니라 운송 체계의 미비로 인해 오히려 굶주림에 시달릴 위험에 처할 수 있다. 헝가리는 다른 문제들 외에 추수 직후부터 루마니아 사람들의 약탈에 시달리고 있다. 오스트리아는 1919년이 다 가기 전에 그해 추수한 것을 다 소

....
52 스탈링(Ernest Starling)의 'Report on Food Conditions in Germany'

비하게 될 것이다. 이런 수치들이 너무나 압도적이기 때문에 오히려 사람들의 마음에 확신을 심어주지 못하는 것 같다.

그러나 석탄이 채굴되고 곡물이 수확된다 하더라도, 유럽 철도 체계의 붕괴가 운반을 가로막고 있다. 또 제품이 생산된다 하더라도, 유럽 통화 체계의 붕괴가 판매를 가로막고 있다. 전쟁과 휴전 조건에 따른 할양으로 독일의 운송 체계가 입은 피해에 대해서는 이미 언급한 바 있다. 그렇다 하더라도 독일의 처지는 제조업을 통한 대체 능력을 고려할 경우에 아마 일부 이웃 국가들만큼 심각하지는 않을 것이다. 러시아(이 나라에 대한 정확한 정보는 턱없이 부족하다)의 경우, 철도 차량의 상태가 아주 절망적일 것으로 믿어지며, 그것이 경제적 무질서의 최대 요인으로 꼽힌다. 그리고 폴란드와 루마니아, 헝가리의 처지도 러시아보다 별로 더 낫지 않다. 그럼에도 현대 산업의 힘은 기본적으로 효율적인 운송 체계에 좌우되며, 예전에 운송 체계를 통해 생계를 확보했던 인구는 운송 체계가 무너진 상태에서 살아가기가 어려울 것이다. 통화의 붕괴와 통화의 구매 가치에 대한 불신은 이 문제를 더욱 악화시킨다. 그렇기 때문에 이 불신에 대해서는 외국 무역과의 연결 속에서 조금 더 세세하게 논의되어야 한다.

그렇다면 지금 유럽의 그림은 과연 어떤 모습인가? 농촌 인구는 농업 생산의 결실을 바탕으로 스스로 살아갈 수 있지만 도시에 필요한 잉여를 내놓지 못하고 있다. 그리고 (수입 물품이 부족하고 도시에서 생산되는 제품의 종류도 다양하지 않고 양도 부족함에 따라)

다른 물건을 구하기 위해 식품을 시장에 내다 팔게 할 인센티브가 농촌 주민에게 없다. 산업 인구들은 식량이 부족해 체력을 유지할 수 없으며, 원료가 부족한 탓에 생계 수단을 벌지 못하고 있으며, 부족한 국내 생산을 수입으로 메우지도 못하고 있다. 후버에 따르면, "대략적인 추산으로도 유럽 인구는 수입 없이 부양할 수 있는 인구보다 1억 명 이상 더 많으며, 이들은 수입에 의존하지 않을 수 없다".

생산과 외국 무역을 통한 상품 교환이 선순환을 다시 시작할 수 있도록 하는 문제를 고려하다 보면, 자연히 유럽의 통화 상황을 건드리지 않을 수 없게 된다.

레닌(Vladimir Lenin)은 자본주의 체제를 파괴하는 최선의 방법은 화폐를 망가뜨려놓는 것이라고 선언했다. 지속적인 인플레이션을 통해서, 정부들은 시민들이 눈치 채지 못하는 사이에 그들의 부의 상당 부분을 몰수할 수 있다. 이 같은 방법을 동원하면, 정부들은 그냥 몰수할 수 있는 것이 아니라 마음대로 몰수할 수 있다. 그런 과정은 많은 사람들을 가난하게 만드는 한편으로 일부 사람들을 부유하게 만든다. 이 같은 독단적인 부의 재분배가 가능하다는 사실 앞에서, 안전감만 상처를 입는 것이 아니라 기존의 부의 분배의 형평성에 대한 신뢰마저도 무너진다. 그런 인플레이션 때문에 자신의 노력과 상관없이 뜻밖의 횡재를 누리게 된 사람들은 "폭리를 취하는 악덕업자"가 되고, 이들은 인플레이션 정책 때문에 프롤레타리아 계급만큼 빈곤해진 부르주아 계급의 증오의 대상이 된다. 인플레이션이 계속 이어지고, 통화의 가치가 하루가 다르게 요동칠 때, 자본주의의 근간을 이루는 채무자와 채권자의 관계는 아주 엉망이 되어 거의 의미를 지니지 못하게 된다. 또 부(富)를 얻는 과정이 도박이나 운(運)의 수준으로 전락하고 말 것이다.

레닌의 말은 분명히 맞는 말이었다. 기존의 사회 기반을 뒤엎는 데는 통화 가치를 떨어뜨리는 것만큼 교묘하면서도 확실한 수단은 없다. 그 과정에, 숨어 있던 경제 법칙의 모든 힘들이 파괴 쪽으로 작동하게 된다. 그러면 그 파괴에서 벗어날 길을 제시할 수 있는 사람은 아무도 없을 것이다.

전쟁의 후반 단계에서, 전쟁 중인 모든 정부들이 필요했거나 무능한 탓에 러시아의 볼셰비키 당원이 고의로 했을 법한 짓을 했다. 전쟁이 끝난 지금도, 그 정부들 대부분은 약한 탓에 똑같은 비행(非行)을 계속하고 있다. 그러나 지금 유럽의 많은 정부들은 약하기도 할 뿐만 아니라 무모하기까지 하다. 그러다 보니 그런 정부들은 정부의 사악한 방법이 낳은 결과에 대한 대중의 분노를 "악덕업자"라 불리는 계급 쪽으로 돌리고 있다. 대충 말하면, 이 "악덕업자"가 바로 자본가들, 즉 자본주의 사회의 활동적이고 건설적인 요소인 기업가 계급이다.

급속히 가격이 올라가는 기간에, 자본가들은 자신의 뜻과 상관없이 빨리 부자가 될 수밖에 없다. 물가가 지속적으로 올라가면, 비축을 위해 물건을 구매했거나 재산이나 공장을 소유한 사람은 당연히 이익을 남기게 되어 있다. 따라서 유럽 정부들은 자신들이 불러일으킨 대중의 증오를 이 계급으로 향하게 함으로써 레닌의 명석한 머리가 의도적으로 구상했던 치명적인 과정을 더욱 확장하고 있다. 폭리를 취하는 악덕업자들은 상승하는 가격의 결과이지 원인이 아니다. 유럽 정부들은 기업가 계급에 대한 대중의 증오를 악용하면서 19세기의 사회적, 경제적 질서가 지속되지 못하도록 가로막고 있다. 그러면서도 그 질서를 대체할 계획은 전혀 갖고 있지 않다.

이리하여 19세기의 산업적 승리의 결과로 탄생하게 된 위대한 자본가 계급이 유럽에서 궁지로 몰리는 현상이 나타나게 되었다. 불과 몇 년 전만 해도 자본가들은 마치 모든 사람들의 운명을 쥔 막강한 주인처럼 보였는데 말이다. 지금 자본가 계급에 속하는 개인들이 느끼는 공포와 모멸감은 대단히 크다. 그 결과 자본가들이 자신들의 사회적 위치에 대해 느끼던 믿음이 완전히 깨어졌다. 자본가들은 과연 자신들이 사회 유기체에 필요한 존재인지 회의를 품고 있다. 그렇기 때문에 자본가들은 지금 쉽게 협박의 희생자가 되고 있다. 20년 전 영국에서는 이런 현상이 나타나지 않았다. 지금 미국에서 이런 현상이 나타나지 않고 있는 것처럼 말이다. 당시의 자본가들은 자기 자신을 믿었고, 자신이 사회에 기여하는 것들의 가치를 믿었고, 자신이 부를 즐기고 파워를 행사하며 사는 것이 결코 부적절하지 않다고 믿었다.

그러던 자본가들이 지금 온갖 모욕 앞에서 떨고 있다. 자본가들은 독일 지지자 혹은 국제 사기꾼, 모리배 따위의 소리를 듣고 있다. 자본가들은 자신들의 도구에 의해서, 말하자면 자신들이 세운 정부에 의해서, 그리고 자신들이 소유한 언론에 의해서 파괴되고 망가지고 있다. 어떤 사회 질서든 반드시 스스로의 손에 의해 사라지게 되어 있다는 말은 아마 역사적으로 진실일 것이다. 아주 복잡한 세계인 서부 유럽에서, '내재적 의지'(Immanent Will: 영국 작가 토머스 하디의 장편 극시 『제왕들』에서 다룬 개념으로, 자연에 내재된 맹목적이고 무의식적인 어떤 힘을 의미한다. 하디의 작품에는 이 힘이 인간을 지배한다는 식의 염세적인 세계관이 보인다/옮긴이)는 피에 굶주린 러시아 철학자들의 주지(主知)주의보다 클로츠나 로이드 조지 같은 사람을 통해서 그 목적을 훨씬 더 교활하게 이루면서 혁명을 부를 것이다.

유럽 통화 체계의 인플레이션 정책은 너무 멀리 나갔다. 전쟁을 치른 정부들은 무능하거나 너무 소심하거나 지나치게 단견이어서 융자나 세금으로 필요한 자원을 확보하지 못한 탓에 돈을 찍어 수지를 맞추었다. 러시아와 오스트리아-헝가리의 경우에는 인플레이션 정책 때문에 통화가 외국 무역에서 사실상 아무런 역할을 하지 못하기에 이르렀다. 폴란드 마르카는 3센트면 살 수 있고 오스트리아 크로네는 2센트 미만으로도 살 수 있지만, 이 화폐들을 파는 것은 거의 불가능하다. 독일 마르크의 가치는 4센트도 안 된다. 동부와 남동부 유럽의 다른 대부분의 나라들의 처지도 별로 다르지 않다. 이탈리아의 통화는 어느 정도 통제되고 있음에도 불구하고 명목 가치의 반 조금 넘는 가치로 떨어졌으며, 프랑스의 통화는 시장에서 계속 불확실성을 보이고 있다. 심지어 영국의 파운드까지도 가치가 많이 떨어졌으며 미래의 전망도 아주 불투명하다.

그러나 이 통화들은 외국에서 불안정한 가치를 보이고 있는데도 국내에서는, 심지어 러시아에서조차도 구매력을 완전히 상실하지는 않았다. 법정 화폐에 대한 신뢰가 모든 나라의 시민들에게 너무나 깊이 각인되어 있기 때문에, 어느 나라 할 것 없이 시민들은 언젠가 자국 화폐가 예전의 가치를 적어도 어느 정도는 회복하게 되어 있다고 믿는다. 시민들의 마음에는 화폐 자체에 고유의 가치가 있는 것처럼 보인다. 시민들은 화폐가 상징하는 진짜 부가 영원히 사라져버렸다는 사실을 모르고 있다. 자국 화폐에 대한 이 같은 믿음은 정부가 국내 물가를 통제해 법정 통화의 구매력을 지키기 위해 마련한 다양한 법적 규제 덕에 계속 이어지고 있다. 따라서 법의 힘이 법정 통화가 일부 상품들에게 구매력을 계속 갖도록 떠받쳐주고 있으며, 또 법정 통화에 대한 믿음과 관습은 특히 농민들 사이에 휴지 쪼가리나 다름없는 돈을 모으려는 의지를 불러일으키고 있다.

그러나 가격을 규제하는 법의 힘 때문에 생겨난 통화의 가짜 가치 안에 경제를 붕괴시킬 씨앗이 숨어 있는데, 통화의 가짜 가치가 곧 공급의 원천을 모두 말려버릴 것이다. 예를 들어보자. 어떤 사람이 자신의 노동의 결과물을, 그것을 생산하는 데 필요한 원료를 합리적인 가격에 사지 못할 종이 쪼가리와 교환해야 하는 상황에 처한다면, 그 사람은 그 결과물을 자신이 쓰거나 친구나 이웃들에게 공짜로 나눠주거나 그것을 생산하는 노력을 크게 줄일 것이다. 상품을 진짜 가치를 나타내는 가격이 아닌 다른 가격으로 교환할 것을 강요하는 체계는 생산을 줄일 뿐만 아니라 비효율적인 구상 무역을 낳을 것이다. 그러나 만약에 정부가 규제를 삼가고 일들이 저절로 돌아가도록 내버려둔다면, 필수품들의 가격은 곧 부자가 아니고는 감당하지 못할 수준으로 올라가고, 화폐의 무가치가 분명하게 드러나고, 그러면 대중을 대상으로 한 사기는 더 이상 숨길 수 없게 될 것이다.

인플레이션에 대한 해결책으로 나온 가격 규제와 부당 이득자에 대한 비난이 외국 무역에 미치는 영향은 그보다 더 심각하다. 국내 사정이야 어떠하든, 각국 통화는 외국에서는 금방 진짜 가치를 드러내게 되어 있다. 그 결과 국내와 국외의 물가는 정상적인 조정력을 상실하게 된다. 수입 상품의 가격을 당시의 환율로 바꾸면 국내 물가보다 훨씬 높아진다. 그렇기 때문에 많은 필수품은 개인에 의해서 수입되지 않을 것이며 따라서 정부가 공급해야 할 것이다. 그러면 정부는 비용보다 낮은 가격에 그런 물품을 팔아야 할 것이고, 결과적으로 지급 불능이라는 수렁을 향해 한 걸음 더 나아가게 된다. 지금 유럽 전역에서 거의 보편적으로 실시되고 있는 빵 보조금이 이런 현상을 보여주는 중요한 예이다.

유럽 국가들은 지금 기본적으로 똑같은 이 악을, 봉쇄로 인해 국제적 통상으로부터 차단되어 있는가 아니면 자국의 수입품에 대한 대금을 우방국들의 자원으로 지급하고 있는가에 따라 두 가지 모습으로 보여주고 있다. 나는 전자의 전형적인 예로 독일을, 후자의 전형적인 예로 프랑스와 이탈리아를 들 것이다.

지금 독일의 통화량은 전쟁 전에 비해 10배 정도 많다. 마르크의 가치를 금으로 환산하면 예전 가치의 8분의 1 정도이다. 세계의 물가는 금으로 따지면 예전보다 배 이상 올랐다. 그렇다면 독일 내의 물가는 독일 밖의 물가와 조화를 이루기 위해선 전쟁 전보다 16배 내지 20배 높아야 한다는 계산이 나온다. 그러나 현실은 그렇지 않다. 독일의 물가는 대단히 많이 올랐음에도 불구하고 필수품들의 경우엔 예전 가격보다 5배 이상 높아지지 않고 있으며, 명목 임금을 대폭 조정하지 않고는 물가를 올리는 것은 불가능하다.

현재 이 같은 가격 불균형은 독일의 경제적 부흥의 전제 조건인 수입 무역의 회복을 두 가지 길로 방해한다. 첫째, 수입 상품들이 대다수 주민들의 구매력을 벗어나 있다는 점이다. 그래서 봉쇄 해제에 이어 벌어질 것으로 예상되었던 수입 물결은 상업적으로 가능하지 않았다. 둘째, 상인이나 제조업자가 외국의 대출을 받아서 나중에 가치가 아주 불확실한 마르크화로 받을 물건을 생산하기 위해 원료를 구입하는 것은 극히 위험한 일이다. 무역의 회복을 가로 막고 있는 이 두 번째 장애는 쉽게 눈에 띄지 않지만 주목할 만하다. 현재로서는 독일의 마르크화가 앞으로 3개월 내지 6개월 후 혹은 1년 뒤에 외국 통화에 비해 어느 정도 가치가 나갈 것인지를 예측하는 것은 불가능하다. 외환시장도 당연히 믿을 만한 수치를 제시하지 못한다. 그렇기 때문에 독일 상인은 달러나 파운드로 단기 대출을 제안 받더라도 자신의 미래 신용과 평판을 우려한 나머지 그 제안을 선뜻 받아들이기 어렵다. 독일 상인은 파운드나 달러로 빚을 지지만 자신이 만든 제품은 마르크로 팔 것이며, 그러다 대출을 상환할 때가 되면 마르크를 달러나 파운드로 바꿔야 하는데 이때 정말 큰 문제가 발생할 수 있다. 그래서 비즈니스가 그 본질을 상실하고 외환 투기 수준으로 전락하게 되며, 환율 등락이 기업의 정상적 수익을 모두 삼켜버릴 위험도 있다.

그러므로 무역의 회복에 장애 요소는 3가지라 할 수 있다. 국내 물가와 국제 물가의 불균형, 운전 자본을 확보하고 또 교환의 고리를 다시 촉발시키는 데 필요한 원료를 구입하는 데 동원할 개인의 신용 부족, 또 신용을 이용하는 것을 아주 위험하게, 아니 거의 불가능하게 만드는 무질서한 통화 체계가 그 장애 요소들이다.

프랑스의 화폐 유통량은 전쟁 전에 비해 6배 이상 많다. 프랑화의 교환 가치는 금을 기준으로 하면 예전 가치의 3분의 2보다 약간 낮다. 말하자면 프랑화의 가치는 통화량의 증가만큼 떨어지지 않았다는 뜻이다. 프랑스가 이처럼 겉보기에 더 나은 것처럼 보이는 것은 수입 중 아주 큰 몫에 대한 대금을 영국과 미국 정부의 융자로 대체했기 때문이다. 이 같은 조치 때문에 수출과 수입의 불균형이 굳어지게 되었으며, 외부 지원이 점점 끊어지고 있는 지금은 이 불균형이 매우 심각한 요소로 작용하고 있다. 프랑스의 국내 경제, 통화량과 비교한 프랑스의 물가 수준, 환율 등은 현재 수입 초과에 바탕을 두고 있는데, 이 수입 초과는 언제까지나 지속될 수는 없다. 그럼에도 프랑스의 소비 수준을 낮추지 않고 현 상황을 조정할 수 있는 길을 찾기는 어려운데, 소비 수준을 낮추는 조치는 일시적일 때조차도 언제나 상당한 불만을 불러일으킬 것이다.

이탈리아의 상황도 크게 다르지 않다. 이탈리아 역시 통화 유통량이 전쟁 전에 비해 5배 내지 6배 많아졌으며, 리라의 교환 가치는 금으로 따져 예전의 반 정도이다. 따라서 통화량에 맞춘 환율의 조정은 프랑스보다 이탈리아에서 더 적극적으로 이뤄졌다고 볼 수 있다. 반면에 이민 간 사람들의 송금이나 관광객의 지출 같은, "눈에 보이지 않는" 이탈리아의 수령액은 심각한 영향을 받았다. 또 이탈리아는 오스트리아의 붕괴로 인해 중요한 시장을 잃었다. 외국 해운이나 수입 원료에 대한 의존도가 특히 높은 탓에, 이탈리아는 세계 물가의 인상에 아주 취약하다. 이런 여러 가지 이유로 인해, 이탈리아의 처지는 심각하며, 수입 초과는 이탈리아에서도 프랑스 못지않게 위험한 징후이다.

프랑스에서나 이탈리아에서나 똑같이, 기존의 인플레이션과 국제 무역의 불균형은 정부의 그릇된 예산 정책 때문에 더 악화되고 있다.

프랑스는 세금을 좀처럼 올리지 않는 것으로 유명하다. 전쟁 전에 프랑스와 영국의 전체 예산 규모는 서로 비슷했으며, 또 인구 일인당 평균 세금도 비슷했다. 그러나 프랑스에서는 늘어난 지출을 메우려는 실질적인 노력이 전혀 전개되지 않았다.

이런 추산이 있다. "영국에서 전쟁 동안에 세금이 인구 일인당 95프랑에서 265프랑으로 크게 높아진 반면, 프랑스의 세금 증가는 90프랑에서 103프랑으로 겨우 13프랑 오르는 데 그쳤다." 1919년 6월 30일로 끝나는 회계 연도 동안에 징수한 프랑스의 세금은 정상적인 전후(戰後) 지출의 반에도 미치지 못했다. 미래의 정상적인 예산은 아마 44억 달러(220억 프랑)를 넘어설 것이다. 그러나 1919-20 회계 연도조차도 과세를 통한 수입은 이 액수의 반을 크게 넘지 않는다. 프랑스 재무 장관은 막대한 적자를 안고 있으면서도 프랑스 관리들조차도 터무니없다고 생각하는 그런 거액의 배상금을 독일로부터 받아낸다는 기대를 품는 외에는, 어떠한 계획이나 정책도 갖고 있지 않다. 그런 가운데 프랑스는 전쟁 물자의 판매와 미국 잉여 농산물의 도움을 받으면서도 1919년 하반기에도 프랑스 은행의 화폐 발행을 통해 적자를 메우면서 양심의 가책조차 느끼지 않았다.[53]

아마 이탈리아의 예산 상태가 프랑스의 상태보다 약간 더 나을 것이다. 전쟁 기간 내내 이탈리아의 재정 관리는 프랑스보다 훨씬 더 적극적이었으며, 전쟁 비용 지출을 위해 세금을 부과하려는 노력

....

53 이 책을 쓰는 사이에 접할 수 있었던 가장 최근의 자료에 따르면, 1919년 10월 2일과 10월 9일 기준으로 1주일 동안의 통화 증가액은 각각 9,375만 달러와 9,412만5천 달러였다.

도 이탈리아에서 훨씬 더 활발하게 전개되었다. 그럼에도 불구하고 오를란도 이탈리아 총리의 후임인 파올라 니티(Paola Nitti)는 총선 (1919년 10월) 전야에 유권자들에게 보낸 서한을 통해 다음과 같은 절망적인 분석을 공개할 필요성을 느꼈다. (1)국가의 지출이 세입의 3배에 이른다. (2)철도와 전신, 전화를 포함한 국영 산업 분야는 모두 적자로 운영되고 있다. (3)수출은 수입의 4분의 1 혹은 5분의 1에 지나지 않는다. (4)국가 부채가 매달 10억 리라 정도 증가하고 있다. (5)1개월 동안의 군사비 지출이 전쟁 첫 해의 전체 군사비 지출보다 여전히 더 크다.

프랑스와 이탈리아의 예산 사정도 이 정도로 심각했지만, 유럽의 나머지 국가들의 사정은 이보다 더 절망적이었다. 독일의 경우 제국과 연방 주들, 지방 자치 단체들이 1919-20 회계 연도에 지출한 예산은 250억 마르크로 추산되며, 이 중 세금으로 충당할 수 있는 액수는 100억 마르크를 넘지 않는다. 이는 배상금을 지급할 능력이 거의 없다는 사실을 보여주고 있다. 러시아와 폴란드, 헝가리 혹은 오스트리아의 경우엔 예산 같은 것이 존재한다고 말하기조차 어려울 만큼 심각한 상황이다.

따라서 앞에서 설명한 인플레이션 정책의 위험은 단순히 전쟁의 산물만은 아닌 것이다. 전쟁의 산물이었다면 평화로 인해 치유가 시작되었을 것이다. 그러나 그것은 아직 그 끝이 보이지 않는 가운데 계속되고 있는 하나의 현상이다.

이 모든 영향들은 서로 함께 작용하면서 유럽의 수출이 회복되지 못하도록 막고 있다. 수입해야 할 재화에 대한 대금을 지급하려면 수출이 절대적으로 필요한 상황인데도 말이다. 오히려 이 영향들은 경제 법칙의 힘들이 균형을 이루는 쪽으로 작용하도록 하지 않고 오히려 불균형을 심화시키는 쪽으로 작용하게 함으로써 유럽이 교환의 고리를 다시 촉발시키는 데 필요한 운영 자본을 얻을 신용까지 훼손시키고 있다. 그러면서 이 영향들은 현재의 조건으로부터의 회복을 꾀하는 것이 아니라 현재의 조건을 지속시키고 있다. 비효율적이고, 실업이 만연하고, 무질서한 유럽이 지금 유럽인들을 빤히 직시하고 있다. 그런데도 유럽인들은 국내 투쟁과 국제적 증오로 분열된 가운데 싸우고, 굶주리고, 약탈하고, 거짓말을 일삼고 있다. 이런 마당에 유럽의 미래를 덜 음침한 색깔로 그릴 만한 근거로 뭐가 있겠는가?

이 책에서 나는 러시아와 헝가리, 오스트리아에는 별로 주의를 주지 않았다. 그곳은 삶의 비참함과 사회 붕괴가 너무나 심각하기 때문에 별도의 분석조차 필요하지 않다. 이 나라들은 나머지 유럽 국가들이 앞으로 맞을지 모르는 상황을 이미 경험하고 있다. 거대한 영토와 엄청난 인구를 갖고 있는 이 나라들은 인간이 고통을 어디까지 견딜 수 있는지, 그리고 사회가 어느 정도까지 쇠퇴할 수 있는지를 보여주는 생생한 예이다. 무엇보다도, 이 나라들은 유럽인들에게 결정적인 재앙 앞에서 육체의 병이 정신의 병으로 바뀌게 된다는 점을 경고하는 신호의 역할을 하고 있다. 경제적 박탈은 아주 쉽게 일어나며, 사람들이 그런 박탈을 인내하는 한, 바깥 세계는 그 문제에 거의 신경을 쓰지 않는다. 육체적 능률과 질병에 대한 저항력은 서서히 약화된다.[54] 그러나 삶은 어쨌든 계속된다. 그러다 결국엔 인내의 한계에 닿게 될 것이고, 절망과 광기의 구호가 무력감으로 고통 받는 사람들을 선동할 것이다. 그러면 사람들은 분발하여 일어나고, 인습의 끈들은 풀리게 된다. 그것이 곧 위기이다. 사상의 힘이 사람들을 지배하고, 사람들은 희망과 환상을 품게 하는 사상이면 무엇에든 귀를 기울이려 할 것이다. 이 글을 쓰고 있는 지금, 러시아의 볼셰비즘의 불꽃은 적어도 당분간은 다 탄 것처럼 보이지만, 중부 유럽과 동부 유럽의 주민들은 무시무시한 무기력증에 빠져 있다. 지난번 추수로 최악의 궁핍은 면하고 있고, 파리에서는 평화조약이 선언되었다. 그러나 겨울이 다가오고 있다. 사람들은 아무것도 기대하지 못하고 또 희망을 걸 만한 것을 전혀 갖지 못하고 있다. 겨울의 혹독함을 피하게 해주거나 도시 거주자들의 허기진 몸을 따뜻하게 덥혀줄 연료도 없을 것이다.

하지만 사람들이 어느 정도까지 인내할 것인지, 또 사람들이 불행을 피하기 위해 최종적으로 어느 쪽으로 방향을 틀 것인지 누가 알 수 있을까?

....
54 유럽에서 35만 명 내지 40만 명 정도가 결핵 치료를 받아야 한다는 보고가 있다.

6장

치유

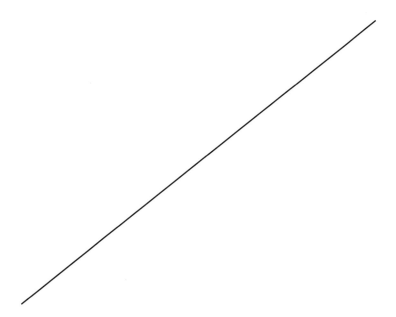

대단히 중요한 일들 앞에서 미래를 보는 시각을 제대로 잡고 지켜나가기가 무척 어렵다. 나는 파리평화회의의 활동을 비판하고, 또 유럽의 처지와 미래를 침울한 색깔로 그렸다. 이것도 유럽이 처한 상황을 보는 하나의 시각에 지나지 않지만, 나는 이 시각이 진정으로 옳다고 믿는다. 그러나 매우 복잡한 현상에 나타나는 징후들은 절대로 같은 방향을 가리키지 않는다. 그러다 보면 사람들은 어쩌면 실제 문제와 아무런 상관이 없는 원인들에 매달리면서 거기서 중요한 결과를 기대하는 실수를 곧잘 저지르게 된다.

시각 자체가 어둡다는 사실 때문에 사람들이 나의 시각에 대해 정확성을 의심할 수 있다. 지나치게 우울한 분석 앞에서 사람들의 상상력이 자극을 받지 못하고 오히려 둔해지기 때문이다. 그리고 우리 인간의 마음은 "사실이라고 믿기엔 지나치게 나쁜" 것을 보지 않으려 드는 경향을 갖고 있다. 그러나 독자 여러분이 이런 타고난 천성의 영향을 받기 전에, 그리고 독자 여러분을 이 장의 목적인, 보다 행복한 경향들을 발견하는 길로 안내하기 전에, 나는 먼저 두 가지 대조적인 예를 제시함으로써 독자 여러분의 사고가 균형을 이루도록 하고 싶다. 영국과 러시아가 그 예이다. 영국은 독자 여러분의 내면에 낙관주의를 지나칠 정도로 불러일으킬 수 있지만, 러시아는 재앙이 지금도 여전히 일어날 수 있고 또 현대 사회도 아주 심각한 악으로부터도 면역이 되어 있지 않다는 사실을 상기시킬 것이다.

이 책의 여러 장에서, 나는 대체로 영국의 상황과 문제들에 대해서는 별로 관심을 두지 않았다. 나의 분석에 나오는 "유럽"은 대체로 영국을 제외한 유럽 대륙을 말한다. 영국은 지금 과도기에 놓여 있으며, 영국의 경제적 문제도 물론 심각하다. 영국은 사회적, 산업적 구조에 큰 변화를 앞두고 있다. 영국인들 중 일부는 그런 전망을 환영할 것이고, 또 일부는 그런 전망을 개탄할 것이다. 그러나 영국이 겪을 변화는 유럽이 맞을 변화와 매우 다르다. 영국에서는 재앙의 가능성이 전혀 감지되지 않는다. 사회적 격변이 일어날 조짐도 별로 보이지 않는다. 전쟁이 영국인을 빈곤하게 만들었지만 빈곤이 심각할 정도는 아니다. 1919년의 영국 국부는 적어도 1900년과 비슷할 것이다. 영국의 무역 수지도 나쁘긴 하지만 영국의 경제 질서를 무너뜨릴 정도는 아니다. 재정 적자도 크긴 하지만 신중한 정치로 해결하지 못할 정도는 아니다. 노동 시간의 단축은 영국의 생산성을 떨어뜨릴 수 있다. 그러나 이는 과도적인 현상에서 끝날 것이다. 영국 노동자들을 잘 아는 사람은 누구나 영국 노동자는 생활 조건에 만족만 한다면 노동 시간이 단축되더라도 노동 시간이 길었을 때만큼의 생산성을 발휘할 것이라고 믿는다.

영국의 심각한 문제들은 전쟁에 의해 전면으로 부상하게 되었지만 그 기원을 따지면 그보다 더 근본적이다. 19세기의 힘들은 저마다 제 길을 달리다가 소진되고 있다. 그 세대의 경제적 동기와 이상(理想)은 더 이상 우리를 만족시키지 못한다. 그래서 우리는 지금 새로운 길을 발견해야 하고, 다시 병으로 고통을 받아야 하고, 그러다 최종적으로 새로운 산업의 탄생에 따른 산고를 겪어야 한다. 이것이 영국이 겪게 될 한 가지 문제이다. 다른 문제는 1장에서 집중적으로 다뤘던 바로 그것이다. 말하자면, 세계 인구가 증가하는데도 자연에서 얻을 수 있는 것은 줄어들고 따라서 식량 비용이 증가하고 있는 현실을 말한다. 이는 산업 국가들 중에서도 가장 앞선 국가들과 식량을 수입하는 국가들에게 특히 심각한 문제가 될 것이다.

그러나 이런 세속적인 문제들은 어느 시대나 다 겪는 것들이다. 중부 유럽의 시민들을 괴롭힐 문제들은 이런 문제들과 차원이 완전히 다르다. 영국의 처지에 익숙하고 또 영국 문제에 주로 관심을 두는 독자들은 낙관주의에 빠지기 쉽다. 그런 영국인들, 특히 미국 상황을 잘 아는 사람들은 러시아와 터키, 헝가리, 오스트리아 등으로 눈길을 돌려야 한다. 인간들이 겪을 수 있는 물질적 악들, 말하자면 기근과 추위, 질병, 전쟁, 살인, 무질서 등이 그곳 주민들을 실제로 괴롭히고 있다. 이젠 이런 문제들을 해결할 아이디어를 찾는 것이 현대를 사는 사람들의 의무가 되어야 한다.

그렇다면 어떤 조치를 취할 수 있을까? 이 장이 제시하는 제안들은 독자 여러분에게 부적절하게 느껴질 수 있다. 그러나 휴전 이후 6개월 동안 파리에서 그 해결책을 찾을 기회를 놓쳐 버리고 말았다. 지금 할 수 있는 것들 중에서 그때 가해진 불운을 바로잡을 수 있는 길은 절대로 없다. 이젠 경제적 박탈과 사회적 위험은 불가피하다. 지금 우리에게 열려 있는 길은 현재 벌어지고 있는 사건들 그 밑바닥에서 작용하고 있는 근본적인 경제적 경향들의 방향을 힘이 닿는 데까지 바로잡으려고 노력하는 것뿐이다. 그러면 경제적 경향들은 사람들을 불행의 수렁으로 더 깊이 몰아넣지 않고 번영과 질서를 다시 구축해낼 것이다.

우선 파리평화회의의 분위기와 그 회의가 제시한 방법들로부터 탈출해야 한다. 파리평화회의를 주물렀던 인물들은 자국의 국내 여론 앞에 머리를 조아릴 뿐 결코 유럽인들을 수렁에서 끌어내지 못할 것이다. 4인위원회가 자신의 걸음들을 되돌아보며 반성할 것이라고 기대하는 것은 무리이다. 설령 그들이 그렇게 하길 원할지라도, 그들에게 기댈 것은 하나도 없다. 그러므로 유럽 각국의 기존 정부부터 교체하는 것이 거의 필수적인 조건이다.

그래서 나는 베르사유 평화조약은 지속되지 못할 것이라고 믿고 있는 사람들을 위해 한 가지 프로그램을 제안하고, 그것을 4가지 항목, 즉 조약의 개정, 연합국이 상호간에 지고 있는 부채의 청산, 국제 융자와 통화 개혁, 중부 유럽과 러시아의 관계 등으로 나눠 논할 것이다.

1. 조약의 개정

평화조약의 내용을 바꿀 수 있는 합법적인 수단이 있을까? 윌슨 대통령과 얀 스머츠(Jan Smuts) 장군은 국제연맹 규약을 채택한 효과가 평화조약의 나머지에 담긴 악보다 훨씬 더 크다고 믿으면서 국제연맹이 유럽에 보다 관대한 삶을 점진적으로 정착시킬 것이라고 기대하고 있다. 스머츠 장군은 평화조약 서명에 관한 성명을 발표하면서 이렇게 강조했다. "개정이 필요한 영토 합의가 있다. 새롭게 조성된 평화의 분위기와 옛 적들이 무장을 푼 상태와 조화를 이룰 그런 약속들이 나올 것이라고 우리 모두는 희망하고 있다. 보다 차분해진 환경에서 망각의 강으로 흘려보내고 싶은 그런 처벌도 있다. 유럽의 산업 부흥에 엄청난 피해를 입히지 않고는 실현될 수 없는 그런 배상도 있다. 이런 상황에서 보다 너그럽고, 보다 중도적인 자세를 취하는 것이 모두에게 이로울 것이다. … 국제연맹이 이 전쟁으로 야기된 폐허로부터 유럽이 일어설 수 있는 길을 열어줄 것이라고 나는 확신한다." 윌슨 대통령은 1919년 7월 초 미국 상원에서 평화조약을 제시하면서 이렇게 말했다. 국제연맹이 창설되지 않으면, "… 독일이 다음 세대 동안에 떠안게 될 배상 의무를 장기간 감독하는 임무가 흐지부지될 수 있다.[55]조약이 정한 행정적인 합의나 제약을 다시 고려하거나 개정하는 것은 그 합의나 제약이 장기적으로 이롭지 않거나 공정하지 않은 경우를 제외하고는 불가능할 것이다".

그렇다면 국제연맹 창설을 주도한 두 인물이 기대한 그런 이점이 국제연맹의 활동을 통해 성취될 것이라고 기대해도 좋을까? 이에 대한 대답을 얻을 수 있는 대목이 국제연맹 규약의 19조에서 발견된다. 이 조항은 이렇게 되어 있다.

"총회는 국제연맹 회원국들에게 적용 불가능하게 된 조약을 재고할 것을 조언하고 또 지속될 경우에 세계 평화를 위협할 수 있는 그런 국제적 상황이 있으면 그것을 고려하도록 조언할 것이다."

그런데 이를 어쩌나! 국제연맹 규약 중 5조가 이렇게 규정하고 있으니…. "이 규약에 명백히 제시되거나 평화조약의 항목에 제시된 것을 제외하고, 총회나 이사회의 결정은 그 회의에 대표를 보내고 있

---

55 배상금 지급에 대한 감독권이 국제연맹에 주어진다고 말한 것은 윌슨의 실수였다. 그 감독권은 배상위원회에 있다.

는 회원국들 모두의 동의를 필요로 한다." 그렇다면 평화조약이 정한 조건들을 둘러싸고 조기에 일어날 수 있는 재고(再考)에 관해서 말하자면, 이 조항은 국제연맹을 단지 시간만 낭비하는 그런 조직으로 전락시키지 않을까? 만약에 평화조약의 모든 당사자들이 특별한 어떤 정신에서 평화조약의 조건에 변경이 필요하다는 의견을 똑같이 갖고 있다면, 그 조건을 바꾸는 데는 국제연맹 같은 조직도 필요하지 않고 규약 같은 것도 필요하지 않을 것이다. 그런데도 국제연맹은 의견의 일치를 보일 때조차도 구체적으로 영향을 받을 회원국들에게 재고를 "조언"할 수 있을 뿐이다.

그러나 국제연맹을 지지하는 사람들은 이런 식으로 말한다. 국제연맹은 세계 여론에 미치는 영향력을 통해서 그 임무를 수행할 것이며, 또 다수의 의견은 합법적으로 어떠한 효과를 발휘하지 않을 때에도 국제연맹의 관행에 결정적 영향을 미치게 되어 있다는 것이다. 그렇게만 된다면 얼마나 다행한 일일까. 그런 소망에도 불구하고, 국제연맹은 노련한 유럽 외교관의 손아귀에 놀아나며 저지와 지연의 불공평한 도구가 될 수 있다. 조약 개정에 관한 권한은 주로 수시로 모이는 이사회가 아니라 드물게 모이는 총회에 주어졌다. 그런데 대규모 국제회의 경험이 많은 사람이라면 누구나 다 잘 알고 있듯이 총회라는 조직은 원래부터 여러 언어를 섞어가며 지루하게 토론을 벌이는 그런 회의가 되기 십상이다. 그렇게 되면 참가자들의 결심이 아무리 대단하고 또 회의 운영이 아무리 잘 되더라도, 중요한 이슈들이 현상유지를 선호하는 반대파에 막혀 해결되기 어려울 것이다. 국제 연맹 규약에 정말 심각한 오점이 두 군데 있다. 만장일치를 규정한 5조가 그 하나이고, 많은 비판을 받은 10조가 다른 하나이다. 10조는 "국제연맹 회원국들은 외부 공격에 맞서 회원국들의 영토 보전과 기존의 정치적 독립을 존중하고 지킬 것을 약속한다."고 정하고 있다. 이 두 조항은 서로 함께 작용하면서 진보의 도구로서 국제연맹이 지닌 개념을 어느 정도 파괴하고 또 국제연맹이 처음부터 현상유지를 선호하는 편향을 갖도록 만들었다. 애초에 국제연맹에 반대하던 사람들 중 일부가 국제연맹을 받아들이도록 한 것이 바로 이 조항들인데, 이 반대자들은 지금 국제연맹을 적국의 경제적 폐허를 영속화시키기 위한 또 하나의 신성동맹으로, 그리고 자신들에게 유리한 쪽으로 세력균형을 지켜나갈 보루로 만들기를 희망하고 있다.

조약 개정이라는 구체적인 문제의 어려움을 "이상주의"를 위해 감추는 것은 잘못된 일일 것이고 또 어리석은 일일 것이다. 그러나 그렇다고 그 어려움 때문에 국제연맹을 비난해서는 안 된다. 결국엔 세계의 지혜가 국제연맹을 강력한 평화의 도구로 바꿔놓을 것이다. 또 국제연맹은 조항 11-17을 통해서 이미 위대한 성취를 이룩해냈다. 그래서 나는 조약 개정을 위한 첫 노력은 반드시 국제연맹을 통해서 이뤄져야 한다는 데 동의한다. 이 같은 의견의 바탕에는 여론의 힘이나 필요한 경우에 금융적 압박과 유인책을 동원하면, 고집불통의 소수(少數)가 거부권을 행사하지 못하도록 막을 수 있을 것이란 희망이 작용하고 있다. 우리 모두는 신생 정부들이 그 전 정부보다 더 깊은 지혜와 더 큰 아량을 보일 것이라고 믿어야 한다. 그런데 이 신생 정부들의 존립은 연합국에게 크게 좌우된다고 나는 생각한다.

이 책 4장과 5장에서 평화조약에 반대의 여지가 있는 조항이 많다는 사실이 확인되었다. 여기서 조약 중에서 개정해야 할 부분을 조항별로 세세하게 따지진 않을 것이다. 다만 유럽 경제를 위해 필요한 3가지 중대한 변화, 즉 배상과 석탄과 철, 관세와 관련해서 바람직한 변화에 대해서만 논할 것이다.

배상

배상으로 요구한 금액이 연합국이 응당 받아야 할 금액보다 작다면, 배상의 대상이 되는 항목을 구체적으로 나열하거나 그 항목에 대해 설명하는 것은 불필요한 일이다. 그래서 나는 다음과 같은 해결책을 제시한다.

(1) 독일이 배상과 점령군의 비용으로 지급할 돈의 총액은 100억 달러로 확정되어야 한다.

(2) 조약에 따라 양도된 상선과 해저 케이블, 휴전협정에 따라 양도된 전쟁 물자, 할양된 영토 안에 있는 주 정부 재산, 할양된 영토가 떠안아야 할 공공 부채, 독일이 옛 동맹국들에게서 받을 돈 등을 총 25억 달러로 잡고, 이에 대해 항목별로 평가하려 들지 말아야 한다.

(3) 100억 달러에서 25억 달러를 뺀 75억 달러는 분할 지급이 이뤄

지는 동안에 이자가 붙지 않아야 한다. 독일은 1923년부터 매년 2억 5,000만 달러씩 30년 동안 할부금 형식으로 지급해야 한다.

(4) 배상위원회는 해산되어야 한다. 그래도 수행해야 할 의무가 아직 남아 있다면, 배상위원회는 국제연맹의 부속 기관이 되어야 하고 또 독일과 중립국의 대표도 포함해야 한다.

(5) 독일이 매년 상환하는 금액을 자국에 편리한 방법으로 할 수 있도록 해야 한다. 독일의 의무 불이행에 대한 불평은 국제연맹에 제기되어야 한다.

(6) 오스트리아로부터는 배상금을 받지 말아야 한다.

석탄과 철

(1) 연합국이 부속서 5에 따라 석탄에 대해 갖는 권리를 포기해야 한다. 그러나 탄광 파괴로 야기된 프랑스의 석탄 손실에 대한 배상 의무는 독일이 그대로 져야 한다. 말하자면, "독일은 10년을 넘지 않는 기간 동안, 전쟁의 결과로 파괴된 노르파드칼레의 탄광에서 생산되는 석탄 양과 전쟁 전에 거기서 캐낸 석탄 양의 차이만큼 매년 석탄을 프랑스에 넘겨야 한다. 그 양은 첫 5년 동안에는 2,000만 톤을 넘지 않고, 그 다음 5년 동안엔 800만 톤을 넘지 않는다". 그럼에도 불구하고, 어퍼 실레지아의 탄광 지역이 주민 투표의 결과 독일에서 떨어져 나가게 될 경우에는 이 의무도 취소되어야 한다.

(2) 독일이 자르 탄광에 대한 대가를 받는 한, 또 독일이 그곳의

탄광과 영토를 10년 뒤에 대가를 지급하지 않고 무조건적으로 돌려받는 한, 자르 탄광 지역에 관한 약속은 지켜져야 한다. 그러나 이 약속도 조건적이어야 한다. 프랑스도 전쟁 전에 로렌에서 독일 본토로 갔던 철광석의 50% 이상을 같은 기간에 독일로 보내야 한다는 조건이다. 이는 독일이 전쟁 전에 독일 본토에서 로렌으로 간 양과 똑같은 양의 석탄을 로렌에 공급하기로 약속한 데 대한 대가의 성격을 지닌다.

(3) 어퍼 실레지아에 관한 약속은 지켜져야 한다. 말하자면, 주민 투표가 실시되어야 하고, 주요 연합국과 관련국들은 "표결에 나타난 주민들의 바람과 그 지역의 지리적 및 경제적 조건을 존중해야 한다"는 뜻이다.

(4) 연합국이 이미 설립한 석탄위원회는 국제연맹의 부속기관이 되고, 또 독일과 중부 및 동부 유럽의 다른 국가들, 북부 유럽의 중립국들, 그리고 스위스의 대표까지 포함시켜야 한다. 석탄위원회의 권위는 자문에서 끝나야 하지만, 자문의 범위를 독일과 폴란드, 옛 오스트리아-헝가리 제국을 이뤘던 지역에 대한 석탄의 분배까지, 더 나아가 석탄이 남을 경우에 대(對)영국 수출까지 확장해야 한다. 석탄위원회에 대표를 보낸 국가들은 모든 정보를 공개하는 것을 의무로 받아들여야 하며 자국의 주권과 이권이 허용하는 범위 안에서 위원회의 조언을 최대한 따라야 한다.

관세

국제연맹의 보호 아래, 자유무역연합 같은 것이 결성되어야 한다. 이 연합에 속하는 국가들은 다른 회원국들과 독일, 폴란드, 그리고 예전에 오스트리아-헝가리 제국과 터키 제국을 이뤘던 신생 국가들의 제품에 대해 보호관세를 물지 말아야 한다. 위임통치를 받는 국가들은 10년 동안 이 연합에 의무적으로 가입해야 하며 그 이후에는 회원국으로 계속 남을 것인지 여부를 스스로 결정한다. 다른 국가들의 가입은 처음부터 자유의사에 맡겨질 것이다. 그러나 영국은 처음부터 회원국으로 참가하는 것이 바람직할 것이다.

* * * *

배상금을 독일의 지급 능력 범위 안에서 책정함으로써, 독일 내에 희망과 모험심이 다시 살아날 수 있도록 하고 또 조약의 실현 불가능한 조항에서 비롯될 영원한 갈등과 부적절한 압박의 가능성을 피함과 동시에 배상위원회의 과도한 권력을 불필요하게 만들어야 한다. 또 석탄과 직접적으로나 간접적으로 관련 있는 조항들을 수정하고 철광석의 교환을 통해서, 독일의 산업이 계속 살아남도록 돕고 또 정치적 국경의 간섭으로 인해 제철 산업의 생산성이 떨어지는 것을 어느 정도 막을 수 있어야 한다.

자유무역연합의 형성을 통해, 현재 탐욕스럽고 미성숙하고 경제적으로 불완전한 민족주의 국가들 사이에 새롭게 형성되고 있는 수많은 정치적 국경으로 인해 생길 경제적 조직의 상실과 경제적 효율의 상실을 어느 정도 만회할 수 있을 것이다. 거대한 영토가 몇 개의 큰 제국으로 나뉘어 있을 때, 경제적 국경은 견딜 만했다. 그러나 독일 제국과 오스트리아-헝가리 제국, 러시아 제국, 터키 제국이 20개의 독립 국가로 분할될 때, 경제적 국경은 더 이상 견딜 만하지 않을 것이다. 중부와 동부, 남동부 유럽 전체와 시베리아, 터키, (나의 희망대로라면) 영국과 이집트, 인도를 두루 아우르는 자유무역연합은 세계 평화와 번영에 국제연맹 못지않은 기여를 할 것이다. 벨기에와 네덜란드, 스칸디나비아, 스위스도 곧 거기에 합류할 것이다. 그리고 프랑스와 이탈리아의 우방국들도 두 나라가 자유무역연합에 들어오기를 바랄 것이다.

짐작건대, 일부 비판자들은 그런 자유무역연합이 사실상 독일이 예전에 꿈꿔왔던 '미텔-유로파'(Mittel-Europa: 중부 유럽)를 실현시키는 결과를 낳을 것이란 식으로 이의를 제기할 것이다. 만약에 다른 국가들이 자유무역연합에 합류하지 않을 만큼 어리석어서 자유무역연합에 따른 모든 이익을 독일만 누리게 된다면, 그 지적도 완전히 틀린 말은 아니다. 그러나 모든 국가가 가입할 기회를 갖고 또 어느 국가에도 특권이 주어지지 않는 경제 체계는 틀림없이 배제와 차별이라는 제국주의적 음모로부터 자유로울 것이다.

이런 비판에 대해 우리는 국제 관계와 세계 평화의 미래를 생각하는 관점에서 접근해야 한다. 독일에겐 적어도 한 세대 동안은 어떤 번영도 누릴 기회를 줘서는 안 된다거나, 연합국은 모두 빛의 천사인 반면에 적들, 말하자면 독일인과 오스트리아인, 헝가리인은 모두 악의 자식이라거나, 독일은 영원히 빈곤해야 하고 독일의 아이들은 굶주리고 장애를 안고 살아야 한다거나, 독일은 적들로 에워싸인 가운데 살아야 한다는 식의 견해를 갖고 있다면, 이 장에서 제시하는 모든 제안은 아무런 의미를 지니지 못한다. 특히 독일이 예전의 물질적 번영을 부분적으로 다시 회복하고 도시 인구가 생계 수단을 찾도록 도와주자는 제안은 정말 터무니없는 소리로 들릴 것이다.

그럼에도 독일을 돕는 것이 바람직하다는 견해가 서부 유럽의 민주주의 국가들 사이에 채택되고 거기에 미국의 재정적 지원이 더해진다면, 하늘은 유럽인 모두를 도울 것이다. 그러나 만약에 서유럽의 민주주의 국가들이 교묘하게 중부 유럽을 빈곤하게 만드는 것을 목표로 잡는다면, 감히 예견하건대, 머지않아 복수전이 펼쳐질 것이다. 그러면 반동 세력과 혁명 세력 사이에 결정적인 내전이 벌어질 것이다. 이 내전에 비하면 독일이 일으킨 지난번 전쟁의 공포는 아무것도 아닐 것이다. 반동 세력과 혁명 세력 사이의 내전은 누구의 승리로 끝나든 우리 세대의 문명과 발전을 파괴하고 말 것이다. 훗날 결과가 우리를 실망시킬지라도, 우리는 보다 밝은 기대를 바탕으로 행동해야 하고, 한 나라의 번영과 행복은 다른 나라들의 번영과 행복을 증진시킨다고 믿고, 인간의 연대는 허구가 아니라고 믿고, 또 국가들은 서로를 동료로 대할 수 있다고 믿어야 하는 것이 아닌가?

앞에서 제안한 것과 같은 변화들은 유럽의 산업 인구들이 생계를 계속 이어가는 데 큰 도움을 줄 수 있다. 그러나 그 같은 변화들만으로는 충분하지 않을 것이다. 특히, 프랑스는 이론적으로 패배자가 될 것이며(왜냐하면 프랑스가 현재 제시하고 있는 요구들이 실제로 성취될 것이라는 보장은 절대로 없기 때문이다), 프랑스가 현재의 곤경에서 탈출하는 길은 다소 다른 방향에서 찾아야 할 것이다. 그래서 나는 먼저 미국과 연합국이 각국의 청구서를 놓고 서로 조정할 것을, 그 다음에는 유럽이 운영 자본을 마련할 수 있도록 신용을 충분히 제공하자고 제안한다.

2. 연합국 상호간에 진 부채의 청산

배상 조건을 수정하자고 제안하면서, 나는 지금까지 그 문제를 독일과의 관계 속에서만 고려했다. 그러나 공정하려면, 연합국 사이의 배상금 분배에도 그에 걸맞은 삭감이 이뤄져야 한다. 다른 고려사항뿐만 아니라 연합국 측 정치인들이 전쟁 동안에 연단에서 고백한 믿음에 비춰보면, 적의 공격으로 피해를 입은 부분이 우선적으로 배상을 받아야 한다. 별거 수당도 연합국이 배상을 받으려는 최종 목표 중 하나이지만, 연합국 측은 그 동안에 별거 수당 회수를 전쟁 목표에

한 번도 포함시키지 않았다. 그래서 나는 연합국 측이 행동을 통해서 스스로 성실하고 신뢰할 만하다는 사실을 입증해야 하고, 따라서 영국은 벨기에와 세르비아, 프랑스를 위해 현금 배상에 대한 자국의 주장을 포기해야 한다고 판단한다. 그러면 독일이 지급하는 금액 전부는 적의 실제 공격으로 고통을 받은 국가와 지방의 물질적 피해를 복구하는 데 우선적으로 쓰일 것이다. 그럴 경우에 나는 앞에 제시한 75억 달러 정도면 실제 복구 비용을 적절히 충당할 수 있을 것이라고 믿는다. 더욱이, 영국이 조약의 개정을 정직한 마음으로 요구할 수 있는 길은 현금 배상에 대한 자국의 요구를 완전히 포기하는 방법밖에 없다. 1918년 총선을 의식해 채택한, 독일로부터 거액의 배상금을 받아낸다는 정책에서 명예롭게 발을 빼기 위해서도 이런 식의 접근이 필요하다.

배상 문제가 이런 식으로 해결된다면, 전향적인 입장에서 다른 두 가지 재정적 제안을 제시하는 것이 가능해진다. 이 제안 모두는 미국의 관용을 전제 조건으로 하고 있다.

첫 번째 제안은 연합국(그리고 관련국) 정부들이 전쟁 목적을 추구하는 과정에 서로에게 진 빚을 모두 말소하자는 것이다. 이미 다른 곳에서 제시된 바 있는 이 제안은 미래의 세계 번영에 절대적으로 필요한 조치이다. 세계 번영에 관심이 큰 두 강대국인 영국과 미국이 이 제안을 받아들인다면, 먼 미래를 내다보는 정치력으로 높이 평가받을 만하다. 이 제안이 받아들여질 경우에 각국이 말소의 혜택을 받

을 금액은 다음과 같다.[56]

국가별 채권, 채무액(단위: 백만달러)

채권국 / 채무국	미국	영국	프랑스	합계
영국	4,210	....	....	4,210
프랑스	2,750	2,540	....	5,290
이탈리아	1,625	2,335	175	4,135
러시아	190	2,840	800	3,830
벨기에	400	490	450	1,340
세르비아와 유고슬라비아	100	100	100	300
기타 연합국들	175	395	250	820
합계	9,450[57]	8,700	1,775	19,925

그렇다면 연합국이 상호간에 진 부채는 총 200억 달러에 달한다. 돈을 빌려주고만 있는 국가는 미국뿐이다. 영국은 빌린 돈보다 배 정도 많은 돈을 빌려주었다. 프랑스는 빌려준 돈보다 3배 정도 많은 돈을 빌렸다. 다른 연합국은 돈을 빌리기만 했다.

연합국 상호간에 지고 있는 부채를 서로 탕감한다면, (모든 융자

....
56 이 도표의 수치는 세부적으로 아주 정확하지는 않지만 지금 논의하고 있는 주제를 뒷받침할 통계로는 충분히 정확하다.

57 현재 미국의 총 대출은 거의 100억 달러에 이른다

가 양호하다고 가정할 경우에) 장부상의 결과는 미국이 100억 달러 정도를 양보하고 영국이 45억 달러 정도를 양보하게 될 것이다. 반면에 프랑스는 35억 달러 정도, 이탈리아는 40억 달러 정도의 이득을 챙길 것이다. 그러나 이 수치는 영국의 손실을 과장하는 한편, 프랑스의 이득을 축소하고 있다. 왜냐하면 두 나라의 융자 중 큰 몫이 러시아로 나간 것이고, 어떠한 기준으로도 이 융자는 양호한 것으로 평가받지 못하기 때문이다. 영국이 연합국에 준 융자의 가치를 명목 금액의 50% 정도로 친다면, 연합국 상호간에 부채를 서로 탕감한다 해도 영국은 잃을 것도 없고 얻을 것도 없다. 그러나 이 같은 계산은 어디까지나 이론상일 뿐이다. 그런 조치가 실제로 취해질 경우에 그에 따를 대중의 분노를 가라앉히는 일이 엄청난 과제가 될 것이다. 따라서 이 제안은 미국의 관용을 절대적으로 필요로 한다.

나는 전쟁 기간 내내 영국과 미국, 그리고 다른 연합국의 재무부 사이의 상호 관계에 대해 잘 알고 있었다. 그런 입장에서, 나는 유럽이 미국에 그런 관용을 요구하는 것도 정당하다고 믿는다. 유럽이 전쟁을 중단하고 유럽 대륙 전체의 경제적 재편을 성취하기 위해 경제적인 방향으로나 다른 방향으로 명예롭게 노력하고 있다는 점을 고려한다면, 미국에 그런 요구를 하는 것도 그리 지나치지 않다. 미국의 부에 비춰보면, 미국의 재정적 희생은 유럽 국가들의 희생에 비해 훨씬 덜했다. 그렇지 않다면, 이 같은 요구는 불가능할 것이다.

전쟁은 기본적으로 유럽의 싸움이었다. 그런 전쟁에 미국이 국력을 전력투구한다는 것도 국민들에게 납득이 되지 않는 일이었을 것이다. 미국은 전쟁에 참전한 뒤로 재정적 지원을 결코 아끼지 않았다. 미군의 투입이 전쟁 판도에 미친 결정적인 영향과 별도로, 미국의 재정적 지원이 없었더라면, 연합국은 전쟁에서 결코 승리를 거두지 못했을 수 있다.

유럽은 1919년 상반기 6개월 동안에 후버가 미국 정부 기관과 미국구호위원회(American Commission of Relief)를 통해 펼친 특별한 지원을 절대로 잊어선 안 된다. 감사의 말을 요구하지도 않고 또 감사의 말을 제대로 듣지도 못한 가운데, 사심 없는 선의를 미국처럼 끈기 있고 성실하게, 그리고 정교하게 베푼 예는 지금까지 한 번도 없었다. 그런데도 뻔뻔한 유럽 정부들은 후버와 그의 노력에 동참한 미국인들의 정치적 능력과 통찰에 감사하는 마음을 제대로 전하지 않았으며 앞으로도 인정하지 않을 것이다. 그 몇 개월 동안 유럽의 상황을 제대로 보고 거기에 대해 인간으로 느껴야 할 감정을 제대로 느낀 조직은 미국구호위원회뿐이었다. 엄청난 인간적 고통을 덜어주었을 뿐만 아니라 유럽 체계가 넓은 지역에 걸쳐 붕괴하는 것을 막을 수 있었던 것은 오직 미국구호위원회의 노력과 에너지, 그리고 미국 대통령이 이 위원회가 쓸 수 있도록 한 자원의 덕이었다.

그러나 미국의 재정적 지원에 대해 이런 식으로 말하면서, 유럽인들은 미국이 내놓은 돈은 투자 성격의 돈이 아니라는 점을 암묵적으로 전제하고 있다. 만약에 유럽이 미국으로부터 받은 100억 달러의 재정적 지원을 복리 5%로 계산해서 상환해야 한다면, 문제는 아주 다른 양상을 띠게 될 것이다. 미국의 재정 지원을 이런 측면에서 본다면, 미국의 재정적 희생은 매우 작아질 것이다.

상대적 희생을 둘러싼 논쟁은 무의미하고 또 어리석다. 왜냐하면 상대적 희생이 반드시 똑같아야 할 이유는 전혀 없기 때문이다. 서로 비슷해 보이는 두 가지 예에도 고려해야 할 사항들이 매우 다를 수 있는 것이다. 따라서 지금 여기서 두세 가지 사실을 제시하는 것은 그 사실들이 미국인들의 입장을 옹호할 그런 증거라서가 아니라 한 영국인이 이기적인 관점에서 영국의 희생을 피하기 위해 이 같은 제안을 제시하는 것은 아니라는 점을 보여주기 위해서이다. (1)영국 재무부가 미국이 참전한 뒤 미국 재무부로부터 빌린 금액은 영국이 같은 기간에 다른 동맹국들에게 빌려준 금액과 거의 일치한다. 그렇다면 영국이 미국에 진 부채의 거의 모두가 영국이 자체적으로 쓴 것이 아니라 여러 가지 이유로 미국으로부터 직접 지원을 받아낼 수 없었던 다른 연합국을 지원하는 데 썼다는 계산이 가능하다.[58] (2)영국은 50억 달러 상당의 외국 증권을 처분했을 뿐만 아니라 60억 달러 가량의 외채를 추가로 빌렸다. 그 사이에 미국은 외국 증권을 처분하지 않았고 오히려 50억 달러 이상어치를 추가로 사들였으며 실질적으로 외채를 전혀 빌리지 않았다. (3)영국 인구는 미국의 반 정도에

....
58 미국이 참전한 뒤에조차도, 러시아가 다른 나라에서 지출한 돈뿐만 아니라 미국에서 지출한 돈의 상당 부분도 영국 재무부를 통해 결제되었다.

지나지 않으며, 영국의 국민소득은 미국의 3분의 1 정도, 영국의 국부는 미국의 2분의 1 내지 3분의 1에 불과하다. 따라서 영국의 재정적 능력은 미국의 5분의 2 정도이다. 이 수치를 바탕으로 하면 다음과 같은 비교가 가능해진다. 연합국에 대한 융자를 제외한다면, 영국의 전쟁 비용 지출은 미국의 3배이지만 그 능력에 비춰보면 미국의 7배 내지 8배 정도 된다.

이 문제는 여기서 접고, 전쟁 당사자들 사이의 미래의 관계라는 보다 광범위한 문제로 돌아가도록 하자. 내가 지금 제시하고 있는 제안에 대한 판단은 원칙적으로 미래를 내다보는 관점에서 이뤄져야 하기 때문이다.

이 제안이 받아들여지지 않으면, 전쟁은 연합국의 한 국가가 다른 국가에 엄청난 액수의 공물을 바치는 결과를 낳는 것으로 끝을 맺게 될 것이다. 이 공물의 전체 금액은 심지어 적에게서 받을 금액을 초과할 것이다. 그러면 전쟁은 연합국이 적으로부터 배상을 받는 것이 아니라 서로에게 배상금을 주는, 불행한 결과를 낳을 것이다.

바로 이런 이유 때문에, 연합국 간의 부채라는 문제는 유럽 연합국의 국민들이 배상 문제에 대해 느끼는 격한 감정과 밀접히 연결되어 있다. 연합국 국민들의 감정은 독일의 실제 지급 능력을 바탕으로 한 합리적인 계산에 따른 것이 아니라, 독일이 지급하지 않을 경우에 각국이 처하게 될 고통스런 재정 상황을 근거로 하고 있다.

극단적인 한 예로 이탈리아를 보자. 이탈리아가 40억 달러를 지급할 수 있다고 기대하는 것이 합리적이라면, 틀림없이 독일도 그보다 훨씬 더 큰 금액을 지급할 수 있고 또 지급해야 한다. 그렇지 않고 만약에 오스트리아는 거의 한 푼도 지급하지 못한다는 쪽으로 결정이 내려진다면, 오스트리아는 공물 지급을 면제 받는데 이탈리아는 허리가 부러질 만큼 많은 공물을 내야 한다는 것은 터무니없는 결론이 아닐까? 약간 각도를 달리 해서, 이탈리아는 그 만한 거금을 낼 수 있다고 판단하면서 체코슬로바키아는 한 푼도 안 내게 하는 것은 도대체 무슨 이유인가?

다른 방향으로 극단적인 예가 바로 영국이다. 영국의 경우엔 재정적 상황이 많이 다르다. 왜냐하면 영국에 40억 달러를 지급하라고 요구하는 것은 이탈리아에 그 만한 금액을 지급하라고 요구하는 것과 매우 다른 제안이기 때문이다. 그래도 국민의 감정은 거의 똑같다. 영국이 독일로부터 충분한 배상을 받지 않은 가운데서 미국에 돈을 지급한다면, 영국 국민의 항의가 얼마나 거칠어지겠는가? 그러면 미국은 영국에 1순위 저당을 설정했는데 영국은 겨우 독일과 프랑스, 이탈리아, 러시아의 파산한 재산에 대한 청구권으로 만족해야 하는가 하는 식의 자조 섞인 말이 돌 것이다.

프랑스의 예도 영국 못지않게 심각하다. 프랑스는 독일로부터 파괴에 대한 완전한 배상을 거의 받지 못할 것이다. 그럼에도 전승국인 프랑스는 1870년에 독일에 패한 뒤 독일에 지급했던 배상금보다 4배 이상 더 많은 금액을 우방국과 연합국에 지급해야 한다. 연합국이

나 관련국의 손에 비하면 비스마르크의 손이 차라리 더 부드러웠을 것이다. 따라서 연합국 국민들이 적국으로부터 배상금을 받을 확률에 관한 진실을 직시하기 전에 먼저 연합국 간의 부채를 해결할 필요가 있다.

유럽 연합국이 이 부채의 원금과 이자를 지급하는 것이 불가능하다고 말하는 것은 과장일 수 있다. 그러나 연합국이 원금과 이자를 상환하도록 하면 틀림없이 무거운 부담으로 작용할 것이다. 따라서 지급을 회피하려는 시도가 끊임없이 전개될 것으로 예상되며, 이 같은 시도는 여러 해 동안 국제 분쟁과 악의의 불씨가 될 것이다.

원래 채무국은 채권국을 좋아하지 않는다. 그렇기 때문에 프랑스나 이탈리아, 러시아가 여러 해 동안 영국이나 미국에 지급해야 하는 공물 때문에 자국의 발전을 이루지 못한다고 판단할 경우에 그 국가들이 영국이나 미국에 선의를 품을 것이라고 기대하는 것은 어리석은 짓이다. 그 나라들은 다른 방향으로 우방을 찾으려 들 것이며, 미래에 평화적 관계를 깰 불화라도 일어나면 어쩌면 외채 상환을 피할 기회라는 생각부터 먼저 하게 될 것이다. 반대로, 막대한 부채를 서로 탕감한다면, 최근에 연합한 국가들 사이에 진정한 연대와 우정이 강화되는 기폭제가 될 것이다.

막대한 전쟁 부채는 어디서나 재정적 안정을 위협한다. 유럽 국가들 중에서 지불 거절이 곧 중요한 정치적 이슈로 부상하지 않을 나라는 하나도 없다. 국내 부채의 경우에는 이해 당사자들이 있고, 또 국내 부채의 문제는 부의 분배의 문제이다. 그러나 외채의 경우에는 그렇지 않다. 채권국들은 곧 자국의 이해관계가 채무국의 정부 형태나 경제 조직과 불편하게 엮여 있다는 사실을 깨닫게 될 것이다. 현금 부채가 뒤얽힌 문제에 비하면, 복잡한 동맹이나 연맹의 문제는 아무 것도 아니다.

그러나 이 제안에 대한 의견은 전쟁이 국내외에 야기한 재정 관련 문제가 미래에 세계 발전에 미칠 영향이라는 측면에서 나와야 한다. 전쟁은 모든 국가가 자국 외의 다른 나라에 엄청난 부채를 지는 결과를 안기며 끝났다. 독일은 연합국에 막대한 금액을 갚아야 하고, 연합국은 영국에 막대한 빚을 졌고, 영국은 미국에 막대한 빚을 졌다. 모든 국가는 자국의 전쟁 공채 소지자들에게 큰 금액을 갚아야 하고, 각국의 납세자들은 국가에 그만한 돈을 내야 한다. 전체 상황이 대단히 인위적이고, 오해를 불러일으키고, 아주 성가시다.

우리 모두는 이 '종이' 사슬에서 풀려나지 못하는 한 절대로 다시 앞으로 나아가지 못할 것이다. 누구에게나 따뜻하게 덥혀줄 화톳불이 너무도 간절히 필요한 상황이다. 그렇기 때문에 우리가 화톳불을 질서정연하고 차분하게 관리하지 못하게 되어 누군가에게 부당한 피해를 입히게 될 경우에, 그 불은 대화재로 번지면서 다른 지역까지 파괴할 수 있다. 국내 부채에 대해서라면, 나는 전쟁에 개입한 유럽의 모든 국가가 재정을 건전하게 살리기 위해 자본세를 절대적으로 필요로 하고 있다고 믿는다. 그러나 정부들 사이에 막대한 부채를 그대로 안고 가는 것은 그 자체로 아주 특별한 위험이다.

19세기 중반까지는 어느 국가도 외국에 큰 규모의 채무를 지지 않았다. 예외가 있다면 군대의 점령을 통해 강요하는 공물이나 봉건제도 하에서 군주들에게 바치던 공물 정도였다. 유럽 자본주의가 지난 50년 동안 신세계에서 출구를 발견할 필요성을 느꼈고 또 그 때문에 아르헨티나 같은 국가들이 영국 같은 나라에 매년 돈을 지급하게 된 것은 사실이다. 그러나 그 체계는 허약하며, 그 체계가 지금도 살아남을 수 있었던 것은 단지 그 규모가 아르헨티나 같은 나라에 큰 부담이 되지 않았기 때문이다.

지금도 채무국의 부담은 그리 크지 않다. 그 이유는 외채가 실제 자산과 연결되어 있고 또 채권국이 빌려준 돈의 규모가 채무국이 미래에 빌릴 돈에 비해 터무니없을 만큼 크지 않기 때문이다. 금융가들은 이 체계에 익숙하고 또 이 체계를 사회 질서의 한 부분으로 받아들이고 있다. 그래서 금융가들은 이에 비춰 정부들 사이에도 이와 비슷한 체계가 자연스럽고, 합리적이고, 인간 본성과도 일치한다고 믿는 경향을 보인다. 정부들 사이의 그런 체계는 규모가 압도적일 만큼 크고, 자산과 연결되지 않고, 소유 체계와 별로 관계가 없다는 점에서 개인들 사이의 체계와 다르다.

그러나 나는 그런 세계관을 의심한다. 국내의 자본주의조차도 애국심을 일으키고, 일상적인 생산 과정에서 일정 역할을 하고, 사회 조직의 안전을 크게 좌우하고 있지만 깊이 따지면 아주 안전하지는 않다. 자본주의의 안전을 떠나서, 불만을 품은 유럽 주민들이 앞으로 한 세대 동안이나 자신이 생산한 제품의 상당 부분을 외국에 대한 채무 상환 용으로 내놓기 위해 자신들의 삶의 방식을 바꾸려 할까? 유럽과 미국 사이의 상환이든 아니면 독일과 유럽의 다른 국가들 사이의 상환이든, 유럽 주민들의 입장에서 볼 때 그 상환에 정의감이 느껴지지도 않고 의무감이 느껴지지 않는데도?

한편으로 보면, 유럽은 장기적으로 자신들의 일상적 노동에 의존해야 한다. 미국의 관대함에 의존해서는 안 된다. 그럼에도 유럽 주민들은 일상적인 노동의 결실을 다른 나라로 보내기 위해 스스로 허리띠를 졸라매려 하지 않을 것이다. 요약하면, 많은 나라에 강요되는 공물 중에서 그 어떤 것도 지속적으로 지급될 것이라고 나는 믿지 않는다. 길어봐야 겨우 몇 년에 불과할 것이다. 공물은 인간의 본성과도 일치하지 않고 시대정신과도 어울리지 않는다.

이런 사고방식이 조금의 힘이라도 발휘한다면, 지금쯤 관대함이 최선의 정책이라는 사실이 확인되었을 것이다. 그리고 연합국 국가들 사이에 우의를 최대한 돈독히 촉진하는 정책은 관용의 정신을 발휘하는 미국의 장기적 이해관계와도 상충하지 않는다는 사실이 확인될 것이다.

3. 국제 융자

이제 두 번째 제안을 제시한다. 유럽이 필요로 하는 것들은 모두 시간을 다툰다. 앞으로 두 세대 동안 영국과 미국에 엄청난 액수의 이자를 지급해야 한다는(그리고 독일로부터 매년 복구 비용을 지원받는다는) 생각에서 풀려날 수 있다면, 미래에 대한 불안은 많이 가실 것이다. 그러나 그것만으로는 현재 유럽이 앓고 있는 '병'을 해결하지 못한다. 유럽의 병을 든다면, 수입 초과와 통화 불안 등이 있다. 일시적 외부 지원 없이 유럽의 생산을 다시 촉발시키는 것은 매우 어려운 일일 것이다. 그래서 나는 어떤 형태로든 국제 융자가 있어야 한다는 주장을 펴고 있다. 프랑스와 독일, 영국의 많은 분야에서, 그리고 미국에서 제시되고 있는 그런 형태의 융자라면 충분할 것이다. 어떤 식이 되었든, 상환은 분할로 이뤄져야 하며, 융자 자원을 마련하는 부담은 불가피하게 주로 미국에 떨어질 것이다.

이런 종류의 다양한 프로젝트에 반대하는 의견은 주로 다음과 같을 것이다. 미국은 최근 유럽 문제를 경험한 뒤에 그 문제에 깊이 개입하지 않으려 하고 있으며, 어쨌든 당분간은 미국도 외국으로 대규모로 보낼 자본을 갖고 있지 않다. 또 유럽이 재정적 지원을 원래의 목적에 쓸 것이라는 보장도 전혀 없다. 유럽이 그 돈을 낭비하지 않을 것이라는 보장도 없다. 당연히 2, 3년 뒤에 지금과 달라질 것이라는 보장도 없다. 클로츠는 그 융자 덕에 새로운 세금을 부과할 날짜를 조금 더 뒤로 늦추게 될 것이고, 이탈리아와 유고슬라비아는 그 결실을 놓고 서로 다툴 것이고, 폴란드는 이웃 국가들을 상대로, 프 랑스가 계획한 군사적 역할을 수행하는 데 돈을 쓸 것이고, 루마니아 의 지배 계급은 전리품을 서로 나눠가질 것이다.

요약하면, 유럽이 지난 9개월 동안의 인물과 정책과 관행을 1, 2년 더 지속하도록 하기 위해, 미국이 자국의 발달을 지연시키고 또 생활 비를 높이게 될 것이라는 뜻이다. 특히 독일에 대해 언급하자면, 유 럽 연합국은 파리평화회의에서 미국의 재정 담당 대표들의 주장과 호소에도 불구하고 독일로부터 마지막 운영 자본까지 발가벗겼다. 그런 유럽 연합국이 지금 미국에 손을 벌린다는 것이 도대체 말이나 되는가? 또 유럽 연합국이 1, 2년 후에 독일을 상대로 강탈을 시작할 수 있도록 하기 위해, 독일을 옛날의 모습으로 복귀시키는 데 필요한 기금을 미국에 요구하는 것이 과연 합당한가?

지금 같은 상태에서 이런 반대에 내놓을 대답은 전혀 없다. 내가 미국 재무부 관리라도 유럽의 현 정부에는 한 푼도 빌려주지 않을 것 이다. 유럽의 현 정부들은 그런 돈을 받을 만큼 신뢰를 쌓지 못했다. 아마 돈이 주어지면 틀림없이 기존의 정책을 연장하는 데 투입할 것 이다.

윌슨 대통령이 미국 국민들의 힘과 이상을 확실히 보여주는 데 실 패했을지라도, 미국의 공화당과 민주당은 똑같이 유럽 정부들의 정 책을 혐오하고 있다. 그러나 만약에, 우리 모두가 간절히 기도하는 바인데, 유럽 사람들의 영혼이 이번 겨울에 전쟁 동안에도 깨어지지 않은 거짓 우상들을 멀리하면서 지금 자신들을 사로잡고 있는 증오와 민족주의 대신에 유럽 가족의 행복과 연대에 대한 희망과 사상을 키운다면 어떻게 될까? 그럴 경우엔 미국 국민들은 새삼 동정심과 형제애를 느끼면서 사소한 반대를 접고 자신들의 중요한 과업을 마무리하려 할 것이다. 그 과업이란 바로 유럽이 망상을 버리고 새롭게 태어나게 함으로써 유럽을 조직적인 힘의 압제로부터 구원하는 것이다. 설령 그 변화가 충분히 이뤄지지 않고 또 유럽 각국의 일부 정당만이 화해 정책을 고수한다 하더라도, 미국은 여전히 유럽이 나아갈 길을 가리키는 한편으로 삶을 부활시키는 일을 도울 계획을 갖고 있으면서 도움을 제공할 조건을 제시함으로써 평화를 사랑하는 정당의 손을 높이 들어줄 수 있다.

미국인들의 마음속에서 혼란과 분규, 폭력, 비용 그리고 무엇보다 유럽 문제들의 불명확성으로부터 벗어나고 싶은 충동이 강하게 일어나고 있다는 소리가 들린다. 그 충동은 충분히 이해가 된다. 유럽 정치인들의 어리석음과 비현실성을 반박하는 것이 얼마나 지당한지를 나만큼 절실하게 느끼는 사람도 별로 없을 것이다.

그러나 만약에 미국이 잠시 시간을 내서 유럽이 자국에 어떤 의미였고 또 지금 어떤 의미인지에 대해, 온갖 불행한 것들에도 불구하고 예술과 지식의 어머니인 유럽이 지금 어떤 존재이고 또 미래에 어떤 존재일 것인지에 대해 생각한다면, 미국은 무관심과 고립을 택하라는 조언을 거부하고 모든 인류의 진보와 문명에 결정적으로 중요한 이슈에 관심을 기울이지 않을 수 없을 것이다.

희망의 불씨를 계속 지펴나가기 위해, 미국이 유럽의 선한 힘들을 강화할 준비가 되어 있고 또 유럽이 적을 최종적으로 짓밟은 상태에서 불행에 빠져 힘들어 하도록 내버려 두지 않을 것이라고 가정해보자. 그러면 미국의 지원은 어떤 형태가 되어야 할까?

여기서 나는 미국의 지원에 대해 세세하게 제안하지 않을 것이다. 그러나 국제 융자는 어떤 형태로 이뤄지든 대략적 윤곽은 상당히 비슷할 것이다. 지원의 손길을 펼 수 있는 입장에 있는 국가들과 중립국, 영국, 미국은 연합국과 옛 적국을 구분하지 않고 전쟁을 겪은 유럽 대륙의 국가들을 위해 이 국가들이 외국에서 구매할 수 있는 신용을 제공해야 한다. 필요한 총액은 간혹 제시되는 것만큼 크지 않아도 될 것이다. 우선 10억 달러 정도의 기금이면 많은 일을 해낼 수 있다. 이 금액은 100% 다 상환한다는 조건으로 빌려주고 또 빌려야 한다. 100% 상환을 목표로 잡으면, 융자에 대한 상환이 최대한 충실하게 이뤄진다. 구체적으로, 이 국제 융자에 대한 원금 상환과 이자 지급은 배상 관련 지급과 연합국 상호간의 전쟁 부채, 국내 전쟁 융자, 온갖 종류의 정부 부채보다 우선되어야 한다. 차입국들 중에서 독일로부터 배상을 받게 되어 있는 나라는 배상으로 받는 돈을 신규 융자의 상환에 써야 한다. 그리고 모든 차입국은 관세 수입을 융자 상환으로 돌려야 한다.

융자로 얻은 돈의 지출은 채권국들의 감독을 전반적으로 받아야
한다.

식량과 원료의 구입에 쓸 융자 외에, 국제연맹의 모든 회원국이 형
편에 따라 갹출해 10억 달러의 보증 기금을 추가로 마련할 수 있다
면, 그것을 바탕으로 통화 개혁을 실시할 수 있을 것이다.

이런 식으로 유럽은 희망을 되살리고, 경제 조직을 부활시키고, 본
래부터 갖추고 있던 부(富)를 노동자들을 위해 활용하는 데 필요한
최소한의 현금 자원을 얻게 될 것이다. 현재로선 그런 계획을 놓고
더 세세하게 논하는 것은 아무 소용이 없다. 이 장에서 제시한 제안
들이 실제로 정치의 영역으로 넘어가려면 먼저 여론에 큰 변화가 일
어나야 한다. 그때까지 사건들의 전개를 끈기 있게 기다려야 한다.

4. 중부 유럽과 러시아의 관계

나는 이 책에서 러시아에 대해서는 거의 논하지 않았다. 러시아가 처
한 상황의 대략적인 성격이야 특별히 강조할 필요도 없으며, 세부적
인 사항에 대해 정확히 알고 있는 것은 거의 전무하다. 그러나 유럽
의 경제적 상황을 어떤 식으로 복구시킬 것인지를 논하는 대목에서
러시아 문제의 한두 가지 측면은 결정적으로 중요할 수 있다.

군사적 관점에서, 러시아와 독일의 연합을 크게 두려워하는 소리

가 있다. 두 국가에서 현재 성공을 거두고 있는 반동적 운동에서 그런 연합의 가능성이 있어 보이긴 하지만, 레닌과 기본적으로 중산계급인 현 독일 정부 사이의 실질적인 연합은 사실상 불가능하다. 한편, 그런 연합을 두려워하는 사람들은 볼셰비즘의 성공을 그보다 훨씬 더 두려워하고 있다. 그럼에도 그 사람들은 볼셰비즘을 물리치는데 유일하게 효과적인 힘은 러시아 안에서는 반동주의자들이고, 러시아 밖에서는 독일의 확고한 질서와 권위의 힘이라는 사실을 인정해야 한다. 따라서 직접적이든 간접적이든 러시아에 대한 개입을 옹호하는 사람들은 자가당착에 빠지게 된다. 그들은 자신이 무엇을 원하는지를 잘 모르고 있다. 아니, 양립 불가능한 것을 원하고 있다. 이것이 바로 그런 사람들의 정책이 일관되지 못하고 또 매우 비효율적인 이유 중 하나이다.

파리의 연합국 이사회가 독일의 현 정부에 보인 태도에도 이와 똑같은 목적의 충돌이 분명히 드러난다. 독일에서 스파르타쿠스단이 승리할 경우에, 그것은 온 곳에서 혁명을 알리는 서막이 될 수 있다. 그 승리는 러시아에서 볼셰비즘의 힘을 되살릴 것이고, 우려하던 독일과 러시아의 연합을 재촉할 것이며, 평화조약 중 재정 및 경제 조항들이 불러일으킨 기대를 무참히 짓밟아 버릴 것이다. 그래서 파리는 스파르타쿠스단을 좋아하지 않는다. 그러나 한편으로 보면 독일에서의 반동의 승리는 모든 사람들에게 유럽의 안전을 위협하는 것으로, 그리고 세계대전 승리의 열매와 평화의 바탕을 위협하는 것으로 받아들여질 것이다.

현재의 독일 정부는 다른 어떤 것보다 먼저 독일의 단결을 추구하고 있으며, 일부 독일인들은 평화조약을 단결을 위해 치러야 하는 대가로 여겼다. 따라서 프랑스는, 라인 강을 기준으로 독일을 분리시키고 싶은 희망이 완전히 사라지지 않은 가운데, 독일 정부에 모멸감을 안길 기회를 절대로 놓치지 않고, 독일 정부의 품위를 떨어뜨리거나 영향력을 약화시킬 기회를 절대로 그냥 넘기지 않는다. 유럽의 보수적인 이해관계는 모두 독일 정부의 안정이 지속되는지 여부에 크게 좌우되는데도, 정치인들은 그런 식의 태도를 보인다.

이와 똑같은 딜레마는 프랑스가 특별한 역할을 부여한 폴란드의 미래에도 영향을 미치고 있다. 폴란드는 러시아의 잿더미와 독일의 폐허 사이에서 강력하고, 가톨릭을 믿고, 군국주의를 추구하고, 번영을 누리는 국가가 되어야 한다. 그럼에도 폴란드는 이웃 대국들이 번영과 질서를 누리지 못할 경우에 자국도 유대인 등치는 일 외에는 아무 산업이 없는 탓에 경제적으로 재기할 길을 찾지 못할 것이다. 그러다가 프랑스의 유혹적인 정책이 단지 허풍에 지나지 않고, 또 그런 정책이 돈을 안기는 것도 아니고 영예를 안기는 것도 아니라는 사실이 확인되는 날이 반드시 올 것이다. 그러면 폴란드는 즉시 다른 나라의 품에 안길 것이다.

따라서 "외교술"의 계산은 유럽인들을 아무 곳으로도 데려다 주지 못한다. 현재 러시아와 폴란드에서 벌어지고 있는 광기 어린 몽상과 유치한 음모가 일부 영국인과 프랑스인으로부터 지대한 관심을 끌고 있다. 그러나 그런 영국인과 프랑스인은 아주 유치한 재미를 추구하면서 한 국가의 대외 정책을 싸구려 멜로드라마나 다름없는 장르라고 믿거나 마치 그렇다는 식으로 행동하는 사람들이다.

그러므로 여기서 보다 중요한 문제로 눈을 돌려보자. 독일 정부는 러시아의 국내 문제에 대해 불간섭 정책을 계속 고수할 것이라고 선언했다(1919년 10월 30일). 그러면서 "원칙에서뿐만 아니라, 실용적인 관점에서도 이 정책이 정당하기 때문"이라고 설명했다. 여기서 연합국 사람들도 마침내, 원칙적으로는 아니더라도 실용적인 관점에서 독일과 똑같은 정책을 채택한다고 가정해보자. 그렇다면 미래에 중부 유럽과 동부 유럽의 관계를 좌우할 근본적인 경제적 요소들은 무엇일까?

전쟁 전에, 서부 유럽과 중부 유럽은 러시아로부터 상당한 양의 곡물을 수입했다. 러시아가 없었더라면, 식량 수입국들은 식량 부족으로 힘들어했을 것이다. 1914년 이후로, 러시아로부터 확보하지 못한 부족분은 일부는 비축하고 있던 식량으로, 또 일부는 후버의 최저가격보장 정책에 따른 북미의 대량 수확으로 채워졌지만, 그래도 많은 사람들은 소비를 줄이거나 궁핍을 그냥 견뎌야 했다.

1920년 이후 러시아 곡물에 대한 수요는 전쟁 전보다 더 커질 것이다. 거기엔 여러 가지 이유가 있다. 북미의 최저가격보장 정책도 무한정 지속될 수 없을 것이고, 북미 지역도 정상적인 인구 증가로 인해 식량 수요가 1914년에 비해 상당히 커졌고, 유럽의 토양이 아직 예전의 생산력을 회복하지 못하고 있기 때문이다. 러시아와의 무역이 재개되지 않는다면, 1920-21년에 특별히 풍작을 거두지 못하는 한 밀이 귀해지고 매우 비싸질 것이다. 따라서 연합국이 최근 선언한 러시아 봉쇄는 우둔하기 짝이 없는 조치이다. 러시아만 봉쇄하는 것이 아니라 연합국까지 봉쇄하고 있는 꼴이니 말이다.

러시아의 수출 무역을 되살리는 과정은 어떤 식으로 전개되든 더딜 수밖에 없다. 현재 러시아 농민의 생산성은 전쟁 전의 규모로 곡물을 수출할 만큼 높지 않은 것 같다. 러시아 농민의 생산성이 떨어지는 이유 또한 여러 가지이다. 그러나 농기구와 부품이 부족하고, 농민들이 자신들의 생산물과 교환할 공산품이 도시에 부족한 까닭에 생산 의욕을 강하게 느끼지 않는다는 사실도 그런 이유에 포함된다. 마지막으로, 러시아의 운송 체계가 심각할 정도로 붕괴되었다는 사실도 지적해야 한다. 이 때문에 농촌의 잉여 생산물을 유통 기지로 옮기는 것 자체가 불가능하거나 방해를 심하게 받고 있다.

독일 기업과 조직의 도움을 받지 못한다면, 러시아가 생산성의 상실을 빠른 시일 안에 회복할 방법은 전혀 없을 것 같다. 영국인과 프랑스인, 미국인이 그 일을 떠안는 것은 지리적으로나 다른 많은 이유로 불가능하다. 영국인은 러시아의 생산성을 높여줘야 할 인센티브도 없고 대규모로 그렇게 할 수단도 없다. 그런 반면, 독일은 경험도 있고 인센티브도 있다. 또 독일은 러시아 농민이 지난 5년 동안 갈

망해왔던 재화를 공급하고, 곡물의 수집과 운송을 재조직하고, 그렇게 함으로써 연합국이 차단당하고 있는 러시아 곡물을 세계 시장으로 끌어낼 능력을 갖추고 있다. 독일의 기관과 개인들이 러시아 시골에서 일상적인 경제 활동에 활기를 불어넣을 수 있는 날을 하루라도 앞당기는 것이 연합국의 이익에도 부합한다. 이는 러시아의 통치 집단과 꽤 별개인 과정이다. 그럼에도, 소비에트 정부가 추구하고 있는 공산주의의 형식이 러시아인의 기질에 맞는지 여부를 떠나서, 러시아에서 무역을 부활시키고 삶의 안락과 일상적인 경제적 동기를 되찾아주는 것이 전쟁과 절망의 결과물인 극단적인 폭력과 학정을 더 악화시키지 않을 것이라고 자신 있게 말해도 무방할 것이다.

그렇다면 연합국의 대(對)러시아 정책도 독일 정부가 선언한 불간섭 정책을 환영하고 모방할 뿐만 아니라, 불법적이고 또 연합국의 이익과도 부합하지 않는 봉쇄를 포기하고 독일이 유럽에서 동쪽과 남쪽의 이웃들을 위해 부의 창조자이자 조직자로서의 지위를 되찾도록 격려하고 도와줄 수 있어야 한다.

이런 제안에 혐오감을 강하게 느끼는 사람들이 많다. 나는 그들에게 혐오감에 굴복할 경우에 일어날 결과를 한 번 고려해 보라고 권하고 싶다. 연합국 국민들이 독일과 러시아의 주민들이나 정부에 대해 민족적, 인종적 혹은 정치적 혐오감을 느낀다는 이유로, 연합국이 독일이나 러시아가 자국의 물질적 행복을 회복할 수단에 반대한다고 가정해보자. 그럴 경우 연합국 국민들은 그런 감정의 결과를 달게 받아들일 준비가 되어 있어야 한다. 서로 매우 가까운 유럽 민족들 사이에 설령 도덕적 유대가 전혀 없다 하더라도, 거기엔 연합국이 무시할 수 없는 경제적 유대가 있다. 지금도 세계 시장은 하나이다. 만약 연합국이 독일에게 러시아와 상품을 교환함으로써 스스로를 부양할 권리를 부여하지 않는다면, 독일은 불가피하게 신세계의 산물을 놓고 연합국과 경쟁을 벌여야 한다. 그렇기 때문에 연합국이 독일과 러시아의 경제적 관계를 끊는 데 성공하면 할수록, 연합국은 자국의 경제적 수준을 떨어뜨리고 국내 문제를 더욱 악화시키는 결과를 낳을 것이다. 지금까지 연합국이 독일과 러시아 문제에 접근한 방식을 보면 차원이 대단히 낮다. 물론, 대국들의 경제적 폐허를 악화시키는 정책에 반대하는 다른 이론들도 있다. 아무리 둔감한 사람일지라도 결코 무시할 수 없는 그런 이론들이다.

* * * *

어디에서도 돌발적이거나 극적인 사태가 벌어질 조짐은 별로 보이지 않는다. 폭동과 혁명이 일어날 수 있지만, 지금으로선 근본적인 중요성을 지니는 그런 폭동이나 혁명은 없을 것 같다. 혁명은 정치적 압제와 불공평에 맞서는 무기이다. 하지만 분배의 불공평 때문에 일어난 경제적 박탈이 아니라 전반적인 경제적 박탈로 고통 받는 사람들에게, 혁명이 어떤 희망찬 계획을 제시할 수 있을까? 정말로, 중부 유럽에서 혁명을 피할 유일한 보호수단은 바로 혁명이 절망에 빠진 사람들의 마음에 향상의 전망을 전혀 제시하지 못한다는 사실이다. 따라서 앞으로 반(半)기아 상태가 조용히 오래 이어질 것이고, 자연히 삶과 안락의 기준도 점진적으로 낮아질 것이다. 유럽이 파산과 쇠퇴를 겪도록 내버려둔다면, 그 상태는 장기적으로 모든 사람에게 영향을 미치게 될 것이다.

그래도 다행한 것이 한 가지 있다. 지금 나아가고 있는 길을 재검토하고 세계를 새로운 눈으로 볼 시간이 아직은 있는 것이다. 미래를 좌우할 사건들이 지금 전개되고 있고, 유럽의 운명은 더 이상 몇몇 사람의 손에 달려 있지 않다. 앞으로 몇 년 동안 일어날 사건들은 정치인들의 교묘한 술책의 영향을 받지 않고, 역사의 표면 아래에서 지속적으로 흐르고 있는 숨겨진 물결의 영향을 받을 것이다. 이 숨겨진 물결이 어떤 결과를 낳을 것인지에 대해 지금 아무도 예측하지 못한다. 우리는 오직 한 가지 방법으로만 이 숨겨진 물결에 영향을 미칠 수 있을 뿐이다. 그 방법은 의견을 변화시킬 교육과 상상력의 힘을 작동시키는 것이다. 진실을 굳게 믿고, 망상을 깨뜨리고, 증오를 불식시키고, 사람들의 가슴과 마음을 활짝 열고 또 확장시켜야만 숨겨진 물결의 방향을 우리에게 이로운 쪽으로 돌려놓을 수 있게 되는 것이다.

이 글을 쓰고 있는 1919년 가을, 유럽인은 유럽의 운이 바닥으로 가라앉는 것을 목격하고 있다. 지난 5년 동안의 격한 활동과 공포, 고통에 대한 반작용이 지금 최고조에 달하고 있다. 자신의 물질적 안녕이라는 시급한 문제에서 벗어나서 크게 보고, 크게 느끼고, 크게 돌볼 줄 아는 능력이 일시적으로 사라져 버렸다. 자신의 직접적인 경험 밖에 있는 중대한 사건들과 대단히 불길한 예감도 유럽인들을 움직이지 못하고 있다.

유럽인들은 이미 인내심의 한계를 넘어섰으며 휴식을 필요로 하고 있다. 지금 살아 있는 사람들의 평생에, 인간 영혼의 보편적인 요소인 격정이 이처럼 희미하고 약했던 적은 한 번도 없었다.

이런 여러 이유들 때문에 새로운 세대의 진정한 목소리는 아직 나오지 않고 있으며, 침묵의 여론도 아직 형성되지 않고 있다. 나는 이 책이 미래의 여론 형성에 도움을 주었으면 하는 소망을 품고 있다.